新经济背景下企业治理之道

企业经营管理
热点问题解读

邓明政 ◎ 编著

涵盖公司设立、股权分配、公司治理、企业核心竞争力构建、企业文化建设、账务处理、税务筹划、金税四期管控风险规避、数字化转型、《中华人民共和国民法典》与企业经营等多个方面，为企业管理者提供一站式的学习与参考平台。

中华工商联合出版社

图书在版编目（CIP）数据

企业经营管理热点问题解读 / 邓明政编著 . -- 北京：中华工商联合出版社，2024. 12. --ISBN 978-7-5158-4163-2

Ⅰ．F272.3

中国国家版本馆 CIP 数据核字第 202449PT02 号

企业经营管理热点问题解读

作　　者：	邓明政
出 品 人：	刘　刚
责任编辑：	李红霞　孟　丹
装帧设计：	首山品牌设计
责任审读：	付德华
责任印制：	陈德松
出版发行：	中华工商联合出版社有限责任公司
印　　刷：	三河市中晟雅豪印务有限公司
版　　次：	2025 年 1 月第 1 版
印　　次：	2025 年 1 月第 1 次印刷
开　　本：	710 毫米 ×1000 毫米　1/16
字　　数：	577 千字
印　　张：	23.5
书　　号：	ISBN 978-7-5158-4163-2
定　　价：	69.80 元

服务热线：010—58301130—0（前台）

销售热线：010—58302977（网店部）
　　　　　010—58302166（门店部）
　　　　　010—58302837（馆配部 / 新媒体部）
　　　　　010—58302813（团购部）

地址邮编：北京市西城区西环广场 A 座
　　　　　19—20 层，100044

http：//www.chgslcbs.cn

投稿热线：010—58302907（总编室）

投稿邮箱：1621239583@qq.com

工商联版图书
版权所有　侵权必究

凡本社图书出现印装质量问题，请与印务部联系

联系电话：010—58302915

前言

随着市场经济的蓬勃发展和企业竞争的日益加剧，企业管理者正面临着前所未有的挑战与机遇。为了应对复杂多变的市场环境，他们迫切需要掌握更多深入且实用的经营管理知识和技能。因此，一本系统、全面且实用的经营管理指南书籍应运而生，旨在满足这一迫切的市场需求。

近年来，我国法律法规体系不断完善，特别是《中华人民共和国公司法》《中华人民共和国会计法》及《中华人民共和国民法典》等与企业经营管理密切相关的法律法规经历了多次修订与完善，为企业经营管理提供了更加明确、规范的法律依据。本书在撰写过程中，紧密跟踪了这些法律法规的最新动态，确保所有内容均符合当前的法律要求，体现了高度的合法性和合规性。

同时，国家政策环境对企业发展的支持力度也在持续加大，一系列旨在鼓励企业创新、促进产业升级的政策措施相继出台，为企业创造了更加有利的发展环境和机遇。本书在编写时，深入剖析了这些政策的变化趋势，为企业管理者提供了详尽的政策解读和应对策略建议。

此外，随着科技的飞速发展和全球化的深入推进，企业经营管理的理念与方法也在不断创新与变革。本书在坚守传统经营管理知识的基础上，积极融入了最新的管理理念和技术手段，如数字化转型、智能化升级等，以帮助企业管理者紧跟时代步伐，把握未来趋势。

本书内容涵盖公司设立、股权分配、公司治理、企业核心竞争力构建、企业文化建设、账务处理、税务筹划、金税四期管控风险规避、数字化转型以及《中华人民共和国民法典》与企业经营等多个方面，力求为企业管理者提供一站式的学习与参考平台。

企业经营管理热点问题解读

  本书还广泛借鉴了企业经营管理的丰富实践经验和成功案例。通过对这些案例的深入剖析与总结，我们提炼出了企业经营管理的精髓与实用技巧。这些宝贵的经验对于企业管理者而言具有极高的参考价值。

  本书的目标读者群体广泛，包括企业高层管理人员、中层管理人员以及有志于投身企业管理工作的人士。我们期待通过本书的学习，能够帮助他们掌握企业经营管理的核心要点与实用技巧，提升管理水平和经营能力，从而更加自信地面对市场挑战与机遇，推动企业实现持续健康的发展。

编　者

2024年12月

目录 Contents

第一章 公司设立 1

第一节 公司类型与选择 2
一、有限责任公司的特点和设立条件 2
二、股份有限公司的特点和设立条件 3
三、有限责任公司和股份有限公司的区别 4

第二节 公司章程的制定与修订 5
一、公司章程的内容 5
二、公司章程的制定程序 6
三、公司章程的修订 8

第三节 公司名称与住所的确定 11
一、确定公司的名称 11
二、确定公司的地址 14

第四节 公司登记与注册 15
一、名称核准 15
二、提交材料、报审 16
三、领取证照 18
四、印章刻制 20

五、银行开户 21

六、税务报到 22

七、开通社保账户 28

第五节　股东权利与义务 28

一、股东的权利 29

二、股东的义务 29

第二章　股权分配 31

第一节　股权结构设计 32

一、股权架构的构成要素 32

二、股权架构的类型 36

三、股权架构设计的基本原则 36

四、股权结构设计要领 37

五、股权架构的调整与优化 37

第二节　股东出资与认缴制度 38

一、股东出资 38

二、认缴制度 39

第三节　股权转让 40

一、股权转让的定义与性质 40

二、股权转让的方式 40

三、股权转让的程序 42

第四节　股权继承 49
　　一、股权继承的定义 50
　　二、股权继承的基本原则 51
　　三、股权继承的办理程序 51
　　四、股权继承的注意事项 53

第五节　股东会职权与决议 54
　　一、股东会职权的范围 54
　　二、股东会职权的行使 55
　　三、股东会决议 57

第六节　股权激励机制 57
　　一、股权激励的定义及特点 58
　　二、股权激励的作用 59
　　三、股权激励的模式 60
　　四、股权激励方案设计 62
　　五、股权激励日常管理 68

第三章　公司管理/治理 77

第一节　公司治理结构优化 78
　　一、公司治理结构的关键要素 78
　　二、优化公司治理结构的措施 79

第二节　董事会、监事会与经理层职责 80
　　一、董事会职责 80

二、监事会职责 ... 81
　　三、经理层职责 ... 82
　　四、董事会、监事会与经理层之间的关系 ... 82

第三节　公司内部控制 ... 84
　　一、内部控制的定义 ... 84
　　二、内部控制的要素 ... 84
　　三、内部控制的原则 ... 86
　　四、内部控制的一般方法 ... 87
　　五、内部控制制度的设计 ... 90
　　六、内部控制制度的实施 ... 93

第四节　人力资源的开发与管理 ... 93
　　一、人力资源管理与开发的内容 ... 93
　　二、人力资源管理与开发的重要性 ... 94
　　三、人力资源管理的发展趋势 ... 96
　　四、人力资源管理与开发的策略 ... 97
　　五、人力资源管理相关的法律法规 ... 99
　　六、规避企业人力资源管理风险的方法 ... 101

第五节　利益相关者关系管理 ... 104
　　一、利益相关者关系管理 ... 104
　　二、利益相关者关系管理的步骤和方法 ... 104
　　三、建立有效的利益相关者管理制度 ... 108

第六节　社会责任与可持续发展 ... 111
　　一、社会责任可确保可持续发展 ... 111

二、企业社会责任的内容 112
三、履行社会责任的方法 114
四、社会责任体系建立 115
五、企业社会责任管理体系认证 117

第四章 企业核心竞争力 119

第一节 核心竞争力概述 120
一、核心竞争力的特点 120
二、核心竞争力的构成要素 120

第二节 核心竞争力识别 122
一、核心竞争力VRIN模型 123
二、核心竞争力评估的指标 124
三、核心竞争力的识别方法与工具 125

第三节 核心竞争力的培育 127
一、战略规划与核心竞争力 127
二、技术创新与核心竞争力 130
三、人才培养与核心竞争力 132
四、管理体系与核心竞争力 133
五、供应链与核心竞争力 140
六、品牌建设与核心竞争力 143
七、市场营销与核心竞争力 145
八、企业文化与核心竞争力 148

第四节　核心竞争力的维护 150
一、核心竞争力衰退的原因 150
二、核心竞争力维护的策略与措施 151
三、核心竞争力保护的法律手段 154

第五节　面向未来的核心竞争力构建 155
一、数字化转型 156
二、智能化升级 157
三、发展绿色经济 160
四、发展循环经济 162

第五章　企业文化 165

第一节　企业文化概述 166
一、企业文化的定义与要素 166
二、企业文化的类型与特征 167
三、企业文化的重要性 169

第二节　企业文化的构建 170
一、核心价值观的确定 170
二、领导者的角色 173
三、员工参与 176
四、制度化与落地 178

第三节　企业文化的维护与优化 185
一、持续沟通化 185

二、评估与反馈..186

三、故事与典范..188

四、适应变化..190

第六章　账务处理..191

第一节　2024年修订的《会计法》解读..........................192

一、《会计法》的修正背景..192

二、《会计法》的主要修正内容....................................192

三、《会计法》的实施意义..199

第二节　会计账簿的设置与管理..................................199

一、会计账簿的设置原则..199

二、会计账簿的基本内容..200

三、会计账簿的设置步骤..200

四、会计账簿的登记与管理..201

第三节　会计核算制度与程序....................................201

一、会计核算..201

二、会计核算制度..202

三、会计核算程序..204

四、会计核算的最终成果及要求....................................210

第四节　会计资料的真实性与完整性保障..........................212

一、法律法规与制度保障..213

二、企业内部控制与管理..213

三、会计人员队伍建设..213

四、审计与监督..214

五、技术手段与信息安全..214

第五节　开展会计信息化建设..................................215

一、会计信息化建设的作用..215

二、推进会计信息化建设的措施..................................217

第七章　税务筹划 219

第一节　企业常见的税种..220

一、个人所得税..220

二、企业所得税..221

三、增值税..222

四、其他税种..224

第二节　税收筹划原则与策略..................................224

一、税收筹划的原则..224

二、税收筹划的策略..225

第三节　税收筹划经典案例......................................227

一、企业投资决策税收筹划经典案例..........................227

二、企业经营决策税收筹划经典案例..........................236

三、企业融资决策税收筹划经典案例..........................258

四、个人综合所得税收筹划经典案例..........................262

五、企业消费税税收筹划经典案例 270

六、公司股权架构税收筹划经典案例 281

第八章 金税四期管控风险规避 289

第一节 金税四期系统介绍与功能 290

一、金税四期系统的构成 290

二、金税四期的主要特点 292

三、金税四期的功能 293

第二节 金税四期下的税务风险管理 294

一、构建税务风险管理框架 294

二、金税四期下的税务风险评估 298

第三节 金税四期下的税务合规管理 301

一、税务合规管理的必要性 301

二、税务合规管理的措施 302

三、积极配合税务稽查 305

第四节 税务数据的安全与保护 306

一、金税四期对税务数据安全的影响 306

二、企业税务数据安全与保护的建议 306

第五节 税务争议解决与复议 308

一、了解金税四期及税务争议背景 308

二、税务争议的类型 309

三、积极应对税务争议 311

四、申请税务行政复议 311

五、寻求专业法律支持 312

第九章 数字化转型 313

第一节 数字化转型概述 314

一、企业数字化转型的支持政策 314

二、数字化转型涵盖的内容 316

三、企业数字化转型的意义 318

第二节 企业数字化转型的实施 319

一、明确数字化转型目标 319

二、构建数字化战略框架 322

三、建立数字化团队和组织 323

四、实施数字化项目 327

五、培养数字化文化和人才 329

六、数字化转型的持续优化和创新 331

第十章 《民法典》与企业经营 335

第一节 《民法典》与企业经营的关系 336

一、保障企业权利平等 336

二、规范企业经营行为 336

三、促进企业融资活动 336
四、优化营商环境 337
五、提供纠纷解决机制 337
六、推动企业合规经营 337

第二节 《民法典》下企业的权益保护 337
一、《民法典》下的企业权益保护 337
二、《民法典》下企业权益保护的措施 339

第三节 《民法典》下企业的合同管理与风险防范 341
一、《民法典》下的合同管理要求 341
二、《民法典》下的合同管理与风险防范 343

第四节 《民法典》下物权保护与资产管理 345
一、《民法典》下物权保护 346
二、《民法典》下资产管理 348

第五节 《民法典》下的侵权责任与损害赔偿 351
一、侵权责任与损害赔偿的规定 351
二、侵权责任预防与应对措施 353

第六节 《民法典》下婚姻家庭与继承对企业的影响 355
一、婚姻家庭对企业的影响 356
二、继承对企业的影响 357
三、婚姻家庭与继承于企业的风险防范 358

第一章
公司设立

　　公司设立是一个复杂而严谨的过程，需要遵循法定程序并满足相应条件。在设立过程中，应密切关注相关法律法规的变化和监管要求，确保公司合法合规地运营。

第一节　公司类型与选择

公司类型主要可以划分为有限责任公司（Limited Liability Company，LLC简称有限公司）和股份有限公司（Joint Stock Company，JSC）两种。在选择公司类型时，需要考虑多种因素，包括股东数量、资本构成、治理结构、设立方式、股权转让限制等。

一、有限责任公司的特点和设立条件

有限责任公司，简称有限公司，是指由股东组成。股东以其认缴的出资额为限对公司承担责任，公司以其全部资产为限对债务承担责任的企业法人。

（一）有限责任公司的基本特征

有限责任公司的基本特征如图1-1所示。

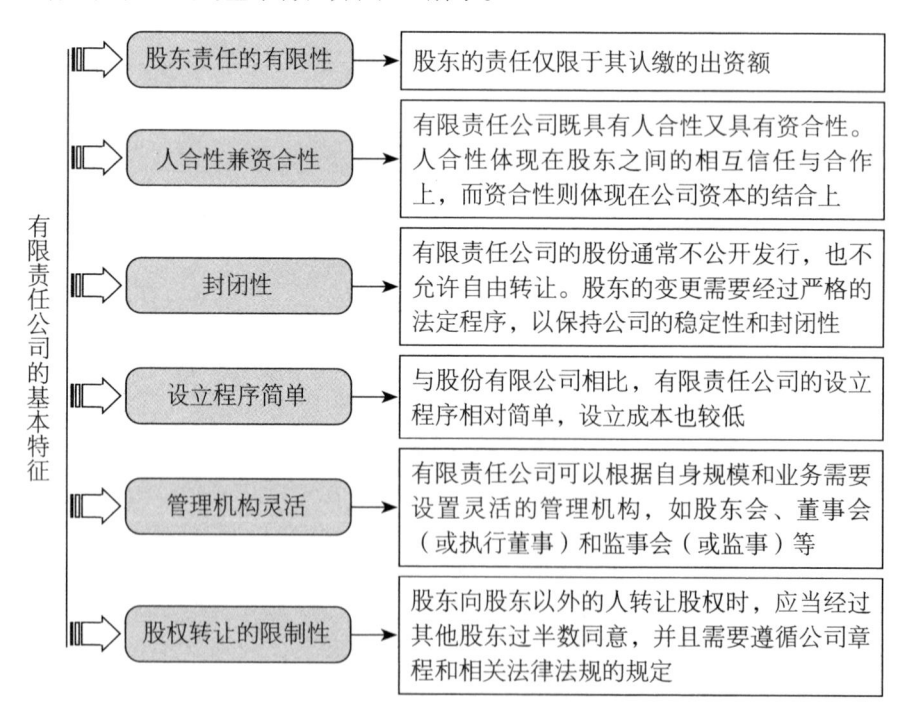

有限责任公司的基本特征	说明
股东责任的有限性	股东的责任仅限于其认缴的出资额
人合性兼资合性	有限责任公司既具有人合性又具有资合性。人合性体现在股东之间的相互信任与合作上，而资合性则体现在公司资本的结合上
封闭性	有限责任公司的股份通常不公开发行，也不允许自由转让。股东的变更需要经过严格的法定程序，以保持公司的稳定性和封闭性
设立程序简单	与股份有限公司相比，有限责任公司的设立程序相对简单，设立成本也较低
管理机构灵活	有限责任公司可以根据自身规模和业务需要设置灵活的管理机构，如股东会、董事会（或执行董事）和监事会（或监事）等
股权转让的限制性	股东向股东以外的人转让股权时，应当经过其他股东过半数同意，并且需要遵循公司章程和相关法律法规的规定

图1-1　有限责任公司的基本特征

（二）有限责任公司的设立条件

有限责任公司的设立条件通常包括：

（1）股东符合法定人数：股东人数应为二人以上五十人以下。

（2）股东出资达到法定资本最低限额，虽然现行《中华人民共和国公司法》（以下简称《公司法》）已取消注册资本最低限额的要求，但股东仍需按照公司章程的约定认缴出资。

（3）股东共同制定公司章程：公司章程是公司设立和运营的基本法律文件。

（4）有公司名称和符合要求的组织机构：公司名称应标明"有限责任公司"或"有限公司"字样，并设立股东会、董事会（或执行董事）和监事会（或监事）等组织机构。

（5）有公司住所：公司应有固定的住所作为其主要办事机构所在地。

二、股份有限公司的特点和设立条件

股份有限公司，简称股份公司，是指其全部资本分为等额股份，股东以其所持股份为限对公司承担责任，公司以其全部资产对公司的债务承担责任的企业法人。

（一）特点

股份有限公司具有图1-2所示特点。

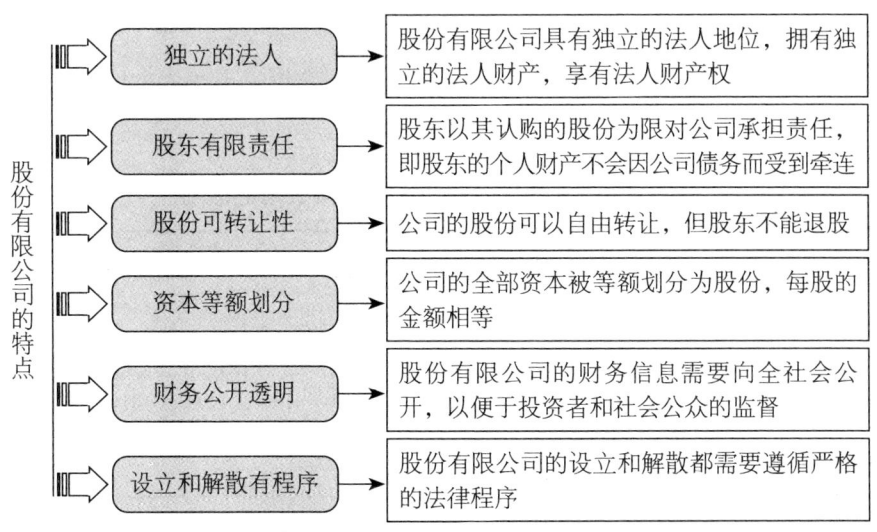

股份有限公司的特点	说明
独立的法人	股份有限公司具有独立的法人地位，拥有独立的法人财产，享有法人财产权
股东有限责任	股东以其认购的股份为限对公司承担责任，即股东的个人财产不会因公司债务而受到牵连
股份可转让性	公司的股份可以自由转让，但股东不能退股
资本等额划分	公司的全部资本被等额划分为股份，每股的金额相等
财务公开透明	股份有限公司的财务信息需要向全社会公开，以便于投资者和社会公众的监督
设立和解散有程序	股份有限公司的设立和解散都需要遵循严格的法律程序

图1-2　股份有限公司的特点

股份有限公司的组织机构包括股东会、董事会、监事会和经理等。其中，股东会是公司的最高权力机构，负责决策公司的重大事项；董事会是公司的执行机构，负责公司的日常经营和管理；监事会是公司的监督机构，负责对董事会执行的业务活动进行监督。

公司通过发行股票筹集资金，股东通过购买股票成为公司的投资者。公司以其全部资产对公司的债务承担责任，股东则以其认购的股份为限对公司承担责任。公司的运作遵循市场经济规律，以追求利润最大化为目标。

（二）设立条件

根据《公司法》的规定，设立股份有限公司应当具备以下条件：

（1）发起人符合法定人数；

（2）有符合公司章程规定的全体发起人认购的股本总额或者募集的实收股本总额；

（3）股份发行、筹办事项符合法律规定；

（4）发起人制订公司章程，采用募集方式设立的经创立大会通过；

（5）有公司名称，建立符合股份有限公司要求的组织机构；

（6）有公司住所。

三、有限责任公司和股份有限公司的区别

公司类型主要分为有限责任公司（简称有限公司）和股份有限公司，两者在多个方面存在显著差异，企业在选择时应根据自身的实际情况和需求进行综合考虑。

表1-1是对这两种公司类型的详细比较。

表1-1　有限责任公司和股份有限公司的区别

区别点	有限责任公司	股份有限公司
公司类型与股东责任	由自然人、法人或其他组织共同出资设立，其所有者对公司的债务承担有限责任。股东的责任仅限于其认缴的出资额，即股东以其出资额为限对公司债务承担责任，风险相对较小	所有者以持有公司股份为基础来享有公司的收益和权益。股东以认购的股份对公司承担责任，即股东以其所持股份为限对公司债务承担责任

续表

区别点	有限责任公司	股份有限公司
出资与股份转让	出资方式相对简单，股东的权益和责任与其出资额成正比例关系。出资总额全部由发起人认购，且发起人数一般不得超过50人。公司的股份（或称出资额）不能像股票那样自由转让，通常需要经过全体股东过半数同意	出资方式是通过购买公司股份来实现，股份可以自由转让，更便于吸引投资和扩大公司规模。公司可以公开发行股票，股东人数有下限无上限，只要不少于法定人数即可
公司治理与规模	公司治理结构相对简单，通常只有股东会和董事会两个机构（股东会非必设），适用于规模较小的企业。这种组织结构使得决策过程相对高效，适合中小型企业灵活运营	公司治理结构复杂，由股东会、董事会和监事会组成，更适用于规模较大的企业。这种复杂的组织结构有利于实现更规范的管理和监督，但也可能导致决策过程相对冗长
财务公开与股东权益	财务信息不必向全社会公开，股东权益相对较少，主要是投票权和分红权。这种封闭性有利于保护企业的商业秘密和股东隐私	财务必须向全社会公开，股东享有更多的权益，包括股权转让、股息分配、公司决策等。这种透明度有利于吸引外部投资者和建立市场信任
设立与运营	设立程序相对简单，除从事特殊行业的经营外，只要符合法律规定的条件，政府均给予注册，没有烦琐的审查批准程序。这使得有限责任公司成为创业者和中小企业的首选	设立程序相对复杂，需要满足一系列法定条件，包括发起人符合法定人数、有符合公司章程规定的股本总额等。同时，股份有限公司的运营也需要遵守更严格的法律法规和监管要求

第二节 公司章程的制定与修订

在设立公司时，股东或发起人需要共同制定公司章程，并经过全体股东或发起人的一致同意。

一、公司章程的内容

公司章程是公司的重要法律文件，其内容涵盖了公司的基本信息、组织结构、运营方式以及股东、董事、监事等利益相关者的权利与义务。

《公司法》第九十五条规定，股份有限公司章程应当载明下列事项：

（1）公司名称和住所；

（2）公司经营范围；

（3）公司设立方式；

（4）公司注册资本、已发行的股份数和设立时发行的股份数，面额股的每股金额；

（5）发行类别股的，每一类别股的股份数及其权利和义务；

（6）发起人的姓名或者名称、认购的股份数、出资方式；

（7）董事会的组成、职权和议事规则；

（8）公司法定代表人的产生、变更办法；

（9）监事会的组成、职权和议事规则；

（10）公司利润分配办法；

（11）公司的解散事由与清算办法；

（12）公司的通知和公告办法；

（13）股东会认为需要规定的其他事项。

《公司法》第四十六条规定，有限责任公司章程应当载明下列事项：

（1）公司名称和住所；

（2）公司经营范围；

（3）公司注册资本；

（4）股东的姓名或者名称；

（5）股东的出资额、出资方式和出资日期；

（6）公司的机构及其产生办法、职权、议事规则；

（7）公司法定代表人的产生、变更办法；

（8）股东会认为需要规定的其他事项。

股东应当在公司章程上签名或者盖章。

二、公司章程的制定程序

制定公司章程的程序包括准备阶段、起草阶段、审议与通过阶段、备案与公示阶段以及注意事项的遵循。这些程序确保了公司章程的合法性和有效性，为公司的设立和运营提供了坚实的法律基础。图1-3是制定公司章程的四个阶段和步骤。

准备阶段

确定制定主体：通常由公司的股东或发起人共同负责制定公司章程。在设立新公司时,这一任务尤为重要

收集信息：收集和整理公司的基本信息,如公司名称、住所、经营范围、注册资本等。了解相关法律法规对公司章程的具体要求,确保制定的公司章程合法合规

起草阶段

编写初稿：根据收集到的信息和法律法规的要求,编写公司章程的初稿。初稿应涵盖公司章程的必备内容,如公司基本信息、股东信息、治理结构、财务与会计制度等

内部讨论：在初稿完成后,组织股东或发起人进行内部讨论,充分听取各方意见和建议。对初稿进行修改和完善,确保条款的合理性、合法性和可操作性

审议与通过阶段

股东会审议：将公司章程提交给股东会进行审议。股东会应对公司章程的各项条款进行仔细审查,并就争议问题进行讨论和协商。
根据《公司法》的规定,公司章程的修改需要经过股东会的表决通过。有限责任公司修改公司章程,须经代表三分之二以上表决权的股东通过;股份有限公司修改章程,须经出席股东会的股东所持表决权的三分之二以上通过

签字盖章：经过审议通过后,由全体股东或发起人在公司章程上签字盖章,以示确认和同意

备案与公示阶段

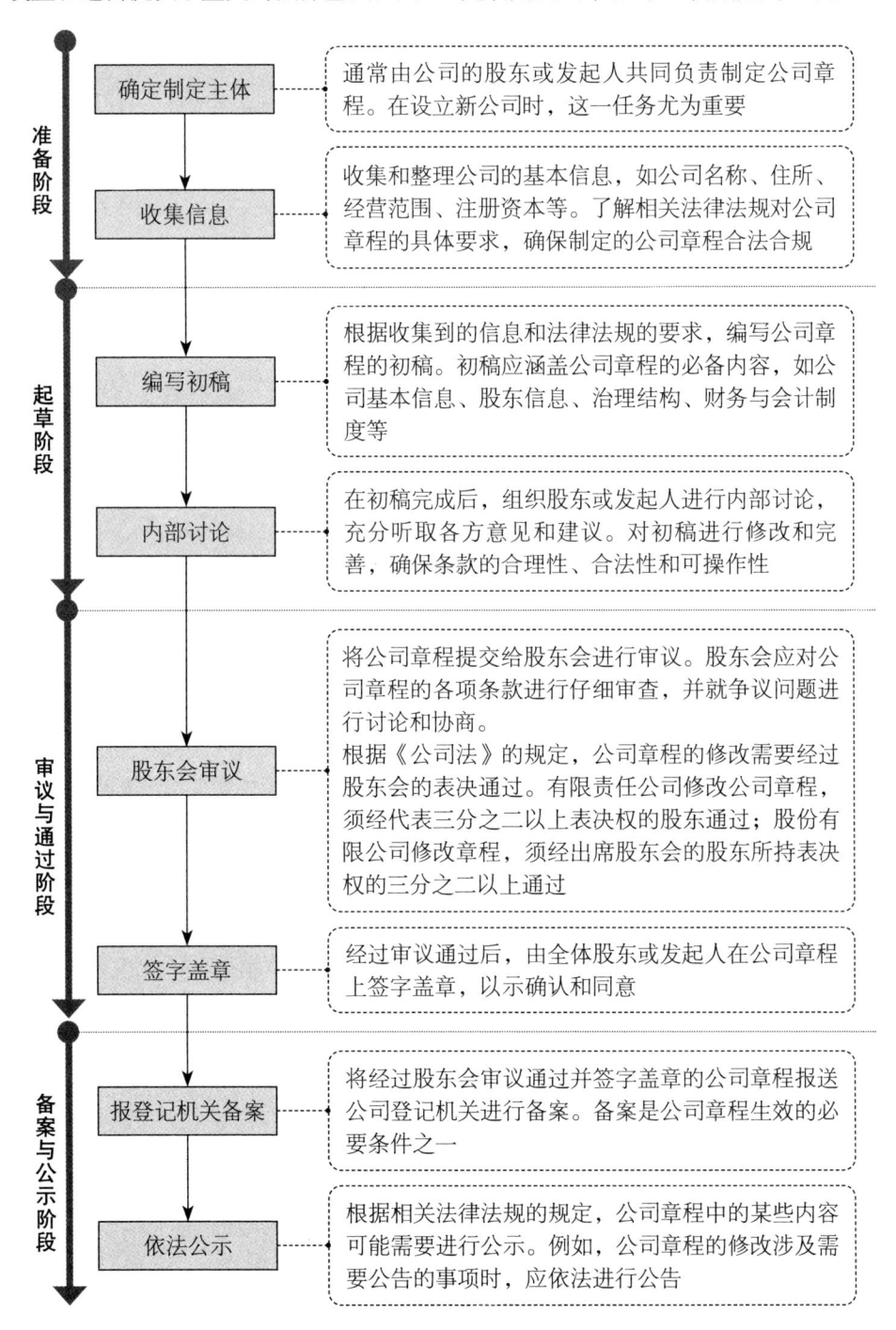

报登记机关备案：将经过股东会审议通过并签字盖章的公司章程报送公司登记机关进行备案。备案是公司章程生效的必要条件之一

依法公示：根据相关法律法规的规定,公司章程中的某些内容可能需要进行公示。例如,公司章程的修改涉及需要公告的事项时,应依法进行公告

图1-3　制定公司章程的四个阶段和步骤

三、公司章程的修订

（一）修订的必要性

随着公司的发展和市场环境的变化，公司章程中的某些条款可能不再适应公司的实际情况和发展需求。此时，就需要对公司章程进行修订以适应新的形势和要求。

（二）修订权限与程序

根据《公司法》的规定，修改公司章程的权限属于股东会。股东会在审议和通过公司章程修订案时，需要遵循法定程序进行表决和批准。

修订程序一般包括董事会提出修改建议、股东会审议并表决通过、修改后的公司章程需报公司登记机关备案等步骤。

（三）修订内容

公司章程的修订内容可以涉及公司的各个方面，如经营范围的变更、注册资本的调整、组织结构的优化、股东权利与义务的变动等。在修订过程中，需要充分考虑法律法规的规定和公司的实际情况，确保修订内容的合法性和合理性。

（四）修订的注意事项

在修订公司章程时，需要注意遵循法律法规的规定和程序要求，确保修订过程的合法性和有效性。

同时，还需要充分考虑股东、董事、监事等利益相关者的权益和利益平衡问题，确保修订内容能够得到各方的认可和支持。

此外，还需要注意修订后的公司章程与公司实际运营情况的匹配度和适应性问题，确保修订后的公司章程能够为公司的发展提供有力的支持和保障。

相关链接

2023年修订的《公司法》公司章程须关注的细节

1. 法定代表人

2023年修订的《公司法》扩大了法定代表人的选任范围，不再局限于董事长、执行董事或经理,而是扩展至代表公司执行事务的董事或经理,但选任范围仍可由公司章程进行约定。在修改章程时,除了职务表述外,还应关注选任范围。

2023年修订的《公司法》第十条规定,担任法定代表人的董事或者经理辞任的,视为同时辞去法定代表人,法定代表人辞任的,公司应当在法定代表人辞任之日起30日内确定新的法定代表人。可在章程中进行明确。

2. 股东出资期限

根据2023年修订的《公司法》第二百六十六条和《国务院关于实施(中华人民共和国公司法)注册资本登记管理制度的规定(征求意见稿)》第3条的规定,有限公司的股东出资期限最长为5年;对于存量公司,最晚应在2032年6月30日前实缴全部出资,由于现行《公司法》没有限制出资期限,存量公司普遍均存在天价注册资金的情况,因此,存量公司应当尽快核查公司章程。

3. 股东会名称调整

2023年修订的《公司法》删除"股东大会"的称谓,统一一称为股东会,若原公司章程中有股东大会的,应调整为与2023年修订的《公司法》一致。

根据2023年修订的《公司法》第二十四条的规定,法律允许并认可通过电子通信方式作出的股东会、董事会、监事会召开会议和表决,对于确有需要线上召开会议的公司,可以通过章程对线上召开会议的方式、授权等事项进行细化。

4. 股东知情权

2023年修订的《公司法》第五十七条明确了"会计账簿""股东名册"等材料为股东行使查阅权的对象,股东也可以委托中介机构查阅相关材料,股东要求查阅子公司的相关材料权利是法定权利,公司章程不得限制,公司章程需要对上述事项进行修订。

5. 表决权比例的表述

2023年修订的《公司法》将现行的"半数以上"的表述全部修改为"过半数",根据规定,"以上"包含本数,"过"不包含本数,为避免歧义条件,与2023年修订的《公司法》的表述保持一致。

6. 职工董事的产生办法

根据2023年修订的《公司法》第六十八条的规定,如果公司职工人数超过300人，公司章程中必须约定董事会中须包含职工代表董事，并约定职工代表董事的产生方式。

7. 董事会表决

2023年修订的《公司法》第七十三条新增，董事会会议应有过半数的董事出席方可举行，决议应当经全体董事过半数通过，且出席董事应在会议记录上签字。为避免决议不成立或无效，原章程约定的出席和决议比例与七十三条冲突的，应当进行修改。

8. 删除执行董事

2023年修订的《公司法》第七十五条取消"执行董事"的称谓，如果公司规模较小或股东人数较少可以不设立董事会，仅设一名"董事"。应将章程中所有的"执行董事"调整为"董事"。

9. 监事会表决

2018年修订的《公司法》第五十五条规定"监事会决议应当经半数以上监事通过"。2023年修订的《公司法》第八十一条明确为："监事会决议应当经全体监事的过半数通过"。章程可做相应调整。

10. 以电子通信方式召开三会

根据2023年修订的《公司法》第二十四条的规定，法律允许并认可通过电子通信方式作出的股东会、董事会、监事会召开会议和表决，对于确有需要线上召开会议的公司，可以通过章程对线上召开会议的方式、授权等事项进行细化。

11. 经理职权

除经理列席董事会会议外，2023年修订的《公司法》不再列举经理职权，而是规定经理职权由章程规定或董事会授权。

为了操作便利，权责清晰，建议公司在章程中罗列经理的职权范围；公司也可根据实际情况，在章程中不写明经理的具体职权，而是由董事会给出概括授权或单独授权；当然，也可以不做调整，仍然按照现行《公司法》列明的8项职权执行。

12. 股权转让

2023年修订的《公司法》删除了对外转让股权时"其他股东过半数同意"规则，只保留其他股东同等条件下享有优先购买权。公司章程可以同步调整，也可保留原约定，因为该规则允许章程另有约定。

13. 利润分配

2023年修订的《公司法》第一百一十二条明确，股东会作出分配利润的决议的，董事会应当在股东会决议作出之日起6个月内进行分配。此前章程有不同约定的，应当调整至与新法一致。

14. 合并非全资子公司

合并持股90%子公司，支付的价款不超过本公司净资产10%的，价款比例可以由公司章程约定。

15. 章程引用公司法条文

2023年修订的《公司法》的修改幅度较大，法条序号变动较多，因此，章程中若引用了2018年修订的《公司法》的条文序号，应调整至2023年修订的《公司法》。

第三节　公司名称与住所的确定

一、确定公司的名称

（一）确定公司名称的步骤

确定公司名称是一个重要且需要细致考虑的过程，它关乎公司的品牌形象、市场定位以及法律合规性。图1-4是一些步骤和建议。

（二）怎样给公司起名字

1. 企业名称的一般性规定

（1）企业名称不得含有下列内容和文字：① 有损于国家、社会公共利益的；② 可能对公众造成欺骗或者误解的；③ 外国国家（地区）名称、国际组织名称；④ 政党名称、党政军机关名称、群众组织名称、社会团体名称及部队番号；⑤ 其他法律、行政法规规定禁止的。

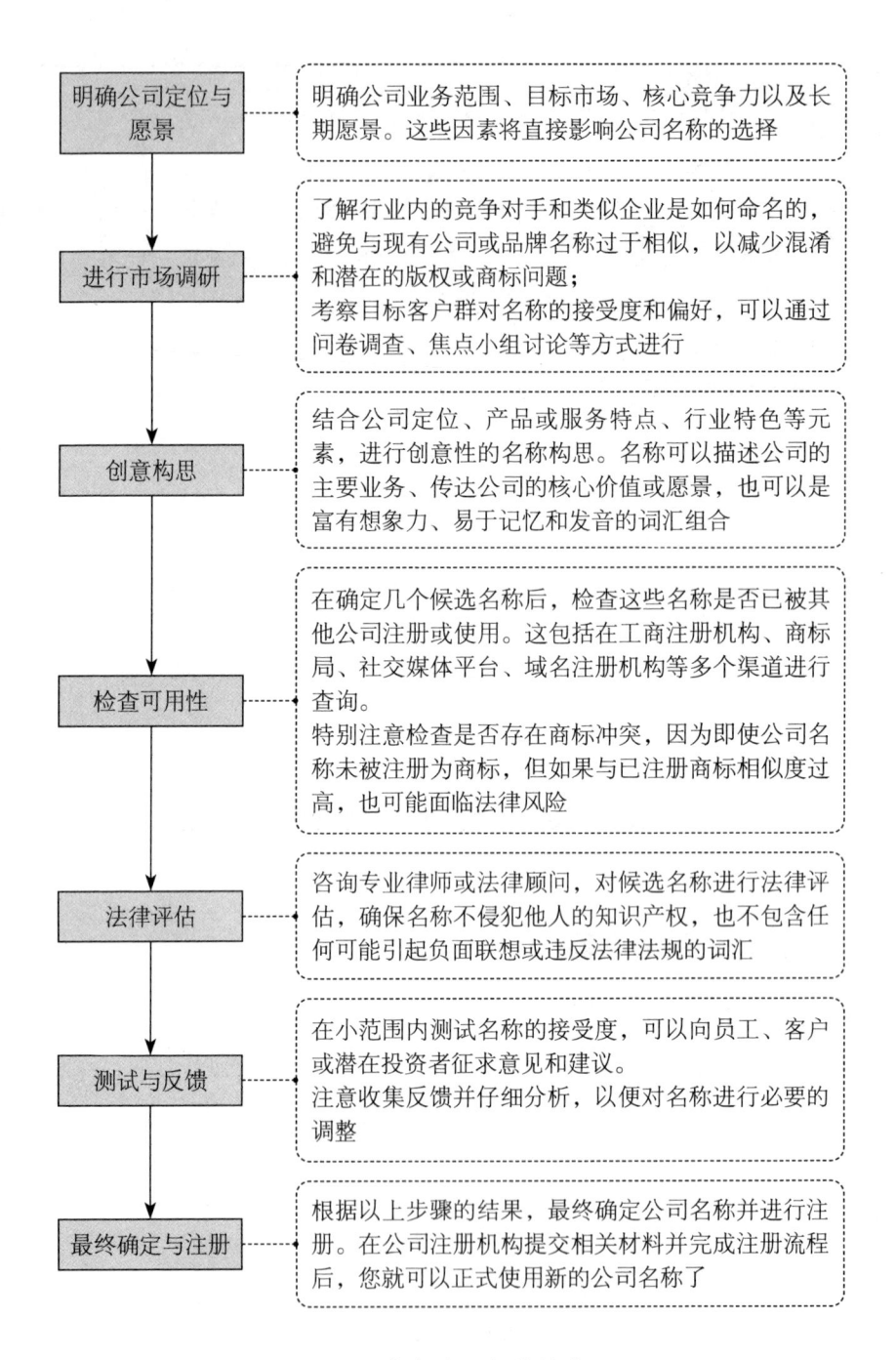

```
明确公司定位与愿景 ──── 明确公司业务范围、目标市场、核心竞争力以及长期愿景。这些因素将直接影响公司名称的选择
          │
          ▼
进行市场调研 ──── 了解行业内的竞争对手和类似企业是如何命名的，避免与现有公司或品牌名称过于相似，以减少混淆和潜在的版权或商标问题；
                  考察目标客户群对名称的接受度和偏好，可以通过问卷调查、焦点小组讨论等方式进行
          │
          ▼
创意构思 ──── 结合公司定位、产品或服务特点、行业特色等元素，进行创意性的名称构思。名称可以描述公司的主要业务、传达公司的核心价值或愿景，也可以是富有想象力、易于记忆和发音的词汇组合
          │
          ▼
检查可用性 ──── 在确定几个候选名称后，检查这些名称是否已被其他公司注册或使用。这包括在工商注册机构、商标局、社交媒体平台、域名注册机构等多个渠道进行查询。
                特别注意检查是否存在商标冲突，因为即使公司名称未被注册为商标，但如果与已注册商标相似度过高，也可能面临法律风险
          │
          ▼
法律评估 ──── 咨询专业律师或法律顾问，对候选名称进行法律评估，确保名称不侵犯他人的知识产权，也不包含任何可能引起负面联想或违反法律法规的词汇
          │
          ▼
测试与反馈 ──── 在小范围内测试名称的接受度，可以向员工、客户或潜在投资者征求意见和建议。
                注意收集反馈并仔细分析，以便对名称进行必要的调整
          │
          ▼
最终确定与注册 ──── 根据以上步骤的结果，最终确定公司名称并进行注册。在公司注册机构提交相关材料并完成注册流程后，您就可以正式使用新的公司名称了
```

图1-4　确定公司名称的步骤

（2）企业名称应当使用符合国家规范的汉字，不得使用汉语拼音字母、阿拉伯数字，法律法规另有规定的除外。

（3）在名称中间使用"国际"字样的，"国际"不能作字号或经营特点，只能作为经营特点的修饰语，并应符合行业用语的习惯，如国际贸易、国际货运代理等。

2. 起名字要考虑的因素

（1）公司的经营范围

不同的经营范围公司后面带的名字是不同的。例如，公司叫科技有限责任公司，你就可以做软硬件，卖产品，做服务。但叫管理咨询公司就不合适卖产品。有的行业，例如，叫培训公司，需要申请资质的，不是自己想起就可以起的，这方面可以找专业注册代理公司咨询下。

（2）名字大小

是准备带中国，还是省份，还是城市的头，例如，你要叫中国×××公司，中华×××公司，公司的注册资金是有要求的。例如，武汉×××公司注册资金3万元就够了，现在即使是3万元注册资金，都可以申请一个湖北开头的，在《公司法》修改之前，这样的公司注册资本原来要求是过百万的。

（3）名字的上口性

名字应该好读好记。

（4）名字的可视化

名字很容易设计成Logo，和Logo互动，便于别人联想。

（5）名字唯一性

先得到当地工商网站上搜索下，看你要注册的名字是否已被注册。即使没有冲突，也要百度或谷歌一下，看是否同名程度高。

在取名字的时候，就要考虑到未来的宣传。所谋者远，则路会走得越长越顺。

3. 公司起名需要注意的事项

（1）不能重名。相同或相似行业存在重名公司，不能注册。如："多有米网络科技"与"多有米信息科技"算重名。

（2）不能触犯驰名商标。如："万达"是驰名商标，不能注册为公司名字。

（3）不能与知名公司名字混淆。如"新微软""微软之家"等不能注册为公司名字。

（4）尽量不用地区名称及简称。如：上海、兰州、沪等不能注册为公司名字。

（5）不能使用繁体、数字、英文。公司名称只能使用简体中文。

（6）不能使用行业通用词汇。如："广州电脑科技有限公司"不能注册为公司名字。

（7）不能使用名人字号。如："马云""王健林"等不能注册为公司名字。

（8）不能带有宗教色彩。

二、确定公司的地址

确定公司的地址通常遵循以下步骤和原则，以确保合规性和实用性。

（一）基本原则

1. 主要办事机构所在地：主要办事机构一般是指公司董事会等重要机构，因为董事会是公司的经营管理决策机构，对外代表公司的。公司可以建立多处生产、营业场所，但是经公司登记机关登记的公司住所只能有一个，并且这个公司住所应当是在为其登记的公司登记机关的辖区内。

2. 合法性：公司地址必须合法，不得违反相关法律法规和当地政策。

（二）确定步骤

1. 选择地址

根据公司的业务需求、运营成本、交通便利性、周边环境、政策优惠等因素选择合适的地址。可以考虑专门的写字楼、自有厂房或办公室等。

注意：有的地方可能不允许在居民楼内办公，因此在选择时需了解当地的具体规定。

2. 签订租赁合同

如果选择租赁办公场所，需要与房东签订正式的租赁合同，并明确租赁期限、租金、支付方式、违约责任等条款。让房东提供房产证的复印件等相关证明材料，以证明该场所的合法性和有效性。

3. 办理相关手续

将租赁合同等相关材料提交给公司登记机关（如市场监督管理局），进行公司注册或地址变更登记。需要注意的是，如果公司地址发生变更，应及时向原登记机关申请变更登记，并提交新场所的使用证明等文件。

4. 购买印花税

签订好租房合同后，还需到税务局购买印花税，并按年租金的千分之一的税率购买。印花税票应贴在房租合同的首页，并在后续需要使用房租合同的地方使用贴了印花税的合同复印件。

（三）注意事项

1. 确保公司地址的真实性和有效性，避免使用虚假地址或不符合规定的地址。

2. 在选择公司地址时，应充分考虑公司的长期发展和战略规划，确保地址能够满足公司未来的业务扩展需求。

3. 在办理公司注册或地址变更登记时，应严格遵守相关法律法规和当地政策规定，确保流程的合法性和规范性。

第四节　公司登记与注册

一、名称核准

根据《中华人民共和国市场主体登记管理条例》（以下简称《条例》）规定，市场主体名称由申请人依法自主通过企业名称申报系统或者登记机关服务窗口申报。公司设立登记时，企业不再需要提供名称预先核准通知书，由登记机关通过政务信息共享平台获取的相关信息。

《条例》取消了名称预核准制度，精简了申请材料，优化登记程序。

（一）自主申报或窗口申报

《条例》改为市场主体名称由申请人依法自主通过企业名称申报系统或者登记机关服务窗口申报。公司设立登记时，企业不再需要提供名称预先核准通知书，由登记机关通过政务信息共享平台获取的相关信息。

（二）市场主体实行实名登记

《条例》要求市场主体实行实名登记，登记申请人应当对提交材料的真实性、合法性和有效性负责。国务院市场监督管理部门根据市场主体类型分别制定登记材料清单和文书格式样本并向社会公开。

（三）审查登记

市场监督管理局登记机关对申请材料进行形式审查，对申请材料齐全、符合法定形式的予以确认并当场登记；不能当场登记的，应当在3个工作日内予以登记。

二、提交材料、报审

可选择线上和线下两种方式进行资料提交，线下提交前可提前在市场监督管理局网站上进行预约，需5个工作日左右（多数城市不需要提前预约）。

（一）报审所需材料

（1）核名通过的公司名称。

（2）股东、法人、总经理、董事、监事身份证照片（除法人和监事不能由同一人担任外，其余职务可以一人身兼多职）。

（3）注册资金、股权分配情况。注册资金实行认缴制的行业，不需要进行验资，根据自身公司经营需要填写相应金额即可，所认缴的资金金额为公司所需承担有限责任的最高金额。认缴资金并不是越大越好，认缴的金额越大，所需承担的风险也越大。

（4）注册地址的25位数房屋编码：公司的注册登记地一定要真实可查，大多数地写字楼和民房都可以注册公司。

（5）经营范围（根据自己经营的项目填写经营范围，最后市场监督管理局核准时会改成规范用语）。

（二）报审注册地址

公司注册地址是在公司营业执照上登记的"住址"，一般情况下，公司以其主要办事机构所在地为住所，不同的城市对注册地址的要求也不一样，具体应以当地市场监督管理局要求为准。

公司注册地需要注意的内容主要集中在三个方面：

1. 可以用作公司注册的房屋

按照《公司法》的规定，公司注册房屋属性必须是商用。写字楼、商铺自然是典型的商用房屋，而商务两用的公寓，就要看房产证上标明的性质是商用还是住宅。但是在实际情况下，全国各地不同城市的具体实行标准也不尽相同。比如在一些工商改革试点城市，已经允许电子商务这种纯线上业务公司的注册地可以在住宅中，但是还需要符合其他各项细节规定。

2. 同一城市不同行政区注册的区别

在同一座城市内，不管在任何地方租赁一处商用房屋，注册下来的公司是不是就完全一致呢？答案自然是否定的。按照现行的《公司法》规定，公司注册需按照住所所属的行政区，到对应的市场监督管理局进行注册。注册成功后，公司也归属于对应的市场监督管理局管理。所以你在租赁办公场所时，应该提前了解一下所在城市各个区域市场监督管理局的办事效率和服务态度，这对日后的公司运营很有帮助。而且日后如果涉及公司地址变更跨区的情况，需要到两个区的市场监督管理局都办理，首先到迁入地市场监督管理局办理迁入，然后拿着《企业迁移通知书》到迁出地市场监督管理局办理迁出。

3. 以高性价比的方式注册公司

对于不少创业者而言，租售办公室的费用是创业成本中的一笔大资金，尤其是在大城市里，在高房价的带动下，办公地址的租赁价格同样不菲。那么有什么高性价比的公司注册地选择吗？其一可以选择与朋友的公司联合办公，因为目前相关规定并未禁止同一办公地址仅可注册一家公司；其二是可以入驻当地的众创空间和孵化器，他们一般都可以提供公司注册的地址。

（三）报审营业范围

公司的经营范围是指公司在经营活动中所涉及的领域，也是公司具有什么样的生产项目、经营种类、服务事项。

1. 确定经营范围的因素

公司所以需要确定经营范围，主要考虑以下因素：

（1）投资者需要知道公司资金的投向，也就是资金投入的项目和承担风险的界限。

（2）公司在经营中权利能力、行为能力的大体界定。

（3）公司董事、监事、经理可以认识自己权限所及的领域。

（4）建立和维护一定的管理秩序、经营秩序，防止无序状态。

公司需要有一定的经营范围，这个经营范围不是由行政主管部门确定或指定的，而是由公司自行确定的。

公司的经营范围并不是固定不变的，而是随着经济环境的变化和公司决策的变化，允许公司改变、调整经营范围。但是在需要变更经营范围的时候，应当依照法定的程序修改公司章程，记载变更的内容，并办理公司经营范围的变更登记。

2. 一般经营项目

一般经营项目是指不需批准，企业可以自主申请的项目。

目前互联网上有很多可以查询公司工商信息的平台，例如，天眼查、企信宝等网站。可以根据自己选择的公司类别，例如"网络科技有限公司"，那么你就直接在平台上查询相关关键词，排名靠前的一般都是该领域内最为知名的一些成功企业。这些企业的经营范围一般都是经过了多次修改和完善的，创业者可以直接对照进行填写。

（四）报审注册资本

《公司法》规定，注册资本实施认缴登记制，并放宽商事主体登记其他条件。股东（发起人）要按照自主约定并记载于公司章程的认缴出资额、约定的出资方式和出资期限向公司缴付出资，股东（发起人）未按约定实际缴付出资的，要根据法律和公司章程承担民事责任。

如果股东（发起人）没有按约定缴付出资，已按时缴足出资的股东（发起人）或者公司本身都可以追究该股东的责任。如果公司发生债务纠纷或依法解散清算，没有缴足出资的股东（发起人）应先缴足出资。

《公司法》第四十七条第一款规定："有限责任公司的注册资本为在公司登记机关登记的全体股东认缴的出资额。全体股东认缴的出资额由股东按照公司章程的规定自公司成立之日起五年内缴足。"

第二百六十六条第二款规定："本法施行前已登记设立的公司，出资期限超过本法规定的期限的，除法律、行政法规或者国务院另有规定外，应当逐步调整至本法规定的期限以内；对于出资期限、出资额明显异常的，公司登记机关可以依法要求其及时调整。具体实施办法由国务院规定。"

三、领取证照

法定申请材料经审查核准通过后，可以携带准予设立登记通知书、本人身份证原件，到市场监督管理局领取营业执照。

（一）领照时间

申请开业登记审批通过一般会在一到两个工作日发送短信到经办人和法人的手机即可去现场领取执照。变更登记3个工作日左右领取执照。申请材料需要修改或进一步完善的，领照日期将被顺延。

（二）领照须知

（1）新开业企业或企业申请变更法定代表人或负责人的，必须由企业的法定代表人或负责人凭本人的身份证件前来领取，确因特殊情况法定代表人或负责人未来的，可由委托代理人凭委托书、法定代表人身份证（复印件也可）和本人的身份证前来领取。

（2）除法定代表人或负责人以外之登记事项变更的企业，其领照人可以不是法定代表人或负责人，但领照人必须持本人身份证和企业介绍信。

（3）企业办理变更登记的，领照人还须提交全部原企业执照正本和副本；若系企业名称变更，领照人还应将企业原有印章交发照人，切角并在注册书上加盖印记。

（4）领照人必须对所领执照的内容进行校阅，若无异议应在登记注册书相应栏目上签字。

（5）领照时，应先在电脑公告屏上查找企业名称，并记录下执照注册号，提交发照人。

（三）领取方式

营业执照领取有两种方式：

1. 领取电子营业执照

商事登记机关准予登记的，经办人可在网上注册系统查看到电子营业执照，并可下载其复制件。电子营业执照与纸质营业执照具有同等法律效力。

2. 领取纸质营业执照

需要领取纸质营业执照的，经办人可持本人身份证授权书，或法定代表人（法人企业）、负责人（分公司、分支机构）、投资人（个人独资企业）、执行事务合伙人（合伙企业）或者经营者（个体工商户）持本人身份证根据系统提示前往指定登记机关办照大厅窗口申请领取纸质营业执照。

四、印章刻制

拿到营业执照后，需要携带营业执照原件、法定代表人或授权经办人身份证原件，到具备印章刻制资质的门店办理印章刻制。法定代表人不能亲自到场办理的，由注册登记申请时申报的授权经办人前往办理和领取印章。

（一）印章的种类

公司新设立的时候，一般都会需要全套章，包括公章、财务章、法人章、发票章。这4个章是必须要有的，可以凭营业执照及法人身份证进行篆刻，然后备案即可，其余的章可以选择性刻制，比如办理银行业务需要刻制公章、财务章、法人章，有进出口业务需刻制报关章，需要经常签订合同就刻制合同章，如果分部门可以设置部门章等等。

（二）刻章流程

1. 申请

新成立的企业申请刻制印章，须持以下资料，并附印章样模，到属地公安机关办理：

（1）《营业执照》副本原件和复印件一份；

（2）法定代表人和经办人身份证原件及复印件一份；

（3）法定代表人授权刻章委托书。

2. 刻制印章

企业须凭公安分局填发的《刻章许可证》到市公安局核准的刻章店刻章。

3. 印章备案

印章刻好之后将新刻的印章盖在印鉴卡上，并于三个工作日内将该印鉴卡交回公安分局原审批窗口备案。

> **提醒您**
>
> 必须在《营业执照》签发日期起一个月之内办好备案，有特别原因延误的，可以在证明上说明合理的原因才接受印章备案，否则公安机关不再接受印章备案。

五、银行开户

办理银行开户,主要是指企业成立之初开立验资存款户和开立基本存款户。因为一旦企业开办成功,开立基本存款户后,才可以开立一般存款、临时存款户、专用存款户等。

(一)开立基本账户

企业开立的基本存款账户,是指存款人办理日常转账结算和现金收付而开立的银行存款结算账户,是存款人的主要存款账户。其使用范围包括:存款人日常经营活动的资金收付,以及存款人的工资、奖金和现金的支取。

1. 开立基本户所需资料

基本户银行开户所需资料:

(1)营业执照正本及复印件;

(2)法定代表人身份证原件及复印件;

(3)经办人身份证原件及复印件;

(4)公司开户委托人证明(授权委托书);

(5)公司公章、财务章、法人或其他人员私章;

(6)当地银行要求提供的其他材料。

2. 基本户银行开户流程

基本户银行开户流程如图1-5所示。

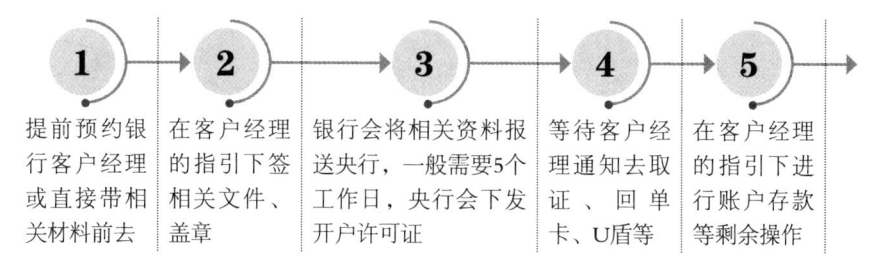

1	2	3	4	5
提前预约银行客户经理或直接带相关材料前去	在客户经理的指引下签相关文件、盖章	银行会将相关资料报送央行,一般需要5个工作日,央行会下发开户许可证	等待客户经理通知去取证、回单卡、U盾等	在客户经理的指引下进行账户存款等剩余操作

注:一般来说,在开户和取证中,法定代表人至少亲自到场一次。

图1-5 基本户银行开户流程

(二)其他结算账户的开立

企业除了有基本存款账户外,还可能开立一般存款账户、专用存款账户和临时存款账户。一般存款账户是企业或其他存款人因借款或其他结算需要，在基本存款账户开户银行以外的银行营业机构开立的银行结算账户。该账户只能办理现金缴存，但不得办理现金支取。

1. 开立一般存款账户

企业申请开立一般存款账户，应向银行出具其开立基本存款账户规定的证明文件、基本存款账户开户登记证和因向银行借款而签署的借款合同。存款人因其他结算需要的，还应出具有关证明。

开立一般存款账户除需填制开户申请书、协议书、客户预留印鉴卡外，还要向金融机构提供如下资料：

（1）营业执照正本原件及复印件一份；

（2）基本开户许可证原件及复印件一份；

（3）企业法人身份证原件及复印件一份；

（4）企业公章、财务专用章及法人章；

（5）存入新户头的现金。

以上复印件均用A4纸复印，由此可看出，开立一般存款账户所需提供的资料与开立基本存款账户基本相同，最明显的是多了一个基本开户许可证。这样，再经过金融机构工作人员的处理，给出账号，退给一份申请书、协议书及客户预留印鉴卡，并返还所提供原件，一般存款账户便开立完毕。

2. 专用存款账户

专用存款账户是指存款人按照法律、行政法规和规章，对有特定用途资金进行专项管理和使用而开立的银行结算账户。专用存款账户适用于基本建设资金，更新改造资金，财政预算外资金，粮、棉、油收购资金，住房基金等专项管理和使用的资金。凡存款人具有专门用途且需要进行专项管理的资金。

> **提醒您**
>
> 选择一家合适自己的银行办理公司银行账户，一般主要考虑银行位置和价格，如果有注册资金实缴，那么只需要将临时账户进行一个转变即可。

六、税务报到

领取到公司的营业执照后，注意需要在 30 天内进行公司的税务登记，然后核定公司经营后所需缴纳的税种，纳税人身份的认定。

国家推行"五证合一、一照一码"登记制度，新设立企业领取营业执照后，无须再次进行税务登记，不再领取税务登记证，但企业纳税义务并没有因此免除，纳税申报缴纳税款更是责无旁贷。实行"一照一码"新登记模式后，领取营业执照的纳税人需要办理备案，也就是税务报到。

在领营业执照的时候，就相当于办了税务登记证，新办企业应在领取营业执照之日起15天内把财务、会计制度或者处理办法报送主管税务机关备案，在开立存款账户之日起15天内，向主管税务机关报告全面账号，并按规定申报纳税。

备案事项如图1-6所示。

- 企业"五证合一"补充信息采集
- 办税人员身份信息备案
- 存款账户账号报告
- 财务会计制度及核算软件备案报告

- 签订《委托银行（金融机构）划缴税（费）三方协议》
- 申领发票（按纳税人需要）
- 增值税一般纳税人资格登记（按纳税人需要）
- 购装税控设备（按纳税人需要）

图1-6 在税务局的备案事项

（一）企业"五证合一"补充信息采集

企业在市场监督管理部门办理加载统一社会信用代码的营业执照后，在首次办理涉税事项时，税务机关对其补充信息采集，在完成补充信息采集后，凭加载统一代码的营业执照可代替税务登记证使用。企业办理补充信息采集，应提交以下资料：

（1）《企业"五证合一"登记补充信息表》；

（2）加载统一代码的营业执照原件及复印件；

（3）法定代表人居民身份证、护照或其他证明身份的合法证件（身份证验证）；

（4）企业设立的分支机构应提供总机构的营业执照。

办税服务厅办理的，《"五证合一"登记信息确认表》由税务机关前台打印，供纳税人签章确认。

（二）办税人员身份信息备案

税收实名制管理是指税务机关通过对办税人员身份信息进行采集、核验和维护，在明确办税人员身份及办税授权关系的前提下为纳税人办理相关涉税（费）事项。实名登记包括实名认证和办税授权关系绑定两部分。

1. 办税人员的范围

办税人员是指代表纳税人办理涉税（费）事项的人员，具体包括纳税人、缴费人、扣缴义务人的法定代表人（负责人、业主）、财务负责人、办税员、税务代理人和经纳税人授权的其他人员。

2. 实名登记渠道

实名登记可通过电子办税渠道或在税务机关办理，其中持有非居民身份证和非临时居民身份证的办税人员需在税务机关办理。

3. 办税授权关系绑定

办理实名认证后，选择相应角色（法定代表人、财务负责人、办税员、购票员）及权限进行企业绑定，建议自行在网上办理。

完成实名认证和绑定企业后，就可通过登录电子税务局（网页或手机APP）线上申请办理相关涉税业务。办税员需办企业绑定的，需由法定代表人或财务负责人授权。

4. 办理的注意事项

（1）根据发票业务相关要求，涉及发票业务的要完成法定代表人（负责人、业主）和办税员的实名登记；

（2）如需申领增值税发票（税控设备）的，到办税服务厅办理首次领取或发行税控设备的办税人员应完成实名登记；

（3）如新登记为一般纳税人的商贸纳税人申领增值税专用发票，领票前还需完成领票人的现场实名登记。

（三）存款账户账号报告

《国家税务总局关于规范纳税人填报涉税文书有关问题的通知》（国税发〔2010〕106号）从事生产、经营的纳税人应当自开立基本存款账户或者其他存款账户之日起15日内，向主管税务机关书面报告其全部账号；发生变化的，应当自变化之日起15日内，向主管税务机关书面报告。

1. 报告方式

报告方式包含税务机关前台办理及通过电子税务局网站办理。

2. 提供资料

《纳税人存款账户账号报告表》《社会保险费缴费人账户账号报告表》（社保缴费人提供）。纳税人通过电子税务局办理的无须报送纸质资料。

（四）财务会计制度及核算软件备案报告

企业在领取加载统一社会信用代码营业执照后，首次办理涉税事项时，应将财务、会计制度或财务、会计处理办法等信息报主管税务机关备案。企业使用计算机记账的，还应在使用前将会计电算化系统的会计核算软件、使用说明书及有关资料报主管税务机关备案。

1. 报告方式

报告方式包括税务机关前台办理及通过电子税务局网站办理。

2. 提供资料

报告需提供的资料包括"财务会计制度及核算软件备案报告书"，"纳税人财务、会计制度或纳税人财务、会计核算办法"，财务会计核算软件、使用说明书复印件（使用计算机记账的纳税人）。纳税人通过电子税务局办理的无须报送纸质资料。

（五）签订《委托银行（金融机构）划缴税（费）三方协议》

企业自愿选择联网电子缴税方式缴纳税款的，应当由纳税人与其开户银行、税务机关签订三方银税协议。

企业在办理补充信息采集并税（费）种登记完成后，应当按照国家有关规定，持营业执照，到主管国税机关领取并如实填写《委托划转税款协议书》并到各开户银行盖章签字，企业要以企业名义开设的金融机构账户。

1. 企业应报送的资料

《委托划转税款协议书》一式三份（企业、银行、税务机关各一份）；营业执照；单位公章。

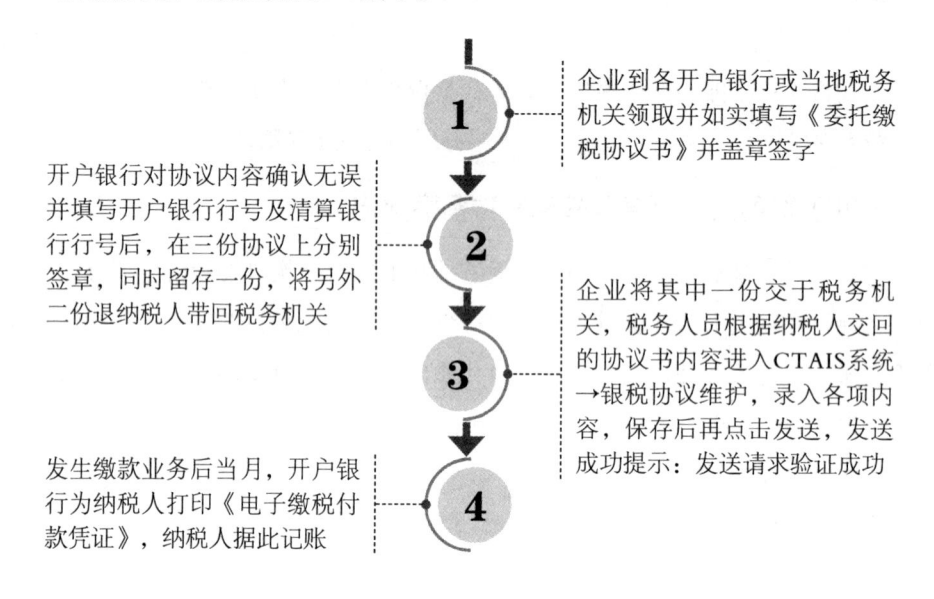

2. 银税协议办理流程

银税协议办理流程如图1-7所示。

① 企业到各开户银行或当地税务机关领取并如实填写《委托缴税协议书》并盖章签字

② 开户银行对协议内容确认无误并填写开户银行行号及清算银行行号后,在三份协议上分别签章,同时留存一份,将另外二份退纳税人带回税务机关

③ 企业将其中一份交于税务机关,税务人员根据纳税人交回的协议书内容进入CTAIS系统→银税协议维护,录入各项内容,保存后再点击发送,发送成功提示:发送请求验证成功

④ 发生缴款业务后当月,开户银行为纳税人打印《电子缴税付款凭证》,纳税人据此记账

图1-7 银税协议办理流程

3. 银税协议维护注意事项

（1）协议未验证成功时,需要业务人员进行税务端三方协议信息与银行端三方协议信息各要素的比对检查;

（2）企业要确保其缴税绑定账户状态正常,能够正常转账,如有变化要及时办理有关手续;

（3）企业保证在办理委托缴税时,应保证账户余额超过应纳税额,确保账户能正常结算,否则纳税人承担相应的责任;

（4）在税款征期结束日或罚款、税务行政性收费期限限缴最后一日,为了确保款项及时足额入库,防止滞纳金产生,纳税人必须在工作时间内提前半小时进行数据申报,税务机关承诺在规定时间内发送扣缴信息,若纳税人未在规定时间内进行数据申报,由此产生的滞纳金由纳税人承担。

（六）申领发票（按纳税人需要）

新办企业如需领用发票,应先刻制发票专用章和完成办理实名登记,再向主管税务机关申请办理发票领用手续。主管税务机关根据领用单位和个人的经营范围和规模,确认领用发票的种类、数量以及领用方式。

1. 申领发票的前置条件

办理票种核定前要完成法定代表人（负责人、业主）和办税员的实名登记；如需申领增值税发票（税控设备）的，在办税服务厅首次办理领取或发行税控设备的办税人员应完成实名登记；如新登记为一般纳税人的商贸纳税人申领增值税专用发票，领票前还需完成领票人的现场实名登记。

2. 首次申请领用发票需报送的资料

《纳税人领用发票票种核定表》2份；加载统一社会信用代码的营业执照或税务登记证；经办人身份证明及复印件；发票专用章印模。

3. 增值税专用发票的审批

增值税专用发票最高开票限额的审批是税务行政许可项目，所以您如果申请领用专用发票的话，需要在电子税务局提交一份《税务行政许可申请表》和《增值税专用发票最高开票限额申请单》。

税务机关在20个工作日内审批处理完毕后，会通知您持税控设备到办税厅办理发行授权和发票领用事宜。其中，最高开票限额为10万元以下的增值税专用发票审批事项可在2个工作日内完成，有条件的税务机关还可即时办结。

4. 发票的领取

（1）实名采集信息的本人持有效身份证件到窗口领取发票；

（2）实名采集信息的本人到自主领票机自主领取发票；

（3）在电子税务局上选择邮寄发票，通过邮递上门取得发票。

5. 增值税一般纳税人资格登记（按纳税人需要）

新开业的纳税人，会计核算健全，能够提供准确税务资料的，可以向主管税务机关申请一般纳税人登记。纳税人自其选择的一般纳税人资格生效之日起，按照增值税一般计税方法计算应纳税额，并可以按照规定领用增值税专用发票。

6. 购装税控设备（按纳税人需要）

增值税专用发票、增值税普通发票、增值税电子普通发票、机动车销售统一发票、二手车销售统一发票等发票需要使用增值税发票管理系统开具，新办企业申领领用上述发票前应按照相关规定申购税控设备。

（1）购装渠道：目前税务机关已实现税控设备网上申购，新办企业也可以选择办税服务厅前台办理申购税控设备。在办税服务厅首次办理领取或发行税控设备的办税人员应完成实名登记，如未完成需在办税服务厅现场办理实名登记后再办理相关业务。

（2）提供资料：《增值税发票税控系统安装使用通知书》、税控设备购销及技术服务合同书或协议书、单位公章及发票专用章、经办人身份证（原件查验）。

> **提醒您**
>
> 初次购置税控专用设备支付的费用和每年缴纳的技术维护费，可以凭取得的发票在增值税应纳税额中全额抵减（抵减额为价税合计额）。

七、开通社保账户

因为企业必须为员工缴纳职工社保，因此在以上操作完成后，还需要到社保网站上进行社保账户的开通，为企业的员工正常缴纳社保保险费用。

按照《中华人民共和国社会保险法》（以下简称《社会保险法》）的规定，用人单位应当自成立之日起30日内，向当地社会保险经办机构申请办理社会保险登记。企业设立后，法定代表人（负责人）应督促经办人及时上网办理完成社保登记业务。

新设企业取得加载统一社会信用代码的营业执照后，即可通过登录人社网上办事服务大厅首页，完善相关信息，实现网上社保开户。

第五节 股东权利与义务

股东的权利与义务是相辅相成的，股东在享受权利的同时也应承担相应的义务。这些权利和义务的确定依据主要是《公司法》及公司章程的相关规定。

一、股东的权利

股东的权利如表1-2所示。

表1-2 股东的权利

序号	权利	说明
1	资产收益权	股东有权依照法律、法规和公司章程的规定获取红利,并在公司终止后分取剩余资产
2	参与决策权	股东通过参加股东会,对公司的经营方针、投资计划、年度财务预算方案、决算方案、利润分配方案和弥补亏损方案等重大事项进行审议和表决
3	选举和监督管理者权	股东有权选举和被选举为董事会成员、监事会成员,并对这些管理者进行监督
4	知情权	股东有权查阅、复制公司章程、股东会会议记录、董事会会议决议、监事会会议决议和财务会计报告,还可以要求查阅公司会计账簿(需提出书面请求并说明目的)
5	优先权	在公司新增资本或发行新股时,股东享有同等条件下的优先认购权;有限公司股东还享有对其他股东转让股权的优先受让权
6	退股权	在特定情况下(如公司连续五年不向股东分配利润且符合分配条件),股东有权请求公司按照合理价格收购其股权
7	诉讼权	包括股东代表诉讼权和决议撤销权。在公司权益受到侵害时,股东有权以自己的名义提起诉讼;在股东会或董事会决议违反法律、行政法规或公司章程时,股东有权请求人民法院撤销
8	其他权利	如提议召集和主持股东会临时会议权、有效受让和认购新股权等

二、股东的义务

股东的义务如表1-3所示。

表1-3 股东的义务

序号	义务	说明
1	遵守法律、行政法规和公司章程	股东应依法行使股东权利,不得滥用股东权利损害公司或其他股东的利益

续表

序号	义务	说明
2	按时足额缴纳出资	股东应按照公司章程的规定按时足额缴纳出资,并不得抽逃出资
3	对公司债务负有限责任	有限责任公司的股东以其认缴的出资额为限对公司承担责任,即股东不必以自己个人的财产对公司债务承担责任
4	不得滥用权利损害他人利益	股东不得滥用公司法人独立地位和股东有限责任损害公司债权人的利益。若因此给公司债权人造成损失的,股东应承担连带责任
5	其他义务	如股东在行使权利时应以不影响公司正常运营为限,不得进行违法犯罪行为等

第二章
股权分配

　　股权分配是企业治理结构中的核心环节，它不仅关系企业所有权的分配，更直接影响企业的决策机制、利益分配以及长期发展。股权分配不仅仅是数字上的划分，它深刻影响着企业的决策效率、资源配置以及文化塑造。合理的股权结构能够激发团队的创造力与凝聚力，促进信息的透明流通，确保企业在面对复杂多变的市场环境时能够迅速而灵活地作出决策。同时，它也是吸引并留住优秀人才的关键因素之一，通过合理的股权激励机制可以将企业的长远发展与员工的个人利益紧密相连。

第一节　股权结构设计

股权架构设计是企业内部治理的重要组成部分，它规定了股东之间的权利与义务，影响着企业的决策效率和长期发展。股权架构的设计对于企业的运营和发展具有重要影响。不同的股权架构决定了不同的企业组织结构，从而决定了不同的企业治理结构，最终决定了企业的行为和绩效。

一、股权架构的构成要素

股权架构是指股份公司总股本中，不同性质的股份所占的比例及其相互关系。它是公司治理结构的基础，而公司治理结构则是股权架构的具体运行形式。股权即股票持有者所具有的与其拥有的股票比例相应的权益及承担一定责任的权力（义务）。基于股东地位（身份）可对公司主张的权利，即为股权。

股权架构主要由以下几个要素构成：

（一）股东类型

包括国家股东、法人股东、自然人股东等。不同类型的股东在企业中拥有不同的权益和责任，如表2-1所示。

表2-1　不同类型的股东在企业中的权益和责任

股东类型	权益	责任
国家股东	（1）参与决策：在持有普通股的企业中，国家股东有权参加股东会，并行使表决权，参与企业的重大决策。 （2）分配盈利：按照其持有的股份比例分配企业的盈利。 （3）剩余财产分配：在公司经营失败而宣告歇业或破产时，国家股东有权分得剩余财产	（1）有限责任：当企业破产时，国家对公司债务承担有限责任，即以其出资额为限对公司债务负责。 （2）资金使用安排：安排国有股份股利收益资金的使用，以使国家股份在股份制企业中的增殖。 （3）维护权益：维护企业内部劳动者的合法权益，认真贯彻国家的方针政策

续表

股东类型	权益	责任
国家股东	（1）监督与指导：通过自己在企业中的代表对企业经营进行必要的调节、指导、检查，以促进国民经济计划的实现。 （2）优先权：在持有优先股的企业中，国家股东享有优先获得固定股息的权利	
法人股东	（1）决策参与：有权参加股东会，并行使表决权，参与企业的决策过程。 （2）利润分配：按照其持有的股份比例从企业利润分配中获得收益。 （3）剩余财产分配：在企业清算时，按照法定顺序分配剩余财产。 （4）知情权：有权查阅、复制公司章程、股东会会议记录、董事会会议决议、监事会会议决议和财务会计报告等，以了解企业的经营状况和财务状况	（1）出资义务：法人股东应当按时足额缴纳其认缴的出资额或认购的股份，不得抽逃出资。 （2）遵守法律与章程：遵守法律、行政法规和公司章程，依法行使股东权利，不得滥用股权权利损害公司或其他股东的利益。 （3）承担连带责任：在特定情况下，如滥用公司法人独立地位和股东有限责任损害公司债权人利益时，法人股东需要承担连带责任
自然人股东	（1）决策参与：有权参加股东会，并行使表决权，参与企业的决策。 （2）利润分配：按照其持有的股份比例从企业利润分配中获得收益。 （3）剩余财产分配：在企业清算时，按照法定顺序分配剩余财产。 （4）知情权：同样享有查阅、复制公司相关文件和了解公司经营状况的权利	（1）出资义务：自然人股东应当如实履行出资义务，无论是货币出资还是非货币财产出资，都需要按照法律规定和公司章程的要求进行。 （2）不得滥用权力：自然人股东应当遵守法律、行政法规和公司章程，不得滥用股东权力损害公司或其他股东的利益。同时，也不得滥用公司法人独立地位和股东有限责任损害公司债权人的利益。 （3）赔偿责任：如果自然人股东滥用权利给公司或其他股东造成损失，或者滥用公司法人独立地位和股东有限责任逃避债务、严重损害公司债权人利益，应当依法承担赔偿责任

不同类型的股东在企业中拥有不同的权益和责任。这些权益和责任的设置旨在平衡股东之间的利益关系，促进企业的健康发展。

（二）持股比例

持股比例是指股东持有的股份占公司总股本的比例。这个比例决定了股东在公司中的权益大小，包括对公司事务的表决权、对公司盈利的分配权以及在公司清算时对公司剩余财产的分配权等。

具体来说，如果某个股东持有公司50%的股份，则其就拥有了公司一半的表决权，可以在公司决策中发挥重要作用。同时，他也将按照50%的比例分享公司的盈利和在公司清算时分配剩余财产。

持股比例是公司治理结构的基础，它决定了公司控制权的分布和股东之间的利益关系。在股权高度集中的公司中，大股东可能拥有对公司的绝对控制权，能够左右公司的决策和运营。而在股权分散的公司中，各个股东之间的持股比例相对均衡，公司的决策过程可能更加民主和透明。

此外，持股比例也是投资者评估公司价值和投资风险的重要指标之一。投资者可以通过分析公司的股权结构、股东的背景和实力等因素来评估公司的治理水平和未来发展潜力，从而作出更加明智的投资决策。

总之，持股比例是公司治理和投资决策中的重要概念，它反映了股东在公司中的权益大小和影响力，对于公司的运营和发展具有重要影响。

（三）股权集中度

股权集中度即前几大股东的持股比例之和。股权集中度的高低反映了公司股权的分散或集中程度。股权集中度的高低直接影响公司的治理结构和经营决策，进而影响公司的绩效和稳定性。

1. 表现形式

股权集中度主要可以表现为如图2-1所示的三种情形。

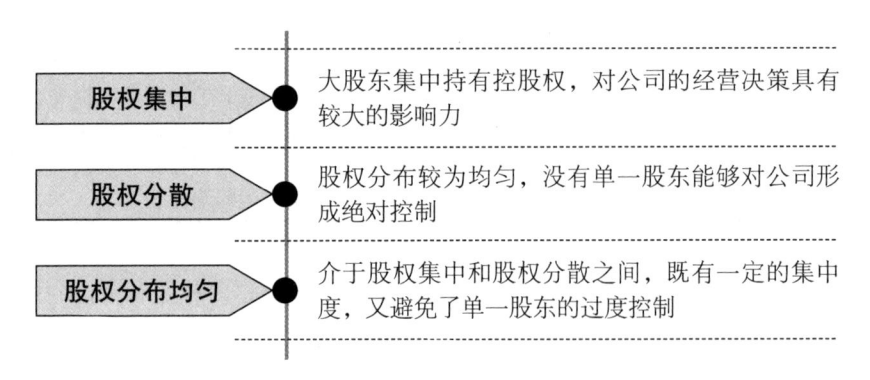

股权集中	大股东集中持有控股权，对公司的经营决策具有较大的影响力
股权分散	股权分布较为均匀，没有单一股东能够对公司形成绝对控制
股权分布均匀	介于股权集中和股权分散之间，既有一定的集中度，又避免了单一股东的过度控制

图2-1　股权集中度的三种情形

2. 影响因素

股权集中度的形成和变化受表2-2所示多种因素影响。

表2-2 股权集中度的影响因素

序号	因素	说明
1	企业规模	随着企业规模的扩大，对资本资源的需求增加，可能导致股权结构的分散化
2	企业绩效	企业绩效的好坏会影响投资者的信心和持股意愿，进而影响股权集中度
3	所有者的控制权偏好	部分所有者可能更倾向于保持对公司的控制权，从而选择集中持股
4	政治力量	在某些情况下，政治力量也可能对股权集中度产生影响

3. 股权集中度的调整

股权集中度不是一成不变的，而是随着经济的发展和制度的变迁不断调整。在正常的市场竞争中，随着企业的逐步扩张，一般来说股权集中程度也就逐步降低，二者存在一定的负相关关系。这是因为激烈的市场竞争使得企业不得不选择扩大规模和降低股权集中度，以吸引更多的投资者和资本资源。

4. 股权集中度对公司治理的影响

股权集中度是影响公司治理的重要因素之一。不同的股权集中度会对公司治理产生不同的影响，进而影响公司的绩效和稳定性。例如，股权集中度过高可能导致大股东对公司的过度控制，损害小股东的利益；而股权集中度过低则可能导致公司治理结构松散，决策效率低下。因此，合理的股权集中度对于公司的长期发展至关重要。

二、股权架构的类型

根据股权集中度和股东类型,股权架构可以分为如图2-2所示三种类型。

股权高度集中型	股权高度分散型	相对控股型
绝对控股股东一般拥有公司股份的50%以上,对公司拥有绝对控制权。这种类型的企业决策效率高,但风险也相对较大	公司没有大股东,所有权与经营权基本完全分离,单个股东所持股份的比例在10%以下。这种类型的企业决策过程相对复杂,但能够避免单一股东对公司的过度控制	公司拥有较大的相对控股股东,同时还拥有其他大股东,所持股份比例为10%~50%。这种类型的企业能够在保持一定决策效率的同时,避免单一股东对公司的过度控制

图2-2 股权架构的类型

三、股权架构设计的基本原则

股权架构设计应遵循如图2-3所示的基本原则。

公平原则 ☞
(1)贡献和股比要有正向相关。根据股东或员工的贡献度来分配股权,确保公平性。
(2)避免均等分配,特别是避免50%,50%和33%,34%,33%这样的结构,以防止决策僵局

效率原则 ☞
(1)股权结构应便于公司治理,特别是在涉及重大决策时,能够迅速作出高效、正确的判断。
(2)结合资源(如人力、产品、技术、运营、融资)和公司战略,设计能够提升决策效率的股权结构

控制权集中原则 ☞
(1)便于创始团队对公司的控制,确保在创业初期能够高效决策和快速反应。
(2)绝对控股型(如67%以上股权)或相对控股型(如51%以上股权)是常见的选择

有利于资本运作 ☞
股权结构应有利于企业的融资和资本运作,便于引入新的投资者和进行股权调整

权责利对等原则 ☞
明晰股东各方的相关权责利,如合伙人的权责利、投资方的权责利,并匹配到位

图2-3 股权架构设计的基本原则

四、股权结构设计要领

股权结构设计必须遵守《公司法》等相关法律法规的规定。应根据企业的发展阶段、业务类型、股东结构等因素设计合适的股权结构。同时，股权架构应具备一定的灵活性以适应企业未来的发展和变化。股权架构设计应遵循如图2-4所示的步骤。

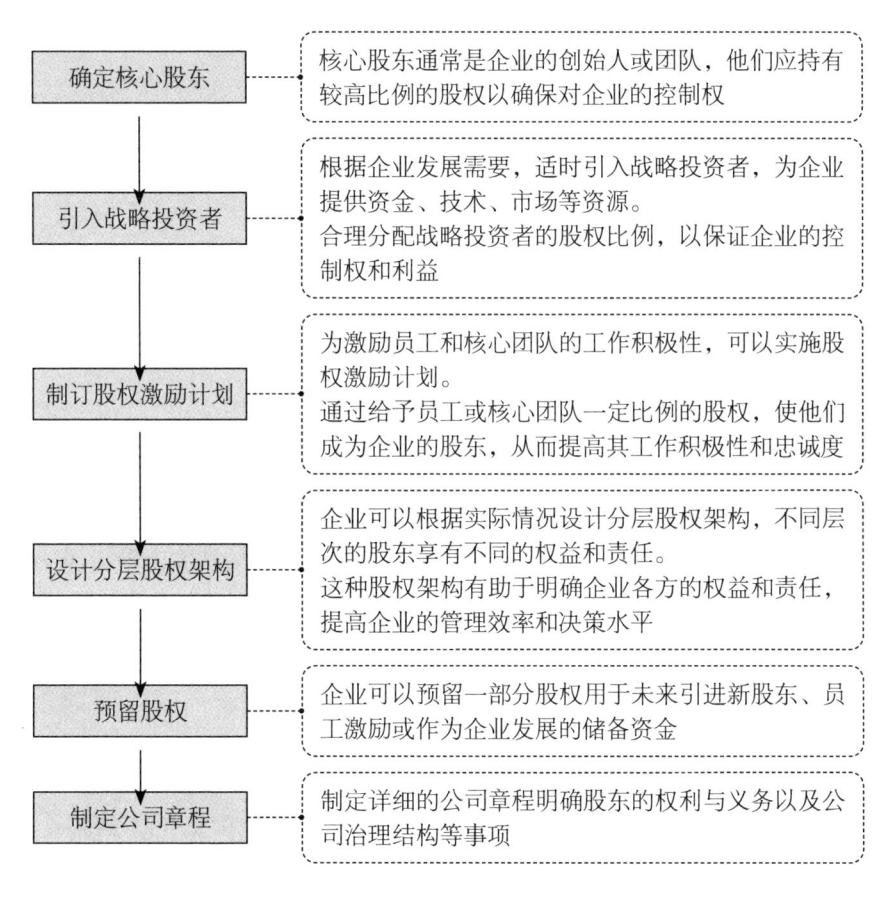

```
确定核心股东 ——— 核心股东通常是企业的创始人或团队，他们应持有
                  较高比例的股权以确保对企业的控制权
     ↓
引入战略投资者 ——— 根据企业发展需要，适时引入战略投资者，为企业
                    提供资金、技术、市场等资源。
                    合理分配战略投资者的股权比例，以保证企业的控
                    制权和利益
     ↓
制订股权激励计划 ——— 为激励员工和核心团队的工作积极性，可以实施股
                      权激励计划。
                      通过给予员工或核心团队一定比例的股权，使他们
                      成为企业的股东，从而提高其工作积极性和忠诚度
     ↓
设计分层股权架构 ——— 企业可以根据实际情况设计分层股权架构，不同层
                      次的股东享有不同的权益和责任。
                      这种股权架构有助于明确企业各方的权益和责任，
                      提高企业的管理效率和决策水平
     ↓
预留股权 ——— 企业可以预留一部分股权用于未来引进新股东、员
              工激励或作为企业发展的储备资金
     ↓
制定公司章程 ——— 制定详细的公司章程明确股东的权利与义务以及公
                  司治理结构等事项
```

图2-4 股权结构设计的步骤

股权架构设计应着眼于企业的长期发展而非短期利益。在设计股权架构时要充分考虑各方利益确保各方利益得到平衡和保障。

五、股权架构的调整与优化

随着企业的发展和市场环境的变化，股权架构也需要进行相应的调整与优化。这包括但不限于表2-3所示的几个方面。

表2-3 股权架构的调整与优化措施

序号	措施	说明
1	引入新股东	根据企业发展需要，适时引入新股东以补充资金、技术或市场等资源
2	股权激励	通过股权激励计划激励员工和核心团队的工作积极性，提高他们的归属感和忠诚度
3	股权回购与转让	根据企业发展需要和市场环境变化，适时进行股权回购与转让以调整股权结构

第二节 股东出资与认缴制度

股东出资与认缴制度是《公司法》中的重要内容，对于公司的设立、资本筹集和运营管理等方面具有重要影响。股东应当根据公司章程的规定按期足额缴纳出资，并承担相应的法律责任。同时，认缴出资制度的灵活性也为股东提供了更多的出资选择。然而，股东也需要注意遵守认缴出资加速到期规则等法律规定，以维护公司的稳定运营和债权人的合法权益。

一、股东出资

股东出资是指股东根据公司章程的规定，向公司投入资金或财产的行为。股东出资是公司注册资本的重要来源，也是股东对公司承担有限责任的基础。

（一）出资方式

根据《公司法》第四十八条规定："股东可以用货币出资，也可以用实物、知识产权、土地使用权、股权、债权等可以用货币估价并可以依法转让的非货币财产作价出资；但是，法律、行政法规规定不得作为出资的财产除外。"

对作为出资的非货币财产应当评估作价，核实财产，不得高估或者低估作价。法律、行政法规对评估作价有规定的，从其规定。

（二）出资责任

股东应当按期足额缴纳公司章程中规定的各自所认缴的出资额。股东以货币出资的，应当将货币出资足额存入有限责任公司在银行开设的账户；以非货币财产出资的，应当依法办理其财产权的转移手续。如果股东不按照规定缴纳出资，除了应当向公司足额缴纳外，还应当向已按期足额缴纳出资的股东承担违约责任。

二、认缴制度

认缴出资制度是公司法中的一项重要制度创新，与实缴出资制度相对应。在认缴出资制度下，股东无需在公司设立时一次性足额缴纳出资，而是可以根据公司章程规定的期限和金额逐步履行出资义务。

（一）认缴出资额与注册资本

有限责任公司的注册资本为在公司登记机关登记的全体股东认缴的出资额，即股东的认缴出资额构成了公司的注册资本。这一制度允许股东在公司章程中自行约定认缴出资的时间、方式等，增加了出资的灵活性。

（二）认缴出资的时间与方式

2023年修订的《公司法》允许股东在公司章程中约定认缴出资的时间，股东只需在约定的出资期限届满前履行出资义务即可。至于出资方式，股东可以根据自身情况和公司需求选择货币出资或非货币出资。

（三）认缴出资的责任

虽然股东在认缴出资制度下享有较大的出资灵活性，但仍需承担按期足额缴纳出资的责任。如果股东不按照规定缴纳出资，将承担相应的法律责任，包括向公司足额缴纳出资和向已按期足额缴纳出资的股东承担违约责任。

（四）认缴出资加速到期规则

2023年修订的《公司法》还规定了认缴出资加速到期规则，即在特定情形下（如公司破产、解散清算或公司不能清偿到期债务等），股东未届出资期限的认缴出资将提前到期，股东需立即履行出资义务。这一规则旨在平衡公司股东的出资期限利益与公司债权人的合法利益，保护债权人的合法权益。

第三节　股权转让

股权转让是指公司股东依法将自己的股份让渡给他人，使他人成为公司股东的民事法律行为。2023年修订的《公司法》第八十四条给出较为完整的规定。同时，《中华人民共和国民法典》（以下简称《民法典》）等相关法律法规也为股权转让提供了法律基础和保障。

一、股权转让的定义与性质

股权转让是股东行使股权的一种常见方式，通过将自己所持有的公司股份转让给第三方，从而使其获得相应的股东权益。

股权转让是一种物权变动行为，它涉及股东地位的变更和股东权利义务的转移。一旦股权转让完成，原股东将不再享有对公司的相应股份所代表的权利和义务，而受让人则成为新的股东，承担相应的权利和义务。

二、股权转让的方式

股权转让可以根据不同的标准和角度进行分类，以下是几种常见的分类方式。

（一）按照转让方式分类

按照转让方式分类如表2-4所示。

表2-4　按照转让方式分类

序号	细分	说明
持份转让与股份转让	持份转让	指持有份额的转让，在中国通常指的是有限责任公司的出资份额的转让
	股份转让	根据股份载体的不同，又可分为一般股份转让和股票转让。一般股份转让是指非上市公司的股份转让，而股票转让则是指上市公司的股份转让

续表

序号	细分	说明
书面股权转让与非书面股权转让	书面股权转让	通常以书面形式进行，甚至可能需要进行公证。这是最常见的股权转让方式，因为它能够提供明确的证据和保障双方权益
	非书面股权转让	虽然较少见，但在某些情况下也可能发生，如以股票为表现形式的股权转让在某些场合可能不需要书面文件
即时股权转让与预约股权转让	即时股权转让	指随股权转让协议生效或者受让款的支付即进行的股权转让。这种转让方式简单快捷，双方权益能够迅速得到确认
	预约股权转让	指附有特定期限或特定条件的股权转让。这种转让方式更加灵活，但也可能存在更大的不确定性

（二）按照公司参与程度分类

1. 公司参与的股权转让

这种情况表明股权转让事宜已获得公司的认可，可以视为股东资格的名义更换但已实质获得了公司的认同。

2. 公司非参与的股权转让

这是指股权转让过程中公司并未直接参与或表示意见，但这并不影响股权转让的合法性和有效性。

（三）按照转让费用分类

1. 有偿股权转让

转让方通过股权转让获得一定的经济利益，这是最常见的股权转让方式。有偿股权转让无疑应属于股权转让的主流形态。

2. 无偿股权转让

转让方不从股权转让中获得经济利益，而是出于其他目的（如赠与、继承等）进行转让。虽然较为少见，但无偿的股权转让同样是股东行使股权处分的一种方式。

（四）其他分类方式

除了上述分类方式外，股权转让还可以根据受让主体的不同分为内部转让和外部转让（即股东之间转让和股东向股东以外的人转让）；根据转让数量的不同分为全部转让和部分转让；以及根据转让所赖以发生的依据分为约定转让与法定转让等。

三、股权转让的程序

（一）内部转让

有限责任公司的股东之间可以相互转让其全部或者部分股权。

交易双方进行洽谈，对交易事项进行初步确定，包括转让股权的比例、价格、支付方式等。

（二）外部转让

股东向股东以外的人转让股权的，应履行如下程序：

（1）应当将股权转让的数量、价格、支付方式和期限等事项书面通知其他股东；

（2）其他股东接到通知后，在同等条件下有优先购买权；

（3）股东自接到书面通知之日起三十日内未答复的，视为放弃优先购买权；

（4）两个以上股东行使优先购买权的，协商确定各自的购买比例；协商不成的，按照转让时各自的出资比例行使优先购买权。

（三）签订协议与注销变更

1. 签订股权转让协议

转让方和受让方需要签订股权转让协议，明确双方的权利和义务，股权转让协议主要包括以下内容：

（1）协议转让的股权数量及占公司总股本的比例；

（2）转让股权的每股价格及股权转让价款总额；

（3）转让股权的交割日（股权转让协议正式生效后方可进行）；

（4）股权转让价款支付方式；

（5）税费承担；

（6）出让方的义务；

（7）受让方的义务；

（8）协议的生效日；

（9）出让方的陈述与保证；

（10）股权转让协议的解除条款；

（11）保密条款；

（12）争议解决方式；

（13）违约责任；

（14）附则。

下面提供两份股权转让协议范本，仅供参考。

范本1

自然人股东股权转让协议

转让方（以下简称"甲方"）：_____

身份证号码（或注册号码）：_____

受让方（以下简称"乙方"）：_____

身份证号码（或注册号码）：_____

鉴于甲方在_____公司（以下简称公司）合法拥有____%股权，现甲方有意转让其在公司拥有的全部股权，并且甲方转让其股权的要求已获得公司股东会的批准。

鉴于乙方同意受让甲方在公司拥有____%股权。

鉴于公司股东会也同意由乙方受让甲方在该公司拥有的____%股权。

甲、乙双方本着平等互利、协商一致的原则，就股权转让事宜达成如下协议：

第一条 目标股权转让的价格

甲方同意将所持有的公司____%股份以_____元（人民币）转让给乙方。乙方同意按本协议的条款和条件从甲方受让目标股权。

第二条 定金及转让价款支付方式

（1）为保证本协议的顺利履行，在本协议经双方签订后____日内，乙方应向甲方支付转让款金额的____%，作为乙方履行本协议的定金。

（2）乙方已支付的定金将作为转让价款的一部分，在办完工商变更登记后日内，乙方将剩余的转让价款支付给甲方。

第三条 甲方的声明

在本协议签署之日以及本协议生效日，甲方向乙方陈述并保证如下：

（1）甲方有权进行本协议规定的交易，并已采取所有必要的公司和法律行为授权签订和履行本协议；

（2）甲方在本协议的签订日，合法拥有目标股权及对其进行处置的权利；

（3）公司的资产和目标股权未设置任何抵押或质押，公司未为第三人提供任何担保；

（4）不存在未了的、针对公司的诉讼或仲裁。

第四条 乙方的声明

在本协议签署之日以及本协议生效日，乙方向甲方陈述并保证如下：

（1）乙方有权进行本协议规定的交易，并已采取所有必要的公司和法律行为授权签订和履行本协议；

（2）乙方用于支付转让价款的资金来源合法。

第五条 股权转让有关费用的承担

甲乙双方一致同意，办理与本协议约定的股权转让有关的费用由___方承担。

第六条 合同的变更与解除

发生下列情况之一时，可变更或解除合同，但双方必须就此签订书面变更或解除合同：

（1）由于不可抗力或一方当事人虽无过失但无法防止的外因，致使本合同无法履行；

（2）一方当事人丧失实际履约能力；

（3）由于一方或双方违约，严重影响了守约方的经济利益，使合同履行成为不必要；

（4）因情况发生变化，经过双方协商同意变更或解除合同。

第七条 违约责任

（1）如果乙方未在本协议规定的期限内向甲方支付定金或转让价款，则每延迟一日，乙方应向甲方支付数额为逾期金额万分之____的违约金；

（2）双方同意，如果一方不履行或严重违反本协议的任何条款，致使另一方遭受任何损失，违约方须赔偿守约方的一切经济损失。

第八条 通知和送达

协议各方一致确认其在本合同所载的联系地址/电话号码为有效地址/电话，双方按该地址发出的书面通知自发出之日起5天内视为送达，手机短信自发出之时视为送达。

第九条 争议的解决

甲乙双方因履行本协议所发生的或与本协议有关的一切争议，应当友好协商解决。如协商不成，任何一方均有权按下列第____种方式解决：

（1）将争议提交仲裁委员会仲裁，按照提交仲裁时该会现行有效的仲裁规则进行仲裁。仲裁裁决是终局的，对甲乙双方均有约束力。

（2）提交所在地人民法院诉讼裁判。

第十条 其他事项

其他约定：
_____
_____。

第十一条 生效及其他

（1）未尽事宜，由协议各方另行签订补充协议，所达成的补充协议，与本协议具有同等法律效力；

（2）本协议经双方签署后生效；

（3）本协议一式三份，甲方、乙方、公司各执一份，均具有同等法律效力。

甲方（签字或盖章）：　　　　乙方（签字或盖章）：
签约时间：____年__月__日　　签约时间：____年__月__日

> 范本2

法人股东股权转让协议

转让方：（以下称甲方）_____

统一社会信用代码：_____

住址：_____

法定代表人：_____

受让方：（以下称乙方）_____

统一社会信用代码：_____

住址：_____

法定代表人：_____

依据《中华人民共和国民法典》《中华人民共和国公司法》及相关法律、法规和政策文件的规定，双方经友好协商，就乙方受让甲方所持公司____%的股权事宜达成本合同，以兹共同遵照执行。

第一条 股权转让

1. 经公司股东会批准通过，甲方同意将其在公司所合法持有股权，即公司注册资本的____%全部转让给乙方，乙方同意受让。

2. 甲方同意出售而乙方同意购买的股权，包括该股权项下所有的附带权益及权利，且上述股权未设定任何（包括但不限于）留置权、抵押权及其他第三者权益或主张。

3. 协议生效之后，甲方将对公司的经营管理及债权债务不承担任何责任、义务。

第二条 股权转让价格及价款的支付方式

1. 甲方同意根据本协议所规定的条件，以_____万元将其在公司拥有的____%的股权转让给乙方，乙方同意以此价格受让该股权。

2. 乙方同意在本协议双方签订之日向甲方一次性支付_____万元。

第三条 甲方声明

1. 甲方为本协议第一条所转让股权的唯一所有权人；

2. 甲方作为公司股东已完全履行了公司注册资本的出资义务；

3. 自本协议生效之日起，甲方完全退出公司的经营，不再参与公司财产、利润的分配。

第四条　乙方声明

1. 乙方以出资额为限对公司承担责任；

2. 乙方承认并履行公司修改后的章程；

3. 乙方保证按本协议第二条所规定的方式支付价款。

第五条　股权转让有关费用的负担

双方同意，办理与本协议约定的股权转让手续所产生的有关费用，由_____承担。

第六条　有关股东权利义务包括公司盈亏（含债权债务）的承受

1. 从本协议生效之日起，乙方实际行使作为公司股东的权利，并履行相关的股东义务。必要时，由于以前以甲方名义签署的相关文件，需要甲方协助，甲方应积极配合。

2. 从本协议生效之日起，乙方按其所持股权比例依法分享利润和分担风险及亏损。

第七条　协议的变更和解除

发生下列情况之一时，可变更或解除本协议，但甲乙双方需签订变更或解除协议书。

1. 由于不可抗力或由于一方当事人虽无过失但无法防止的外因，致使本协议无法履行；

2. 一方当事人丧失实际履约能力；

3. 由于一方违约，严重影响了另一方的经济利益，使合同履行成为不必要；

4. 因情况发生变化，当事人双方经过协商同意；

5. 本协议中约定的其他变更或解除协议的情况出现。

第八条　违约责任

1. 如协议一方不履行或严重违反本协议的任何条款，违约方须赔偿守约方的一切经济损失。除协议另有规定外，守约方亦有权要求解除本协议及向违约方索取赔偿守约方因此蒙受的一切经济损失。

2. 如果乙方未能按本合同第二条的规定按时支付股权价款，每延迟一天，应按延迟部分价款的____%支付滞纳金。乙方向甲方支付滞纳金后，如果乙方的违约给甲方造成的损失超过滞纳金数额，或因乙方违约给甲方造成其他损害的，不影响甲方就超过部分或其他损害要求赔偿的权利。

第九条　争议的解决

各方若因履行本协议发生争议，应友好协商解决。协商未果时向目标公司所在地人民法院诉讼解决，或将争议提交_____仲裁委员会仲裁，按照提交仲裁时该会现行有效的仲裁规则进行仲裁。仲裁裁决是终局的，对甲乙双方均有约束力。

第十条　其他规定

1. 签订本协议及办理本协议规定的所有事项，甲、乙双方均可委托代理人签字办理，若本人在外地的，委托手续应经过当地公证机关公证后生效。

2. 本合同____式____份，甲乙双方各持____份，该公司存档____份，工商登记机关____份。均具有同等法律效力。

3. 本协议经各方或授权委托的代理人签署时生效。

甲方（盖章）：	乙方（盖章）
法定代表人（或授权代表）	法定代表人（或授权代表）
签字：	签字：
____年__月__日	____年__月__日

2. 注销与变更

注销原股东的出资证明书，向新股东签发出资证明书，并修改公司章程中的相关条款，以反映股权的变更情况。

（四）办理变更登记

股权转让完成后，需要办理股权变更登记手续，将受让人的姓名或名称及其出资额等信息登记于公司登记机关。虽然股权变更登记并非法律强制要求，但出于降低风险的考虑，建议及时进行登记。办理变更登记的步骤为：

1. 提交材料

将股权转让的相关文件，包括股权转让协议、修改后的公司章程、出资证明书等，提交给市场监督管理局或其他相关政府部门。

2. 审核与登记

政府部门对提交的材料进行审核，确认无误后，办理股权变更登记手续，更新公司的股东信息。

（五）后续事项

1. 公告与通知

根据公司章程和法律规定，可能需要公告股权变更事项，并通知相关债权人、债务人等。

2. 税务处理

根据税法规定，股权转让可能涉及所得税等税务问题，需进行相应的税务处理和申报。

> **提醒您**
>
> 股权转让涉及税务问题，转让方可能需要缴纳个人所得税或企业所得税等税费。因此，在转让前应咨询专业税务机构或律师的意见。

第四节　股权继承

股权继承是非基于法律行为的股权变动，它不需要经过当事人的合意，而是基于法律事件（即自然人股东的死亡）而发生。股权继承业务的处理涉及一系列法律程序和步骤，以确保继承人的合法权益得到保护，并符合相关法律法规及公司章程的规定。

一、股权继承的定义

股权继承是指自然人股东亡后，其合法继承人依法取得被继承人的股东资格并行使股东权利的制度。股权继承将引起公司股东的变更，对有限责任公司产生深远影响。

股权继承的法律依据为：

《公司法》第九十条："自然人股东死亡后，其合法继承人可以继承股东资格；但是，公司章程另有规定的除外。"

《民法典》第一千一百二十二条："遗产是自然人死亡时遗留的个人合法财产。依照法律规定或者根据其性质不得继承的遗产，不得继承。"

相关链接

股权继承与股权转让的关系

股权继承不属于股权转让，两者是两个不同的概念，但在某些情况下可能存在交叉关系。

一、股权继承与股权转让的区别

（一）发生原因不同

1. 股权继承是基于自然人股东的死亡这一法律事件而发生的。

2. 股权转让则是基于当事人的合意而发生的，可以是基于买卖、赠与、互易等多种原因。

（二）法律性质不同

1. 股权继承是非基于法律行为的股权变动，它不需要经过当事人的合意。

2. 股权转让则是基于法律行为的股权变动，它需要经过当事人的合意，并可能需要办理相应的登记手续。

（三）权利主体不同

1. 股权继承的权利主体是自然人股东的合法继承人。

2. 股权转让的权利主体则是原股东和受让股权的第三方。

二、股权继承与股权转让的交叉关系

在某些情况下，股权继承与股权转让可能存在交叉关系。例如，当公司章程或股东协议对股权继承有特殊规定时，继承人可能无法直接继承股东资格，而需要通过股权转让的方式来实现。此时，股权继承就可能转化为股权转让。但需要注意的是，这并不意味着股权继承就是股权转让的一种形式，而只是在特定情况下两者可能产生交集。

综上所述，股权继承与股权转让是两个不同的概念，但在某些特定情况下可能存在交叉关系。

二、股权继承的基本原则

股权继承应符合图2-5所示基本原则。

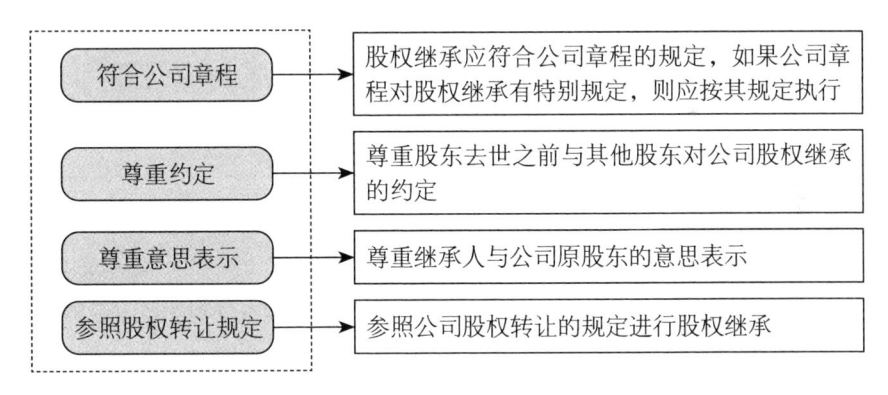

符合公司章程	股权继承应符合公司章程的规定，如果公司章程对股权继承有特别规定，则应按其规定执行
尊重约定	尊重股东去世之前与其他股东对公司股权继承的约定
尊重意思表示	尊重继承人与公司原股东的意思表示
参照股权转让规定	参照公司股权转让的规定进行股权继承

图2-5　股权继承的基本原则

三、股权继承的办理程序

股权继承的办理程序是一个涉及法律、公司章程及股东权益的重要过程。

图2-6是股权继承的一般办理程序。

```
确认继承人身份与资格 → 通知其他股东并征询意见 → 办理公证手续（如需要）
→ 注销与签发出资证明书 → 修改公司章程和股东名册 → 办理工商变更登记
```

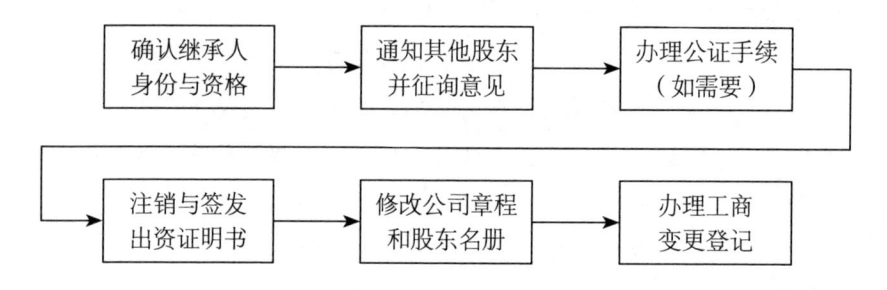

图2-6 股权继承的办理程序

（一）确认继承人身份与资格

1. 依法确定继承人

根据《民法典》中关于继承的规定，确定被继承人的合法继承人。继承人可能是配偶、子女、父母等直系亲属，或者是根据遗嘱指定的继承人。

2. 收集相关证明材料

材料包括继承人的身份证明、与被继承人的关系证明（如户口簿、结婚证、出生证明等）、被继承人的死亡证明等。

（二）通知其他股东并征询意见

1. 书面通知其他股东

将股权继承的情况以书面形式通知公司的其他股东，确保他们了解继承事宜。

2. 召开股东会（如适用）

如果公司股东人数较多，可能需要召开股东会，就股权继承事宜进行讨论和表决。根据公司章程及《公司法》的规定，确定是否需要经过股东会同意。

（三）办理公证手续（如需要）

在一些情况下，股权继承可能需要办理公证手续。继承人需要携带相关证明材料到公证处办理继承的公证手续，以确保继承的合法性和有效性。

（四）注销与签发出资证明书

1.注销原股东出资证明书：在公司内部办理手续，注销被继承人的出资证明书。

2. 签发新股东出资证明书：向继承人签发出资证明书，确认其作为新股东的身份和出资额。

（五）修改公司章程和股东名册

1. 修改公司章程

根据公司章程的规定，对涉及股东及其出资额的记载进行修改，以反映股权继承后的实际情况。

2. 更新股东名册

将继承人的姓名、住所及受让的出资额等信息记入公司股东名册，确保股东名册的准确性和完整性。

（六）办理工商变更登记

到公司登记机关（通常是市场监督管理局）办理工商变更登记手续，将股权继承的情况正式记录在案。这一步是确保股权继承在法律上得到认可和保护的关键步骤。

具体办理程序可能因地区、公司类型及实际情况而有所不同。如有需要，请咨询专业律师或法律机构以获取更详细和准确的指导。

四、股权继承的注意事项

股权继承办理需要注意图2-7所示事项。

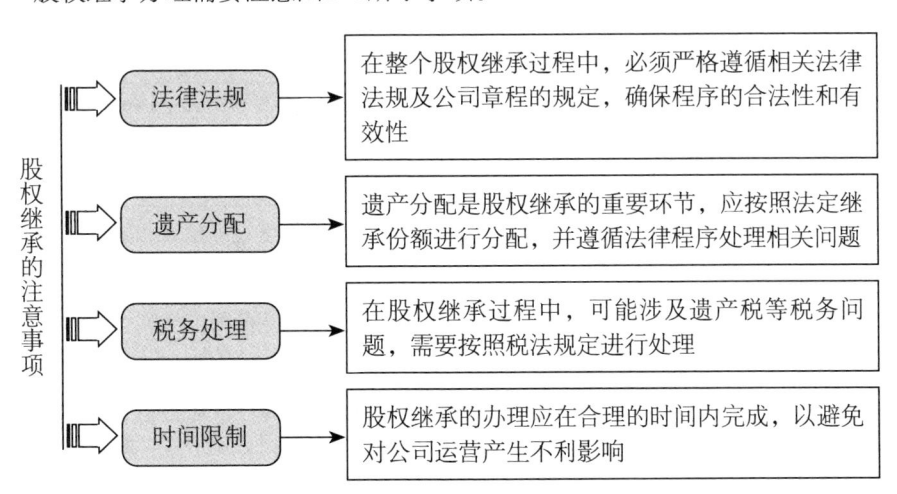

股权继承的注意事项	说明
法律法规	在整个股权继承过程中，必须严格遵循相关法律法规及公司章程的规定，确保程序的合法性和有效性
遗产分配	遗产分配是股权继承的重要环节，应按照法定继承份额进行分配，并遵循法律程序处理相关问题
税务处理	在股权继承过程中，可能涉及遗产税等税务问题，需要按照税法规定进行处理
时间限制	股权继承的办理应在合理的时间内完成，以避免对公司运营产生不利影响

图2-7 股权继承的注意事项

第五节　股东会职权与决议

股东会作为公司的最高权力机构，其职权与决议对于公司的运营和发展具有至关重要的影响。

一、股东会职权的范围

股东会职权指的是股东会作为公司最高权力机构所享有的各项权利和责任。这些职权涵盖了公司运营和发展的多个方面，确保公司能够按照股东的意愿和利益进行运作。

具体来说，股东会的职权包括但不限于表2-5所示几个方面。

表2-5　股东会的职权范围

序号	职权	说明
1	决定公司的经营方针和投资计划	股东会有权决定公司未来的发展方向、战略重点以及投资领域，这是公司长期发展的基础
2	选举和更换董事、监事	股东会负责选举产生公司的董事会和监事会成员，这些成员将负责公司的日常经营管理和监督。股东会也有权在必要时更换这些成员。同时，股东会还决定有关董事、监事的报酬事项
3	审议批准董事会、监事会报告	股东会有权听取并审议董事会和监事会的工作报告，包括公司的经营状况、财务状况、重大事项等，并根据报告内容作出相应的决策
4	审议批准公司年度财务预算方案、决算方案	股东会负责审议公司的年度财务预算和决算方案，确保公司的财务活动符合股东的意愿和利益
5	审议批准公司的利润分配方案和弥补亏损方案	股东会有权决定公司的利润分配方式和弥补亏损的措施，这是维护股东权益的重要方面
6	对公司重大事项作出决议	股东会有权对公司增加或减少注册资本、发行公司债券、公司合并、分立、变更公司形式、解散和清算等事项作出决议。这些事项都是公司运营中的重大决策，需要股东会进行充分的讨论和表决

续表

序号	职权	说明
7	修改公司章程	公司章程是公司的基本法，规定了公司的重大问题。股东会有权修改公司章程，但修改必须经代表三分之二以上表决权的股东通过方为有效
8	其他职权	除了上述职权外，公司章程还可以规定股东会的其他职权，以适应公司的实际运营和发展需要

二、股东会职权的行使

股东会职权的行使需要遵循公司章程和相关法律法规的规定，确保决策过程的合法性和公正性。同时，股东会也需要充分听取和尊重其他利益相关者的意见和利益，以实现公司的可持续发展和股东利益的最大化。以下是行使股东会职权的具体步骤和要点。

（一）召开股东会会议

1. 会议类型

股东会会议分为定期会议和临时会议。定期会议按照公司章程的规定召开，而临时会议可在特定情况下由符合条件的股东、董事或监事提议召开。

2. 会议召集与通知：

（1）召集人：一般由董事会召集，董事长主持。若董事会不履行召集职责，监事会或符合条件的股东可自行召集。

（2）通知：会议召开前需提前通知全体股东，通知内容应包括会议的时间、地点、议题等。股份有限公司召开股东会会议，应当将会议召开的时间、地点和审议的事项于会议召开20日前通知各股东；临时股东会会议应当于会议召开15日前通知各股东。

（3）会议记录：股东会会议应制作会议记录，并由出席会议的股东签名确认。

（二）审议与表决

1. 审议事项

股东会会议需审议公司章程规定的各项议题，包括公司的经营方针和投资计划、选举和更换董事监事、审议批准董事会和监事会的报告、审议批准公司的年度财务预算方案、决算方案、利润分配方案和弥补亏损方案等。

2. 表决方式

表决方式如图2-8所示。

有限责任公司	股东会会议由股东按照出资比例行使表决权,但公司章程另有规定的除外。对于一般事项,需经代表过半数表决权的股东通过;对于修改公司章程、增加或者减少注册资本以及公司合并、分立、解散或者变更公司形式等特别事项,需经代表三分之二以上表决权的股东通过
股份有限公司	股东出席股东会会议,所持每一股份有一表决权。对于一般事项,需经出席会议的股东所持表决权过半数通过;对于特别事项,需经出席会议的股东所持表决权的三分之二以上通过
书面表决	对前款所列事项,股东以书面形式一致表示同意的,可以不召开股东会会议,直接作出决定,并由全体股东在决定文件上签名、盖章

图2-8 表决方式

（三）决议的执行与公告

1. 执行决议：股东会作出的决议，由董事会负责执行，并向股东会报告执行情况。

2. 公告：对于涉及公司重大事项的决议，如公司合并、分立、解散等，公司应及时公告或通知全体股东及相关利益相关者。

（四）其他注意事项

1. 公司章程

公司章程是股东会行使职权的重要依据，股东会应根据公司章程的规定行使职权。同时，股东会也有权修改公司章程，但需经代表三分之二以上表决权的股东通过。

2. 合法合规

股东会在行使职权过程中，应确保所有决策和行动符合法律法规及公司章程的规定，维护公司和股东的合法权益。

综上所述，行使股东会职权是一个复杂而严谨的过程，需要遵循一系列法定程序和公司章程的规定。通过召开股东会会议、审议与表决相关议题、执行决议并公告等方式，股东会能够充分发挥其作为公司最高权力机构的作用，推动公司的健康发展和股东利益的最大化。

三、股东会决议

股东会决议是股东会作为公司最高权力机构，在会议中通过投票等方式对特定事项作出的正式决定。这些决议对公司的运营、发展方向、重大事项等具有决定性的影响。

股东会决议的内容通常涉及公司的重大事项，包括但不限于：

1. 经营方针和投资计划：决定公司未来的发展方向和战略重点。
2. 选举和更换董事监事：选举产生或更换公司的董事会和监事会成员。
3. 财务事项：审议批准公司的财务报告、利润分配方案和弥补亏损方案等。
4. 资本变动：决定公司注册资本的增加或减少、发行债券等。
5. 公司变更：对公司合并、分立、解散、清算或变更公司形式等事项作出决议。
6. 修改公司章程：在符合法定条件的情况下，修改公司的基本法——公司章程。

股东会决议一旦形成并符合法定条件，即对公司及全体股东产生法律效力。公司及其董事、监事、高级管理人员等应当执行决议内容，确保决议得到落实。同时，股东会决议也是公司对外进行交易、融资等活动的重要依据。

> **提醒您**
>
> 为了确保股东会决议的公开透明和可追溯性，公司通常会将决议内容及时公告或通知全体股东，并制作会议记录由出席会议的股东签名确认。这些记录和公告不仅是公司治理的重要组成部分，也是保护股东权益、防止内部人控制的重要手段。

第六节 股权激励机制

股权激励在企业中具有重要的作用，它不仅能够提升员工的积极性和忠诚度，吸引和留住关键人才，还能够优化治理结构、促进业绩增长、增强市场竞争力和完善薪酬体系等。因此，越来越多的企业开始关注和采用股权激励这一长期激励机制。

一、股权激励的定义及特点

（一）股权激励的定义

股权激励又称为长期激励或期权激励，是企业为了激励和留住核心人才而推行的一种长期激励机制。它通过附条件地给予员工（主要是中高层管理人员和关键岗位员工）部分股东权益，使其与企业结成利益共同体，从而实现企业的长期目标。这种机制不仅有助于提升员工的工作积极性和忠诚度，还能促进企业持续稳定地发展。

（二）股权激励的特点

股权激励具有图2-9所示特点。

特点	说明
长期性	股权激励的核心在于"长期"，它不同于传统的薪酬体系，后者往往更侧重于短期激励（如月薪、奖金等）。股权激励通过设定一定的行权条件（如服务期限、业绩目标等），将员工的利益与企业的长期发展捆绑在一起，鼓励员工为企业的长远目标努力
风险共担	获得股权激励的员工，在享受企业增长带来的收益的同时，也需承担一定的风险。如果企业经营不善，股价下跌，员工的股权价值也会相应缩水，这种风险共担的机制有助于增强员工的责任感和使命感
灵活性	股权激励的设计可以非常灵活，企业可以根据自身的实际情况和发展阶段，选择不同的激励工具（如股票期权、限制性股票、股票增值权等）和激励对象，以及设定不同的行权条件和业绩指标
法律合规性	股权激励的实施需要严格遵守相关法律法规和监管要求，确保激励方案的合法性和有效性。因此，企业在设计股权激励方案时，必须充分考虑法律法规的约束和监管部门的指导意见

图2-9 股权激励的特点

二、股权激励的作用

股权激励作为一种长期激励机制，在企业中发挥着多重作用。图2-10是股权激励的主要作用。

提升员工积极性和忠诚度	通过赋予员工股权，使其成为企业的"主人"之一，能够极大地提升员工的工作积极性和忠诚度。员工会更加关注企业的长期发展和业绩提升，从而为企业创造更大的价值
吸引和留住关键人才	在竞争激烈的市场环境中，企业需要不断地吸引和留住关键人才以保持竞争优势。股权激励作为一种具有吸引力的薪酬形式，能够有效地吸引高端人才加入，并留住现有的核心员工
优化治理结构	股权激励有助于将管理层和股东的利益捆绑在一起，减少信息不对称和道德风险。这有助于优化企业的治理结构，提高决策效率和执行力，从而促进企业的持续稳定发展
促进业绩增长	股权激励能够激发员工的创造力和创新精神，推动企业不断进行技术创新、产品升级和市场拓展。这些努力将直接促进企业的业绩增长和市场份额提升
增强市场竞争力	通过实施股权激励计划，企业能够构建更加稳定和高效的人才队伍，提升企业的整体竞争力和市场地位。这将有助于企业在激烈的市场竞争中脱颖而出，实现可持续发展
完善薪酬体系	股权激励是企业薪酬体系的重要组成部分。通过将员工的薪酬与企业的长期业绩挂钩，可以完善企业的薪酬体系，使薪酬更加公平、合理和具有竞争力
增强员工归属感和认同感	股权激励不仅是一种物质激励，更是一种精神激励。它能够让员工感受到企业对他们的认可和重视，从而增强员工的归属感和认同感。这种情感上的连接将有助于员工更加积极地投入工作，为企业创造更大的价值

图2-10　股权激励的主要作用

三、股权激励的模式

股权激励的模式多种多样，旨在通过不同的方式激励和留住企业的核心人才。以下是一些主要的股权激励模式：

（一）股票期权

股票期权是公司授予激励对象的一种权利，允许其在未来特定时间内以预先确定的价格购买公司一定数量的股票。

1. 特点

激励对象可以选择行使权利购买股票，也可以选择放弃。行使权利时需要支付现金，且股票期权的数量和行使时间通常有限制。

2. 适用场景

特别适合高科技企业和上市公司，因为这些企业的股价波动较大，且员工对股价的增值有较高期待。

（二）限制性股票

限制性股票是公司预先授予激励对象一定数量的公司股票，但这些股票在出售时受到一定的限制条件（如服务期限、业绩目标等）。

1. 特点

激励对象在获得股票后不能立即出售，必须满足特定的条件后才能解锁并出售。

2. 适用场景

适用于需要稳定核心团队和长期发展的企业，通过限制股票的出售来绑定关键员工。

（三）虚拟股票

虚拟股票是公司授予激励对象一种虚拟的股票，激励对象可以享受分红权和股价升值收益，但没有所有权、表决权和转让权。

1. 特点

激励对象不需要实际购买股票，只需根据公司业绩和股价表现享受相应的收益。

2. 适用场景

适用于现金流紧张或股权结构复杂的企业，通过虚拟股票来激励员工而不影响公司的实际股权结构。

（四）业绩股票

业绩股票是根据公司的业绩目标完成情况，授予激励对象一定数量的公司股票或提取奖励基金购买公司股票。

1. 特点

激励对象的收益与公司的业绩直接挂钩，能够有效地促进员工为公司的业绩目标努力。

2. 适用场景

适用于业绩稳定、现金流量充裕的上市公司，通过业绩股票来激励管理层和核心员工。

（五）股票增值权

股票增值权是指公司授予激励对象一种权利，当公司股价上升时，激励对象可以通过行权获得相应数量的股价升值收益。

1. 特点

激励对象不需要为行权支付现金，行权后获得现金或等值的公司股票。

2. 适用场景

适用于股价波动较大且员工对股价增值有较高期待的企业。

（六）员工持股计划

员工持股计划是指公司允许员工通过购买公司股票成为公司股东，从而分享公司的成长和收益。

1. 特点

员工可以自愿购买公司股票，成为公司的股东之一，与公司共担风险、共享收益。

2. 适用场景

适用于需要增强员工归属感和凝聚力的企业，通过员工持股计划来激发员工的积极性和创造力。

（七）管理层收购（MBO）

管理层收购（Management Buy-Outs，MBO）是指公司管理层利用自有资金或外部融资购买本公司的股份，从而成为公司的控股股东。

1. 特点

管理层通过收购公司股份获得对公司的控制权和管理权，能够更好地实现自己的管理理念和战略规划。

2. 适用场景

适用于需要改善公司治理结构、降低代理成本和提高管理效率的企业。

这些股权激励模式各有特点，企业可以根据自身的实际情况和发展阶段选择合适的模式来激励和留住核心人才。同时，股权激励方案的设计和实施需要遵循相关法律法规和监管要求，确保方案的合法性和有效性。

四、股权激励方案设计

（一）股权激励方案设计步骤

企业在进行股权激励方案设计上，需要考虑如图2-11所示的几大要素。

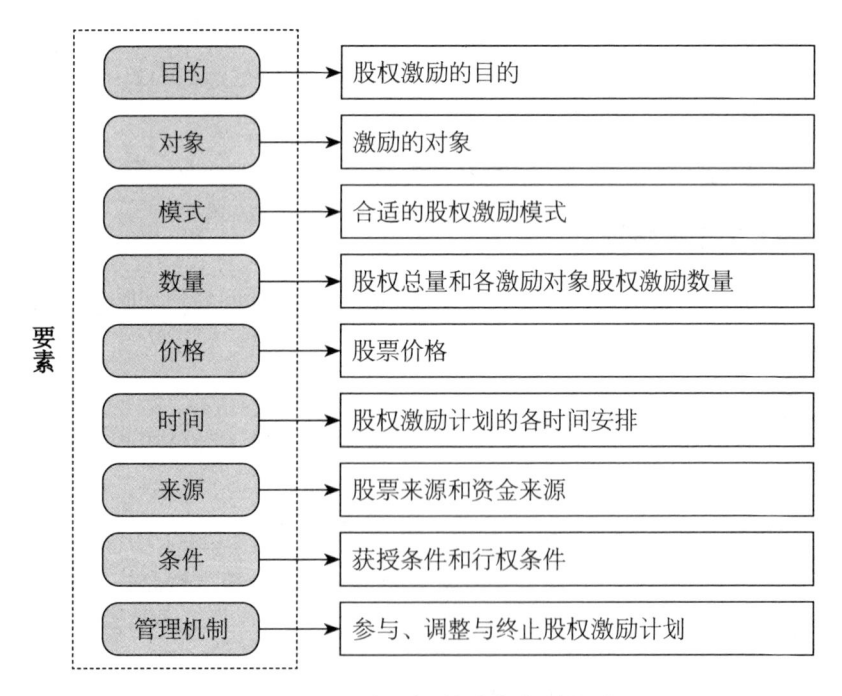

要素	说明
目的	股权激励的目的
对象	激励的对象
模式	合适的股权激励模式
数量	股权总量和各激励对象股权激励数量
价格	股票价格
时间	股权激励计划的各时间安排
来源	股票来源和资金来源
条件	获授条件和行权条件
管理机制	参与、调整与终止股权激励计划

图2-11 设计股权激励方案的要素

1. 目的——股权激励的目的

不同行业、不同规模、不同的发展阶段的企业，实施股权激励计划的目的应有差异。企业实施股权激励计划的目的通常包括：

（1）吸引和留住对企业整体业绩和持续发展有直接影响的管理骨干和核心技术人员；

（2）调动员工的工作积极性、激发员工潜力，促使员工为公司创造更大的价值；

（3）回报老员工；

（4）改善员工福利。

明确实施股权激励计划的目的及所要达到的效果是企业制定股权激励计划的第一步，也是最重要的一步。

2. 对象——激励的对象

对象是指激励股权的授予对象，即激励股权的持有人。一般情况下，如下几种人会作为激励对象：

（1）公司的董事、高级管理人员，以及对公司发展有直接影响的管理骨干、业务骨干和核心技术人员；

（2）目前，实际应用中股权激励计划的对象范围有扩大的趋势，普通员工也被逐步纳入股权激励计划的激励范畴。

选择激励对象，应综合考虑如图2-12所示的几种因素。

图2-12 选择激励对象应考虑的因素

3. 模式——合适的股权激励模式

股权激励的模式很多，需要根据企业的具体情况，结合各种激励模式的不同特点，选择符合企业实际、有效的激励方法。

确定激励模式应综合考虑如下几种因素：

（1）企业的类型

企业类型分股份公司、有限责任公司、合伙企业、个体户、个人独资企业等。

（2）激励对象

如果激励对象是经营者和高级管理者，可能期权和业绩股票比较合适；如果激励对象是管理骨干和技术骨干等重要员工，可能选用限制性股票和业绩股票比较合适；如果激励对象是销售人员，业绩股票和延期支付是比较合适的方式。

在选择激励模式时，还需考虑如图2-13所示的因素。

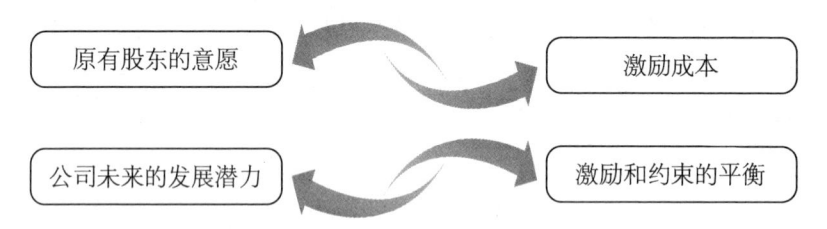

图2-13　选择激励模式需考虑的因素

4. 数量——股权总量和各激励对象股权激励数量

数量即确定将要授予的股权的数量，它包括股权的总量和个量。

（1）股权总量

股权总量指可用于股权激励股权占企业总股本的比例。虽然不同行业、不同规模、不同发展阶段的企业授予的股权总量有所不同，但一般建议不超过公司股本总额的15%。

（2）股权个量

股权个量是指每一个股权激励对象获得的股权数量。通常，任何一名激励对象获授的本公司股权累计不超过公司股本总额的1%；高级管理人员个人股权预期收益水平建议控制在其薪酬总水平的30%左右，确定个股数量时可综合考虑如图2-14所示的因素。

图2-14　确定个股数量时综合考虑的因素

5. 价格——股票价格

非上市公司的股权价值一般参考净资产值，或者对比同行业上市公司的估值，结合公司在行业中的地位及发展阶段进行估值。

> **提醒您**
>
> 不建议无偿授予员工股权。免费得来的东西一般不被珍惜，建议员工有偿但低价取得股权。

6. 时间——股权激励计划的各时间安排

时间是指确定激励计划中的时间安排，包括股权授予日、等待期、可行权日、行权期、禁售期等。

（1）授予日

授权日又称授予日，即公司向激励对象授予股权激励的日期。对于上市公司来说，授权日必须是交易日，对非上市公司来说，授权日没有法律限制，公司可以根据自己的实际情况确定。

（2）等待期

在实施期权的情况下，激励对象获授股权后，并不能立即行权（即以约定的价格购买公司的股票），而是需要等待直至可行权日，这段时间就是等待期。

（3）可行权日

可行权日指获授人员可以行权的日期，等待期满次日起至股权有效期满之日止的期间就是行权期，这期间的每一个交易日都是可行权日。

（4）行权期

行权期是指行权日开始至终止行权这一段时间。

（5）禁售期

股权获授人行权后，即可获得公司的股票（股权），通过出售或转让来获取收益。但是，为了防止激励对象尤其是高管人员利用公司内幕消息牟取不正当利益，企业会设定在一个时间段内，激励对象持有股票的流通受到限制，期满后才能自由的出售或转让，这个时间段就是禁售期。

7. 来源——股票来源和资金来源

（1）股票来源

用于股权激励的股票来源，一般有图2-15所示的几种。

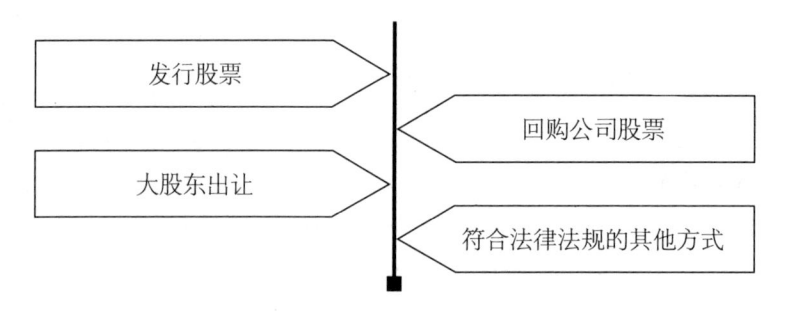

```
┌─────────────┐
│  发行股票    ├──▶┐
└─────────────┘   │   ┌──────────────┐
                  ├──▶│ 回购公司股票  │
┌─────────────┐   │   └──────────────┘
│  大股东出让  ├──▶┤
└─────────────┘   │   ┌──────────────────┐
                  └──▶│符合法律法规的其他方式│
                      └──────────────────┘
```

图2-15　股权激励的股票来源途径

（2）资金来源

激励对象购买股票的资金来源一般有图2-16所示的几种。

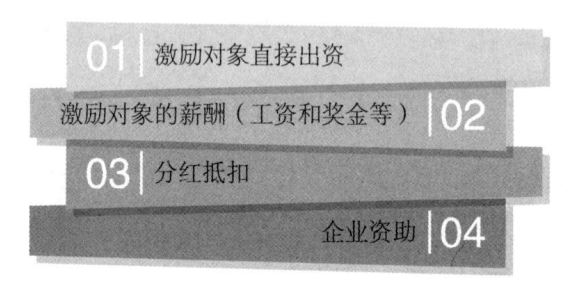

- 01 激励对象直接出资
- 02 激励对象的薪酬（工资和奖金等）
- 03 分红抵扣
- 04 企业资助

图2-16　股权激励的资金来源

8. 条件——授予条件和行权条件

（1）股权的授予条件

授予条件是指激励对象获授期权时必须满足的条件。授予条件主要与激励对象的业绩相关，只要激励对象达到业绩考核要求，企业就授予期权，反之不授予。

（2）股权的行权条件

行权条件是指激励对象对已取得的期权进行行权时需要符合的条件。

9. 管理机制——参与、调整与终止股权激励计划

股权激励计划的实施是一个系统的工程，除上述所列要素外，还应制定一系列配套的管理机制，以保证股权激励的有效实施，该等管理机制主要包括如图2-17所示的内容。

```
激励计划的管理         计划的调整机制        计划的修改机制、
    机制                                  计划的终止机制
------------------    ------------------    ------------------
        ①                    ②                    ③
```

图2-17　股权激励计划实施的管理机制

（1）激励计划的管理机制

企业一般由董事会或其下设的薪酬委员会负责股权激励计划的具体管理。

（2）计划的调整机制

计划的调整机制指发生以下情况时，相应的激励股权数量与行权价格也需作出调整：① 企业发生送红股、转增股本、配股、换股、增发新股，以及发行可转换债券等引起的总股本和股价的变动；② 公司发生的重大行为，主要是指公司在生产经营过程中，出现并购、控制权变化等行为；③ 激励对象发生变化包括激励对象不符合条件、雇佣关系终止、退休、死亡等情况。

（3）计划的修改机制、计划的终止机制等

例如，股权激励计划实施过程中，证券法、公司法及税法等规定发生改变，这时股权激励计划与之抵触部分，应按相关法律法规作出修正。

（二）股权激励方案的内容

股权激励方案，是指通过企业员工获得公司股权的形式，使其享有一定的经济权利，使其能够以股东身份参与企业决策、分享利润、承担风险，从而使其尽心尽力地为公司的长期发展服务的一种激励方法，是公司发展必要的一项相对长期的核心制度安排。

股权激励方案的内容应包含如图2-18所示的内容。

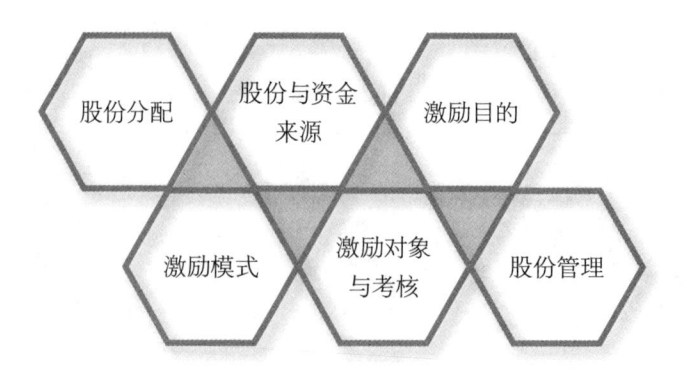

图2-18　股权激励方案应包含的内容

（三）激励对象承诺书

一般而言，企业会要求激励对象签署承诺书。承诺书包括以下内容：

（1）遵守国家法律、法规的要求；

（2）遵从股权激励计划的规则，以及制定的各项规章制度；

（3）接受董事会及其薪酬委员会下达的绩效考核指标和绩效考核办法；

（4）接受董事会及其薪酬委员会按照《考核办法》对激励对象进行考核，并接受考核结果；

（5）接受根据绩效考核结果确定的，激励对象有权实现的股权激励标的数量；

（6）按照股权激励计划方案确定的行权方式、行权时间；

（7）承诺在公司的服务年限等。

五、股权激励日常管理

一个股权激励计划好不好，能否发挥作用，除了取决于计划的精心设计外，更重要的是计划的实施。股权激励计划能否很好地激励员工，同时又能有效约束激励对象，达到预期效果，关键在于股权激励计划的管理是否到位。股权激励的日常管理可以以制度的形式加以规范。

下面提供一份某公司股权激励日常管理办法的范本，仅供参考。

范本3

某公司股权激励日常管理办法

第一章 总则

第一条 公司制定股权激励管理办法的目的

1. 通过股权激励，让公司核心管理人员、核心专业人员最大限度地享受公司发展而带来的利益。

2. 通过股权激励，激励核心员工的积极性和创造性，使公司核心人员的利益与公司长期利益统一，创造企业与员工的共赢局面。

3. 通过股权激励，保留公司的核心员工，吸引优秀人才加盟。

4. 通过股权激励，提升公司业绩，约束管理者短期行为。

第二条 本办法仅适用于××有限公司的正式员工。

第三条 本公司现阶段仅采用非上市公司股权激励，采用的激励方法包括：

1. 超额利润激励：公司年度计划利润目标完成以外的部分，按一定比例拿出用于激励员工。

2. 分红股激励：公司对激励对象让出部分股份的分红权。只有分红权，没有所有权、表决权、转让权和继承权。

3. 限制性股权激励：激励对象只有在达到公司预先确定的条件后才授予的股份。

第四条 本办法仅适用于公司未上市前的股权激励。公司上市后将被新的股权激励制度取代。

第二章 职责

第五条 公司薪酬绩效管理委员会职责

1. 负责对股权激励进行可行性分析。

2. 起草《股权激励管理办法》。

3. 执行《股权激励管理办法》。

第六条 公司董事会职责

1. 提出《股权激励管理办法》的需求。
2. 审核《股权激励管理办法》，并报股东会审议。
3. 对于《股权激励管理办法》具有最终解释权。
4. 审核公司员工授予股份和限制性股份的资格。
5. 负责审核《股权激励管理办法》的变更。

第七条 公司股东会主要履行以下职责：

1. 审批公司《股权激励管理办法》及其变更内容；
2. 废除、终止《股权激励管理办法》；
3. 公司监事负责对公司《股权激励管理办法》的实施进行监督。

第八条 人事行政部负责执行相关激励政策及进行测算报批。财务部负责激励发放和相关税务调节。

第九条 激励对象有权选择是否接受股权激励，并签署相关协议书。

第三章 激励类型、标准与规则

第十条 超额利润激励来源与当年度公司利润超过年初计划目标的部分，每年度公司将超额利润的一定比例提出，用于激励公司骨干员工。

1. 超额利润提取比例：各分子公司提取本公司超额利润的35%用于本公司编制内内部骨干员工激励。总公司依据超额利润总额提取15%用于总公司骨干员工的激励和全公司内部评选的优秀骨干的特别激励。
2. 超额利润激励对象提名：各分子公司由公司总经理提名并提报初步分配计划，说明骨干员工激励原因及权重依据。总公司由常务副总裁提名并报董事长审核。
3. 原则上各公司总经理享受本公司超额利润提取额的40%。

第十一条 分红股是指公司现有股东对激励对象让出部分股份的分红权。激励对象只有分红权，没有所有权、表决权、转让权和继承权。

1. 分红股激励指公司根据每年业绩水平，在完成公司既定业绩目标的情况下，从每年净利润中提取一定比例的专项激励基金，按照个人岗位分配系数和绩效考核系数，以长期激励形式奖励给公司的高管人员和业务技术骨干。

2. 实施分红股激励的原则：

（1）对中高层管理人员的激励应与公司的经营业绩挂钩；

（2）按劳分配与按生产要素分配相结合；

（3）短期利益与长期利益相结合；

（4）坚持先考核后兑现。

3. 分红股激励制度的激励对象是公司的核心人才，包括下列类型的人员：

（1）各分子公司总经理、财务经理；

（2）总公司总监级及以上人员、总公司财务经理、财务主管；

（3）少数业务或技术骨干。

实际享受分红股激励的人员名单和权重分配表由各分子公司总经理拟定并在年初与年度工作计划和目标同步呈报总部人事行政部汇总，报董事会批准后执行。

4. 公司以年度净利润作为业绩考核指标。在符合以下条件之一时启动分红股激励：

（1）年度净利润增长率不低于10%（含10%）；

（2）年度利润目标达成率不低于70%。

5. 公司业绩目标实现的，开始实施当年度的分红股激励，向激励对象授予分红股激励基金。业绩目标未能实现的，不得授予分红股激励基金。

6. 当出现如下情况时，由董事会审议决定，可对公司业绩目标做出相应调整以剔除下述因素对利润的影响：

（1）会计政策及会计处理办法发生重大变更；

（2）国家税收政策直接导致公司的税收发生重大变化；

（3）国家经济环境、经济政策、行业政策等的重大变化直接对公司产品的市场和价格产生重大影响；

（4）战争、自然灾害等不可抗拒因素影响公司正常经营；

（5）发生管理人员职责范围外的其他不可控制风险。

7. 分红股激励计提系数如下表所示。

表 分红股激励计提系数

目标达成率（a）	分子公司提取分红股比例	总公司提取分红股比例	加权系数
a≥100%	10%	5%	1.0
100%>a≥90%			0.8
90%>a≥80%			0.65
80%>a≥70%			0.5
70%>a			0

8. 当出现激励对象离职、被辞退等无法继续在职时，在职分红股自动取消。当年度的未分配分红取消。

9. 与职务岗位挂靠的分红股，自员工任职日起自动享受，不足一年的，分配时按任职月数提取对应分红。若员工离岗在职的，其原有岗位分红股自动取消，当年度的未分配分红到分配时按在岗月数提取对应分红。

第十一条 限制性股权激励指公司与激励对象预先约定，激励对象达成一定目标后，可获得一定额度的内部认购公司股份额度，在公司实现上市时，按约定价格兑现激励对象所享有的公司股份。

1. 限制性股权的行权期由公司与激励对象约定，行权前提条件为预定目标达成。行权周期一般分为3年，每年目标经考评通过的，可已按30%、30%、40%的比例分年行权。

2. 激励对象行权后获得的股份若不想长期持有，公司可以回购其股份，价格根据现净资产的比例支付或协商谈判。在公司上市后，激励对象希望长期持有的，经董事会同意，可为其注册，成为公司的正式股东，享有股东的一切权利。

3. 限制性股权政策有效期截止公司正式上市，在公司上市后，由新的激励政策取代，公司不得再行向任何激励对象授予限制性股权。但上市前授出的限制性股权依然有效。

4. 限制性股票的授予价格由企业与激励对象签订协议时约定。

5. 限制性股票来源与三种形式，分别为：

（1）股份赠予，原始股东向股权激励对象无偿转让一部分公司股份，激励对象需缴纳所得税；

（2）股份出让，出让的价格一般以企业注册资本或企业净资产的账面价值确定。

（3）采取增资的方式，公司授予股权激励对象以相对优惠的价格参与公司增资的权利。

6. 公司授予的限制性股票所涉及的标的股票总量（不包括已经作废的限制性股票）及公司其他有效的股权激励计划（如有）累计涉及的公司标的股票总量，不得超过公司股本总额的10%。若在本计划有效期内发生资本公积转增股本、派发股票红利、股份拆细或缩股、配股、向老股东定向增发新股等事宜，限制性股票总数将做相应的调整。

7. 非经股东会特别批准，任何一名激励对象通过本计划及公司其他有效的股权激励计划（如有）累计获得的股份总量，不得超过公司股本总额的1%。

8. 各期授予的限制性股票均包括禁售期一年和解锁期两年。解锁期内，若达到本计划规定的限制性股票的解锁条件，激励对象在三个解锁日依次可申请解锁股票上限为该期计划获授股票数量的30%、35%与35%，实际可解锁数量应与激励对象上一年度绩效评价结果挂钩。若未达到限制性股票解锁条件，激励对象当年不得申请解锁。未解锁的限制性股票，公司将在每个解锁日之后以激励对象参与本计划时购买限制性股票的价格统一回购并注销。

（1）公司正式上市之日起一年，为限制性股票禁售期。禁售期内，激励对象依本计划获授的限制性股票（及就该等股票分配的股票红利）将被锁定不得转让。

（2）禁售期满次日起的两年为限制性股票解锁期。本计划设三个解锁日，依次为禁售期满的次日及该日的第一个、第二个半年日（遇节假日顺延为其后的首个交易日）。

9. 任何持有上市公司5%以上有表决权的股份的主要股东及原始股东，未经股东会批准，不得参加限制性股权激励计划。

10. 若公司已上市，当员工行权时，公司股价低于行权价时，员工可选择两种行权模式。具体为：

（1）以市场价购入约定数量股票。

（2）以约定总价格购入当前股价下的对应数量股票。

11. 持有限制性股权的员工在约定行权期内未行权的，视为自动放弃本期权利，公司不做补偿。

12. 公司不得为激励对象行权提供贷款以及其他任何形式的财务资助，包括为其贷款提供担保。

13. 公司上市前，持有限制性股权的员工离职的，其已行权的限制性股份由公司回购，价格根据当时净资产的比例支付，未行权部分自动取消，公司不做任何形式的补偿。

14. 公司上市后，持有限制性股权的员工离职的，其已行权的部分，在约定寄售期和解锁期内未解锁的，依据当时市场股价由公司回购。已解锁的由离职员工自行交易处理，但公司享有优先回购权。

15. 由于股份出售或转让产生的相关税费由员工个人承担。

16. 针对股权激励计划实行后，需待一定服务年限或者达到规定业绩条件（以下简称等待期）方可行权的，公司等待期内会计上计算确认的相关成本费用，不得在对应年度计算缴纳企业所得税时扣除。在股权激励计划可行权后，公司方可根据该股票实际行权时的公允价格与当年激励对象实际行权支付价格的差额及数量，计算确定作为当年公司工资薪金支出，依照税法规定进行税前扣除。

17. 激励对象违反本办法、《公司章程》或国家有关法律、法规及行政规章及规范性文件，出售按照本办法所获得的股票，其收益归公司所有，由公司董事会负责执行。

第四章 其他条款

第十二条 以上激励办法均不得影响公司根据发展需要做出注册资本调整、合并、分立、企业解散或破产、资产出售或购买、业务转让或吸收以及公司其他合法行为。

第十三条 公司与员工签署相关激励协议不构成公司对员工聘用期限和聘用关系的任何承诺，公司对员工的聘用关系仍按劳动合同的有关约定执行。

第十四条 双方发生争议，本《股权激励管理办法》已涉及的内容按约定解决，本《股权激励管理办法》未涉及的部分，按照公司相关规章制度及双方所签协议的有关规定解决。均未涉及的部分，按照相关法律和公平合理原则解决。

第十五条 员工违反本《股权激励管理办法》的有关约定、违反公司关于股权激励权的规章制度或者国家法律政策而要求公司停止《股权激励计划》的，公司有权视具体情况通知员工终止与员工的股权协议而不需承担任何责任。员工在协议书规定的有效期内的任何时候，均可通知公司终止股权协议，但不得附任何条件。若因此给公司造成损失，员工应承担赔偿损失的责任。

第十六条 激励对象在任期内丧失劳动能力、行为能力或死亡时，薪酬管理委员会在《股权激励计划参与者名册》上作相应记录，激励对象可分配的激励基金可立即兑现，激励对象的代理人、监护人或其继承人按国家有关法律、法规的相关条款处理。

第十七条 激励对象在被激励期间，有下列情形之一的，公司将无条件、无任何补偿取消与其签订的任何类型的激励协议，并取消其全部未结算或行权的激励额度。给公司造成严重损失的，公司保留追究其法律责任的权利。

（1）因严重失职、渎职或因此被判定任何刑事责任的；

（2）违反国家有关法律法规、公司章程规定的；

（3）公司有足够的证据证明受激励对象在任职期间，由于受贿索贿、贪污盗窃、泄漏公司经营和技术秘密、严重渎职、损害公司声誉等行为，给公司造成损失的。

第五章 附则

第十八条 股东会授权董事会制定本细则。本办法由董事会负责解释。

第十九条 本细则自股东会审议通过之日起生效。

第二十条 本细则的条款及条件如有任何重大变更、完善、终止和取消，均应经公司股东会同意。

第二十一条　出现下列情况之一时，董事会可以决议方式终止《股权激励管理办法》，并向股东会报备：

1. 出现法律、法规规定的必须终止的情况；
2. 股东会通过决议停止实施股权激励办法；
3. 因经营亏损导致停产、破产或解散等重大经营困境；
4. 本细则未尽事宜，按照国家有关法律和公平、合理、有效原则解决。

第三章
公司管理/治理

在当今这个快速变化、竞争激烈的商业环境中,公司管理与治理不仅是企业稳健运营的基石,更是推动企业持续成长、实现可持续发展的关键力量。它们如同企业的双轮,驱动着企业在复杂多变的市场中稳健前行,确保企业在追求经济效益的同时,也能兼顾社会责任与长远发展。

第一节　公司治理结构优化

一、公司治理结构的关键要素

公司治理结构（Corporate Governance Structure）是指公司内部权力机关的设置、运作、权力分配与制衡关系的制度安排，它旨在明确界定公司各利益相关者（包括股东、董事会、监事会、高级管理层、员工、债权人、客户、供应商等）之间的权利、责任和利益分配，以及他们之间的监督与制衡关系，以确保公司决策的科学性、有效性和合法性，维护公司各利益相关者的权益，实现公司的长期发展目标。

具体来说，公司治理结构包括如图3-1所示的几个关键要素。

股东会：作为公司的最高权力机构，股东会负责决定公司的重大事项，如选举和罢免董事会成员、审议和批准公司的年度报告、财务报表及利润分配方案等。股东会是股东行使权利、参与公司决策的主要途径

董事会：董事会是公司的决策机构，负责执行股东会的决议，并负责公司日常经营管理的战略规划和重大决策。董事会成员由股东会选举产生，并对股东会负责。董事会应确保公司的经营决策符合法律法规和股东利益

监事会（或独立董事）：监事会作为公司的监督机构，负责监督董事会和管理层的行为，确保公司合规运营。监事会成员应独立、客观、公正地履行职责，对公司的财务状况、经营行为等进行监督，并及时向股东会报告。在一些国家或地区，公司可能不设立监事会，而是采用独立董事制度来履行监督职能

高级管理层：高级管理层是公司的执行机构，负责具体执行公司的战略规划和日常经营管理。高级管理人员由董事会任命，并向董事会负责。他们应具备专业的管理能力和良好的职业道德，确保公司的业务目标得以实现

| 权力分配与制衡 | 公司治理结构的核心在于权力的分配与制衡。通过合理的权力配置和制衡机制，可以确保公司各利益相关者之间的利益平衡和相互监督，防止权力滥用和内部腐败现象的发生 |

| 信息披露与透明度 | 公司治理结构还包括信息披露和透明度要求。公司应定期向股东和其他利益相关者披露财务状况、经营成果、重大事项等信息，确保信息的真实、准确、完整和及时。这有助于提高公司的透明度，增强投资者信心，促进资本市场的健康发展 |

图3-1 公司治理结构的关键要素

综上所述，公司治理结构是公司内部权力机关的设置、运作、权力分配与制衡关系的制度安排，它对于保障公司稳健运营、实现长期发展目标具有重要意义。

二、优化公司治理结构的措施

优化公司治理结构是提升企业管理水平、增强企业竞争力和实现可持续发展的关键途径。表3-1所示是一些优化公司治理结构的具体措施。

表3-1 优化公司治理结构的具体措施

序号	措施	实施要点
1	加强董事会建设	（1）提高董事会独立性：增加独立董事比例，确保独立董事能够客观、公正地履行职责，为公司提供独立的战略指导和监督； （2）优化董事会结构：确保董事会成员具备多样化的专业背景和能力，以支持公司在不同领域的决策需求； （3）强化董事会决策能力：提升董事会的战略规划和决策能力，确保公司能够应对复杂多变的市场环境
2	完善监事会职能	（1）强化监督权：赋予监事会充分的监督权力和资源，加强对公司运营和管理层的监督力度； （2）提高监督效率：建立健全的监督机制，确保监事会能够及时、准确地发现问题并提出改进建议
3	加强内部控制	（1）建立健全内部控制制度：涵盖财务、运营、风险管理等方面，确保公司运营符合法律法规和道德标准； （2）加强内部审计：建立独立的内部审计机构，对公司各部门进行定期审计，确保公司财务报告的真实性和准确性

续表

序号	措施	实施要点
4	保护股东权益	（1）完善股东权益保护制度：确保股东在公司决策中的合法权益得到充分保护； （2）加强信息披露：提供及时、全面、准确的信息披露，增强股东对公司的信任和参与度
5	推行激励机制	（1）建立科学的薪酬制度：通过合理的薪酬制度激励管理层和员工积极工作； （2）实施股权激励：通过股权激励等方式将公司利益与员工利益相绑定，提高员工的归属感和积极性
6	引入现代化管理理念和方法	（1）战略管理：加强公司的战略规划和执行能力，确保公司能够持续适应市场变化； （2）风险管理：建立健全的风险管理体系，有效识别和管理各类风险； （3）数字化管理：推动数字化转型，利用大数据、云计算等现代信息技术提升公司治理的效率和水平
7	加强人才培养和团队建设	（1）培养和储备高素质管理人才：为公司未来发展提供坚实的人才基础； （2）打造高效协作的管理团队：通过团队协作和沟通机制的建立，提高公司整体运作效率
8	持续评估和改进	（1）定期评估：定期对公司治理结构的有效性进行评估，及时发现存在的问题和不足； （2）及时优化：根据评估结果及时调整和优化公司治理结构，确保公司能够适应市场变化和发展需求

第二节　董事会、监事会与经理层职责

董事会、监事会与经理层在公司治理中各自承担着不同的职责，共同构成了公司管理的核心框架。以下是它们各自职责的详细阐述：

一、董事会职责

董事会作为公司的最高决策机构，主要负责表3-2所示职责。

表3-2　董事会的职责

序号	职责	职责要点
1	制定公司战略决策	包括制定公司的战略规划、经营目标、重大方针和管理原则,确保公司长期发展的方向和目标得以实现
2	监督管理层	对经理层的工作进行监督和指导,确保其按照公司的战略规划和经营目标进行日常经营管理
3	代表股东利益	作为股东的代表,维护股东利益,确保公司的经营决策符合股东的最大利益
4	执行股东会决议	负责召集股东会,执行股东会的决议,并向股东会报告工作
5	制订财务和管理方案	包括决定公司的生产经营计划和投资方案,制订公司的年度财务预算方案、决算方案、利润分配方案和弥补亏损方案等
6	任免高级管理人员	挑选、聘任和监督经理人员,决定聘任或解聘公司经理及其报酬事项,并根据经理的提名决定聘任或者解聘公司副经理、财务负责人及其报酬事项
7	处理重大事项	制订公司增加或减少注册资本以及发行公司债券方案,制订公司合并、分立、解散或者变更公司形式的方案等

二、监事会职责

监事会作为公司的监督机构,主要负责表3-3所示职责。

表3-3　监事会的职责

序号	职责	职责要点
1	检查公司财务	对公司的财务状况进行监督和检查,确保财务信息的真实性和准确性
2	监督董事和高级管理人员	对董事、高级管理人员执行公司职务的行为进行监督,对违反法律、行政法规、公司章程或者股东会决议的董事、高级管理人员提出罢免的建议
3	维护公司利益	当董事、高级管理人员的行为损害公司的利益时,要求他们予以纠正,并可以依照公司法的规定对董事、高级管理人员提起诉讼
4	提议召开临时股东会	在董事会不履行召集和主持股东会会议职责时,可以提议召开临时股东会会议

续表

序号	职责	职责要点
5	向股东会提出提案	在股东会会议上，可以就公司的重大事项向股东会提出提案

三、经理层职责

经理层作为公司的执行机构，在董事会的领导下负责公司的日常经营管理，主要包括表3-4所示职责。

表3-4 经理层的职责

序号	职责	职责要点
1	执行董事会决策	认真贯彻执行董事会作出的各项决议，确保公司的经营目标和战略规划得以实现
2	组织日常经营管理	负责公司日常生产经营的组织和管理工作，包括制订和执行具体的经营计划、组织生产、销售、财务等各项工作
3	管理内部机构	决定公司内部管理机构的设置和人员配备，确保公司内部管理机构的正常运转和高效工作
4	制定规章制度	制定和执行公司的各项规章制度，规范公司员工的行为，确保公司各项工作的有序进行
5	报告工作	定期向董事会报告工作进展和业绩情况，接受董事会的监督和指导

综上所述，董事会、监事会与经理层在公司治理中各自承担着不同的职责，相互协作、相互制衡，共同推动公司的健康发展。

四、董事会、监事会与经理层之间的关系

董事会、监事会与经理层在公司治理中扮演着不同的角色，它们之间既相互独立又相互依存，共同构成了公司治理的核心框架。

（一）董事会与监事会的关系

1. 平级与监督关系

监事会和董事会是平级的机构，监事会主要负责对董事会的运作进行监督，确保董事会的行为符合法律法规和公司章程的规定，防止董事会滥用职权或损害

公司利益。

2. 法定监督权

根据《公司法》的规定，监事会有权对董事、高级管理人员执行公司职务的行为进行监督，对违反法律、行政法规、公司章程或者股东会决议的董事、高级管理人员提出罢免的建议。

3. 合作与制衡

监事会和董事会虽然职责不同，但在公司治理中需要相互合作，共同维护公司的利益。同时，它们之间也存在一定的制衡关系，以确保公司治理的公正性和有效性。

（二）董事会与经理层的关系

1. 委托代理关系

在董事会与经理层之间，董事会是委托方，经理层是代理方。董事会将公司的经营管理权委托给经理层，由经理层负责公司的日常经营管理。

2. 监督与被监督关系

董事会作为公司的最高决策机构，有权对经理层的工作进行监督和指导，确保其按照公司的战略规划和经营目标进行日常经营管理。同时，经理层也需要接受监事会的监督，以确保其行为符合法律法规和公司章程的规定。

3. 权责明确

董事会和经理层之间的权责关系是明确的。董事会负责公司的战略决策和重大事项决策，而经理层则负责公司的日常经营管理。这种权责分明的设置有助于提高公司治理的效率和效果。

（三）监事会与经理层的关系

1. 监督关系

监事会对经理层同样具有监督权，确保经理层在执行职务时遵守法律法规和公司章程的规定，维护公司的利益和股东的权益。

2. 配合与协作

监事会在履行监督职责时，需要与经理层进行沟通和协作，以便及时了解公司的经营状况和存在的问题，从而更有效地发挥监督作用。

综上所述，董事会、监事会与经理层在公司治理中各自承担着不同的职责和角色，它们之间既相互独立又相互依存，共同构成了公司治理的完整体系。在这个体系中，董事会是核心和决策机构，经理层是执行机构，而监事会则是监督机构。它们之间的良好合作与制衡关系对于公司的长期发展和稳定至关重要。

第三节　公司内部控制

内部控制对于企业的健康发展至关重要，是企业管理的重要组成部分。企业应当高度重视内部控制的建设和实施工作，不断完善内部控制体系，提高内部控制的有效性和适应性。

一、内部控制的定义

内部控制是指组织为了维护资产的安全、完整，保证会计信息的真实、可靠，保证其管理或者经营活动的经济性、效率性和效果性并遵守有关法规，而制定和实施相关政策、程序和措施的过程。具体来说，内部控制是由企业的董事会、管理层和全体员工共同实施的，为实现财务报告真实可靠、提高经营效率和效果、达成企业发展战略以及遵循适用的法律、法规等目标提供合理保证的一种管理过程。

内部控制的定义涵盖了图3-2所示的几个关键点。

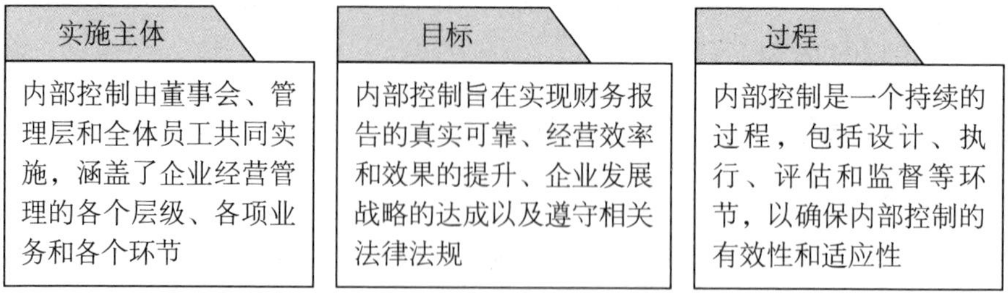

实施主体	目标	过程
内部控制由董事会、管理层和全体员工共同实施，涵盖了企业经营管理的各个层级、各项业务和各个环节	内部控制旨在实现财务报告的真实可靠、经营效率和效果的提升、企业发展战略的达成以及遵守相关法律法规	内部控制是一个持续的过程，包括设计、执行、评估和监督等环节，以确保内部控制的有效性和适应性

图3-2　内部控制的定义关键点

二、内部控制的要素

内部控制的要素主要包括以下几个方面。

（一）控制环境

控制环境是内部控制的基础，它提供企业纪律与架构，塑造企业文化，并影响企业员工的控制意识。控制环境包括员工的诚信和道德价值观、管理当局的理念和经营风格、组织结构、董事会和审计委员会、责权配置、人力资源政策及实务等。这些因素共同构成了企业内部控制的基调，为其他内部控制要素提供了基础和保障。

（三）风险评估

风险评估是及时识别、科学分析影响企业战略和经营管理目标实现的各种不确定因素，并采取应对策略的过程。风险评估包括目标设定、风险识别、风险分析和风险应对。企业需要明确自己的目标，识别可能面临的风险，分析这些风险对企业目标的影响程度，并制定相应的风险应对策略。

（三）控制活动

控制活动是为了确保管理当局的指令得以执行的政策和程序。控制活动包括核准、授权、验证、调节、复核营业绩效、保障资产安全及职务分工等。这些活动贯穿于企业的各个阶层和职能之间，确保内部控制目标得以实现。

（四）信息与沟通

信息与沟通是及时、准确、完整地收集与企业经营管理相关的各种信息，并使这些信息以适当的方式在企业有关层级之间进行及时传递、有效沟通和正确应用的过程。信息与沟通包括信息的收集机制及在企业内部和与企业外部有关方面的沟通机制。企业需要建立有效的信息系统，确保信息的准确性和及时性，并通过适当的沟通渠道将信息传递给相关人员。

（五）监控

监控是对内部控制实施质量的评价，以确保内部控制能持续有效地运作。

监控活动由持续监控、个别评估所组成。企业需要定期对内部控制的设计和运作情况进行评估，发现存在的问题并及时进行改进。同时，企业还需要建立内部控制缺陷报告机制，确保内部控制的持续改进和完善。

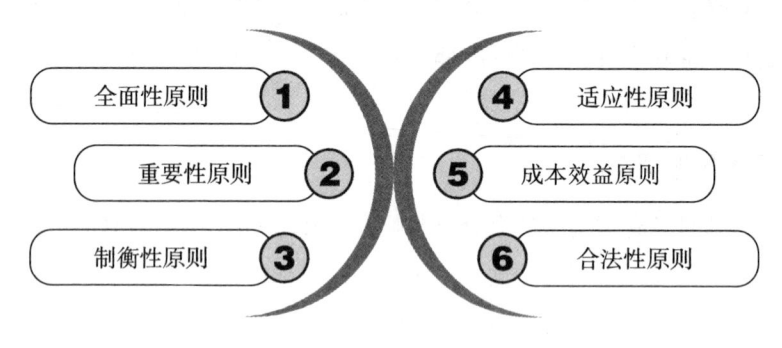

三、内部控制的原则

内部控制的原则是企业在实施内部控制过程中应当遵循的基本准则,这些原则对于确保内部控制的有效性至关重要。图3-3是内部控制的主要原则。

```
全面性原则  ①        ④  适应性原则
重要性原则  ②        ⑤  成本效益原则
制衡性原则  ③        ⑥  合法性原则
```

图3-3　内部控制的原则

(一)全面性原则

内部控制应当贯穿决策、执行和监督全过程,覆盖企业及其所属单位的各种业务和事项。这意味着内部控制不是针对某一环节或某一部门的,而是全方位、全过程的。全面性原则有助于确保企业各项业务和活动都在内部控制的范围之内,从而防止内部控制出现空白和漏洞。

(二)重要性原则

内部控制应当在全面控制的基础上,关注重要业务事项和高风险领域。这些领域一旦发生失误,可能会给企业的经营目标带来重大影响。重要性原则要求企业在实施内部控制时,要有所侧重,将有限的资源投入到关键领域,以提高内部控制的效率和效果。

(三)制衡性原则

内部控制应当在治理结构、机构设置及权责分配、业务流程等方面形成相互制约、相互监督的机制,同时兼顾运营效率。这意味着企业内部各部门、各岗位之间应当形成有效的制衡关系,以防止权力滥用和舞弊行为的发生。制衡性原则有助于确保企业内部控制的公正性和有效性,防止内部人控制和企业内部腐败现象的发生。

（四）适应性原则

内部控制应当与企业经营规模、业务范围、竞争状况和风险水平等相适应，并随着情况的变化及时加以调整。这意味着企业内部控制不是一成不变的，而是需要根据企业的实际情况和外部环境的变化进行动态调整。适应性原则有助于确保企业内部控制的针对性和时效性，使其能够更好地服务于企业的经营管理目标。

（五）成本效益原则

内部控制应当权衡实施成本与预期效益，以适当的成本实现有效控制。这意味着企业在实施内部控制时，需要充分考虑投入与产出的关系，避免过度控制而带来的不必要成本。成本效益原则有助于确保企业内部控制的经济性和合理性，使企业在保证内部控制有效性的同时，不会因过度控制而损害企业的经济利益。

（六）合法性原则

内部控制应当符合法律、行政法规的规定和有关政府监管部门的监管要求。这意味着企业内部控制的建立和实施必须遵循国家法律法规和相关监管规定，确保其合法性和合规性。合法性原则是内部控制的基础和前提，有助于确保企业内部控制的合法性和有效性，避免企业因违法违规而遭受法律制裁和经济损失。

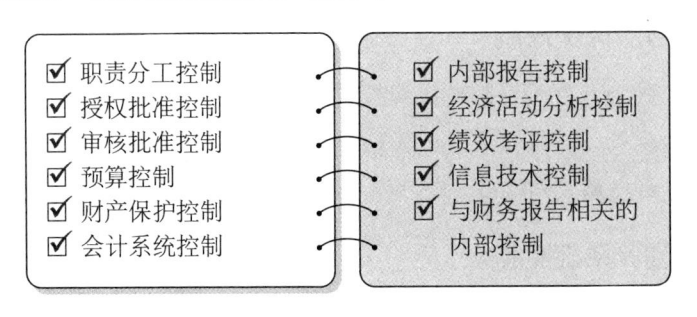

四、内部控制的一般方法

内部控制的一般方法通常如图3-4所示。

职责分工控制	内部报告控制
授权批准控制	经济活动分析控制
审核批准控制	绩效考评控制
预算控制	信息技术控制
财产保护控制	与财务报告相关的内部控制
会计系统控制	

图3-4 内部控制的一般方法

（一）职责分工控制

职责分工控制旨在通过科学、精简、高效的原则，合理设置企业的职能部门与工作岗位，明确界定各部门及各岗位的职责权限，构建一种各司其职、各负其责、便于考核且相互制约的工作机制。在此过程中，特别强调不相容职务的分离原则，如授权批准、业务经办、会计记录、财产保管、稽核检查等职务需相互独立，以形成有效的制衡机制。

（二）授权批准控制

授权批准控制要求企业清晰界定各部门、各岗位在办理经济业务和事项时的权限范围、审批流程及相应责任。企业内部各级管理人员必须严格遵守授权范围行使职权并承担责任，而业务经办人员同样需在授权范围内开展业务活动，确保权力的规范使用与责任的有效落实。

（三）审核批准控制

审核批准控制强调对经济业务和事项的真实性、合规性、合理性及资料完整性的复核与审查。企业各部门、各岗位需依据既定的授权与程序，通过签署意见并签字或盖章的方式，作出批准、不予批准或其他处理决定，以确保业务活动的合规性与准确性。

（四）预算控制

预算控制要求企业加强对预算编制、执行、分析、考核等各环节的管理。通过明确预算项目、建立预算标准、规范预算流程，企业能够及时分析预算差异并采取改进措施，确保预算的有效执行。同时，实行预算内资金的责任人限额审批制度，对限额以上资金实施集体审批，严格控制无预算的资金支出。

（五）财产保护控制

财产保护控制旨在通过限制未经授权人员对财产的直接接触与处置，采取财产记录、实物保管、定期盘点、账实核对、财产保险等措施，确保企业财产的安全与完整。这些措施共同构成了财产保护的坚固防线。

（六）会计系统控制

会计系统控制要求企业依据《中华人民共和国会计法》（以下简称《会计法》）、《企业会计准则》及国家统一的会计制度，制定适合自身特点的会计制度。明确会计凭证、会计账簿、财务会计报告及信息披露的处理程序，规范会计政策的选用与审批流程，完善会计档案保管与会计工作交接制度，实行会计人员岗位责任制，充分发挥会计的监督职能，确保企业财务会计报告的真实、准确与完整。

（七）内部报告控制

内部报告控制要求企业建立和完善内部报告制度，明确相关信息的收集、分析、报告和处理程序，及时提供业务活动中的重要信息，全面反映经济活动情况，增强内部管理的时效性和针对性。

内部报告方式通常包括：例行报告、实时报告、专题报告、综合报告等。

（八）经济活动分析控制

经济活动分析控制要求企业综合运用生产、购销、投资、财务等多方面的信息，采用因素分析、对比分析、趋势分析等方法，定期对经营管理活动进行深入分析。通过发现问题、查找原因，提出改进意见与应对措施，不断提升企业经营管理水平。

（九）绩效考评控制

绩效考评控制强调科学设置业绩考核指标体系，依据预算指标、盈利水平、投资回报率、安全生产目标等关键业绩指标，对各部门及员工的当期业绩进行全面考核与评价。通过兑现奖惩机制，强化对各部门及员工的激励与约束作用，促进企业与员工的共同发展。

（十）信息技术控制

信息技术控制要求企业结合实际情况与计算机信息技术应用水平，建立与企业经营管理业务相适应的信息化控制流程。通过尽量使用系统自动控制替代人工控制的方式，提高业务处理效率并减少人为操纵因素。同时，加强对计算机信息系统开发与维护、访问与变更、数据输入输出、文件储存与保管、网络安全等方面的控制力度，确保信息系统的安全稳定运行。

（十一）与财务报告相关的内部控制

内部控制被视为一个由公司首席执行官、财务总监或类似人员设计并监督运行的流程。该流程在公司董事会、管理层及其他相关人员的共同努力下实施，旨在为财务报告的可靠性以及对外披露的财务报告是否符合公认会计准则提供合理保证。具体政策和程序包括但不限于：确保公司记录准确反映交易与资产处置情况；为按照公认会计准则编制财务报告提供合理保证；以及防止和及时发现对财务报告产生重大影响的非法行为如非法占用、利用和处置公司资产等。

五、内部控制制度的设计

企业内部控制制度的设计是一个系统性工程,旨在确保企业经济活动的合规性、资产的安全性、财务信息的真实性和完整性,以及经营的效率和效果。

(一)内部控制制度的分类与层级

内部控制制度的分类与层级可以从多个角度进行划分,以下是根据不同标准的分类与层级介绍。

1. 内部控制制度的分类

内部控制制度按不同方法可以分为不同类别,如表3-5所示。

表3-5 内部控制制度的分类

分类方法	制度类别	制度说明
按控制内容分类	企业层面的内部控制	这类控制对企业控制目标的实现具有重大影响,与内部环境、风险评估、信息与沟通、内部监督直接相关。它包括组织架构控制、发展战略控制、人力资源控制、社会责任控制和企业文化控制等内容。这些控制并不直接作用于企业的主要经营活动,而是通过业务层面控制对全部经营活动产生影响
	业务层面的内部控制	这是与企业具体业务活动直接相关的内部控制,包括财务控制、采购控制、销售控制、生产控制等。这些控制直接针对企业的各项业务流程,确保业务活动的合规性、效率和效果
按功能分类	预防性控制	旨在防止错误和舞弊以及防止经营和财务风险的发生,或尽量减少其发生机会所实施的控制
	主导性控制	在一项业务流程中有多种控制措施时,为实现某项控制目标而首先实施的控制措施。当主导性控制失效时,会采取补救措施,这些补救措施也可以称为"第二道防线"
按层次分类	战略控制	由企业治理层实施,旨在确保组织目标实现而设置战略目标、形成战略规则并监督战略实施的过程
	管理控制	与企业经理层和中级管理层相联系的内部控制,其目的是将战略目标进一步分析和落实为部门目标和日常任务,确保企业内部经营方针、政策的贯彻执行。管理控制主要针对的是具体业务和事项实施的程序和措施

续表

分类方法	制度类别	制度说明
按层次分类	流程及任务控制	是控制目标与控制手段最具体的控制层次，需要协调各个业务活动和业务流程，并进行任务控制，以协调推动相关部门和人员的行动，从而共同实现既定目标

（二）内部控制制度的层级

内部控制制度通常可以划分为图3-5所示的四个层级。

层级一　《公司章程》

经股东批准的《公司章程》是公司制定各项基本管理制度和具体管理规章的指导性文件。它是内部控制制度的基础和最高层级

层级二　内部控制大纲

内部控制大纲是对《公司章程》规定的内部控制原则的细化和展开，是各项基本管理制度的纲要和总揽。它位于《公司章程》之下，为具体管理制度的制定提供指导

层级三　公司基本管理制度

公司基本管理制度是公司在经营管理宏观方面进行内部控制的制度依据。这些制度包括但不限于风险管理制度、投资管理制度、会计核算办法、信息披露办法、监察稽核制度、信息技术管理制度、业绩评估考核制度和危机处理制度等。这些制度需要经董事会审议并批准后实施

层级四　部门规章制度以及业务流程

在公司基本管理制度的基础上，对各部门的主要职责、岗位设置、岗位责任、操作守则等进行具体说明。这些规章制度和业务流程是内部控制制度的具体实施层面，确保各项控制措施在日常工作中得到有效执行

图3-5　内部控制制度的四个层级

（三）企业内部控制制度设计的步骤

企业内部控制制度设计的步骤如图3-6所示。

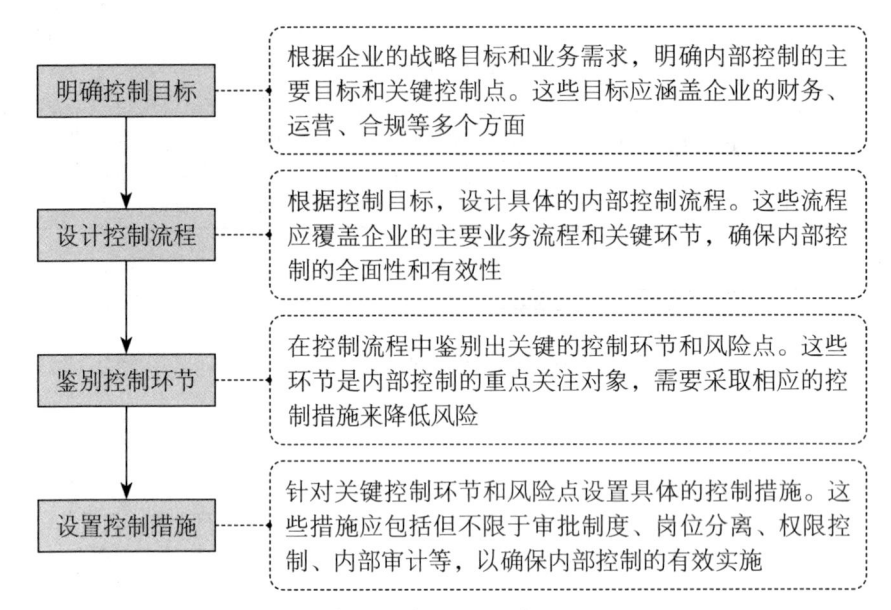

```
明确控制目标 ----→  根据企业的战略目标和业务需求，明确内部控制的主
                   要目标和关键控制点。这些目标应涵盖企业的财务、
                   运营、合规等多个方面

设计控制流程 ----→  根据控制目标，设计具体的内部控制流程。这些流程
                   应覆盖企业的主要业务流程和关键环节，确保内部控
                   制的全面性和有效性

鉴别控制环节 ----→  在控制流程中鉴别出关键的控制环节和风险点。这些
                   环节是内部控制的重点关注对象，需要采取相应的控
                   制措施来降低风险

设置控制措施 ----→  针对关键控制环节和风险点设置具体的控制措施。这
                   些措施应包括但不限于审批制度、岗位分离、权限控
                   制、内部审计等，以确保内部控制的有效实施
```

图3-6　企业内部控制制度设计的步骤

（五）企业内部控制制度的具体设计方法

1. 组织系统图设计

描述单位内部各阶层的组织机构，显示每一个职位在单位中的地位及其上下隶属与纵横的关系。这有助于明确企业的组织结构和管理层级。

2. 职责划分设计

详细划分各部门的职责，确保每一项业务都有明确的负责部门。对于需要多个部门共同完成的业务，应明确各部门的责任范围。

3. 工作说明书设计

为每个职位编制详细的工作说明书，明确职位的职责、权限、工作内容和要求。这有助于员工了解自己的职责和工作标准。

4. 方针和程序手册设计

以书面形式表达管理当局的指令及同类业务处理方法的形式，详细描绘业务处理的方针与程序。这有助于员工了解企业的规章制度和业务流程。

5. 业务流程图设计

利用图解形式描述各经营环节业务处理程序的一种图式。它显示了凭证和记录资料的产生、传递、处理、保存及其相互关系，从而直观地表达内部控制的实际情况。

六、内部控制制度的实施

（一）制度实施

1. 纳入日常管理：将内部控制制度嵌入到企业的日常经营管理活动中，确保各项控制措施得到有效执行。
2. 员工培训：加强员工对内部控制制度的理解和认识，提高员工的内部控制意识和执行力。
3. 内部沟通：建立有效的内部沟通机制，确保各部门、各岗位之间的信息畅通无阻，共同推动内部控制制度的实施。

（二）持续监督

建立内部控制监督机制，定期或不定期地对内部控制制度的执行情况进行检查和评估，及时发现和纠正问题。

（三）持续改进

根据内部控制监督的结果和企业内外部环境的变化，及时修订和完善内部控制制度，确保其始终适应企业的实际需要。

第四节　人力资源的开发与管理

人力资源管理与开发是现代企业管理中不可或缺的一部分，它涉及对组织内外人力资源的有效运用和管理，以满足组织当前及未来发展的需要，确保组织目标的实现与员工个人发展的最大化。人力资源管理与开发是一个相互促进、相互依存的过程。有效的人力资源管理可以为人力资源开发提供良好的基础和保障；而人力资源开发又可以进一步提升人力资源管理的效果和质量。两者共同作用于组织的人力资源体系，推动组织的持续发展和竞争优势的获得。

一、人力资源管理与开发的内容

人力资源管理与开发是一个综合性的概念，它涵盖了组织对人力资源的获取、整合、保持、激励、控制、调整及开发等一系列管理活动。这些活动旨在最大限度地发挥员工的潜能，调动员工的积极性，使员工的个人目标与组织目标相一致，实现员工与组织的共同发展。

（一）人力资源管理

人力资源管理主要涉及以下几个方面：

招聘与选拔：根据组织的需求，通过各种渠道和方式吸引并选拔适合岗位的人才。

培训与发展：为员工提供必要的培训和发展机会，以提升其技能和知识，满足个人和组织的发展需求。

绩效管理：制定科学的绩效评价体系，对员工的工作表现进行评估，并根据评估结果给予相应的奖惩和激励。

薪酬福利管理：设计合理的薪酬结构和福利制度，以吸引和留住优秀人才，激发员工的工作积极性。

员工关系管理：维护良好的员工关系，解决员工之间的冲突和问题，增强员工的归属感和忠诚度。

（二）人力资源开发

人力资源开发则更侧重于对员工的潜力和能力的挖掘与提升，主要包括：

能力开发：通过培训、实践、辅导等方式，提升员工的专业技能、管理能力、沟通能力等综合素质。

职业发展：为员工规划职业发展路径，提供晋升机会和职业发展支持，帮助员工实现个人职业目标。

潜能激发：通过激励机制、工作环境优化等方式，激发员工的潜能和创造力，使员工能够发挥更大的价值。

二、人力资源管理与开发的重要性

人力资源管理在企业的运营和发展中占据着至关重要的地位，其重要性体现在多个方面，如图3-7所示。

第三章 公司管理/治理

提升组织效能	通过科学的人力资源规划、招聘、培训、绩效考核等流程，企业能够确保拥有与组织战略相匹配的人才队伍。这些人才不仅具备完成工作任务所需的技能和知识，还具备高度的责任感和团队精神，从而提升整个组织的效能和竞争力
优化人才配置	人力资源管理通过有效的招聘、选拔和配置机制，将合适的人才安排在合适的岗位上。这有助于实现人岗匹配，使每位员工都能充分发挥其潜能和优势，提高工作满意度和绩效表现
促进员工发展	人力资源管理重视员工的个人成长和职业发展。通过提供培训、职业发展规划和晋升机会，企业能够激发员工的积极性和创造力，帮助他们实现个人价值的同时，也为组织培养未来的领导者和核心人才
增强组织凝聚力	人力资源管理通过建立良好的企业文化、员工关系和激励机制，增强员工对组织的认同感和归属感。这种凝聚力和向心力有助于形成稳定的员工队伍，减少人员流失，提高员工满意度和忠诚度
降低运营成本	有效的人力资源管理能够降低企业的运营成本。通过合理控制人力成本、提高员工工作效率和减少劳动纠纷等措施，企业能够在保证业务发展的同时，实现成本的有效控制
支撑企业战略	人力资源管理是企业战略的重要组成部分。它通过对人力资源的规划、配置、开发和管理，为企业战略目标的实现提供有力的人才保障和智力支持。因此，人力资源管理的质量和水平直接影响到企业战略的成功与否

图3-7 人力资源管理的作用

综上所述，人力资源管理在企业的运营和发展中具有不可替代的作用。它不仅是提升企业竞争力的关键因素，也是实现可持续发展和长期成功的重要保障。

三、人力资源管理的发展趋势

在当前的经济和社会环境下，人力资源管理正面临着新的挑战和机遇。一方面，随着科技的进步和全球化的加速发展，企业需要更加注重人才的国际化培养和跨文化管理能力的提升。另一方面，随着员工个性化需求的增加和劳动力市场的变化，企业需要更加注重员工的职业发展和工作生活平衡等问题的解决。因此，未来的人力资源管理将更加呈现出多元化和复杂化的特点（如图3-8所示）。

```
人力资源管理的发展趋势
├── 数字化转型与智能化应用
├── 人才管理与员工体验
├── 组织变革与效能提升
├── 跨文化管理与多样性
└── 雇主品牌与人才吸引
```

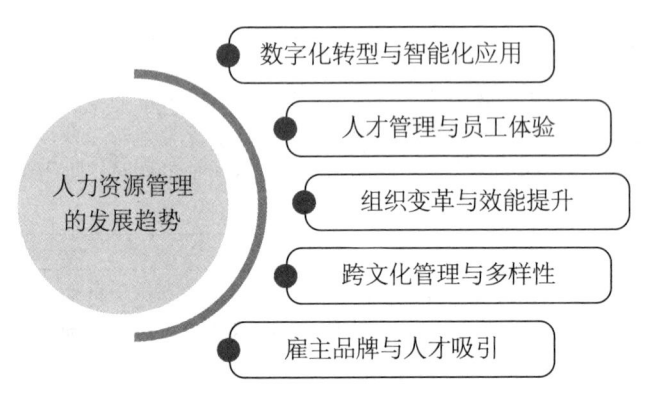

图3-8　人力资源管理的发展趋势

（一）数字化转型与智能化应用

1. 数字化工具和系统

随着数字化转型的加速，企业将更加依赖于大数据、AI等技术来优化招聘、培训、绩效管理等各个环节。这将提高人力资源管理的效率和质量，使流程更加自动化和智能化。

2. AI技术整合

生成式人工智能（GAI）的增长已经对劳动力产生了巨大影响，越来越多企业开始探索将AI融入企业管理，替代部分职能，以实现降本增效。例如，通过AI技术进行简历筛选、面试评估等，提高招聘效率和准确性。

（二）人才管理与员工体验

1. 注重员工职业发展

随着人才竞争的加剧，企业需要更加注重员工的职业发展和福利待遇，以吸引和留住优秀人才。这包括提供培训机会、职业发展规划和晋升渠道等。

2. 提升员工体验

现在，员工的工作与生活平衡越来越受到重视。企业需要为员工提供更加灵活的工作安排和完善的福利政策，以提升员工的幸福感和满意度。例如，弹性工作制、远程工作政策等。

（三）组织变革与效能提升

1. 组织变革

新型平台型组织架构正在取代原有传统金字塔组织架构，HR部门需要从人力资源管理角度前瞻思考如何提升组织效能。例如，通过组织变革实现业务单元的独立运作和市场化竞争，提高整体运营效率。

2. 降本增效

在经济寒冬之下，企业更加关注人效提升和生产力提升。通过优化人力资源配置、提高员工工作效率和减少无效加班等措施，实现成本的有效控制。

（四）跨文化管理与多样性

随着全球化的深入发展，企业需要更加关注员工的文化背景和多样性。建立包容和开放的工作环境，促进不同文化背景员工之间的交流和合作，有助于提升企业的创新能力和国际竞争力。

（五）雇主品牌与人才吸引

在全民流量时代，网络热搜事件对于企业品牌形象和人才招聘的影响被无限扩大。企业需要更加注重雇主品牌的打造和传播，通过社交媒体等渠道展示企业文化、职场氛围和员工福利等信息，吸引和招揽优秀人才。

综上所述，人力资源管理的发展趋势包括数字化转型与智能化应用、人才管理与员工体验、组织变革与效能提升、跨文化管理与多样性以及雇主品牌与人才吸引等方面。这些趋势将推动人力资源管理不断向更加高效、人性化、智能化和全球化的方向发展。

四、人力资源管理与开发的策略

企业进行人力资源管理与开发是一个系统而全面的过程，涉及多个环节和策略。表3-6是企业进行人力资源管理与开发的环节和策略。

表3-6　人力资源管理与开发的环节和策略

序号	环节	策略
1	制定人力资源规划	（1）岗位分析与人才需求预测：通过对岗位进行详细的分析，了解岗位所需的能力、技能和素质，进而预测和规划组织未来的人才需求。这有助于企业合理配置和管理人力资源，确保人才供给与业务发展需求相匹配； （2）人才梯队建设：评估员工的潜力和能力，建立合理的梯队培养计划和人才储备池，为组织未来的人才需求做好准备。这有助于提高组织的稳定性和竞争力
2	招聘与选拔	（1）建立科学的选人用人机制：企业应引入竞争机制，使每一个合格的人都有公平的机会参与竞争。明确用人标准，细化用人条件，公开选人用人决策流程，提高选人用人公信力； （2）严格把关，选好人才：在选拔人才时，企业应进行自我评估，认真分析企业的实际需求，只找合适的，不找条件最优的。只有合适的人才才能符合企业现实的需求，并产生相应的绩效
3	培训与开发	（1）建立综合培训机制：企业应根据员工的需求和企业的发展目标，制订全面的培训计划。培训内容可以包括专业技能培训、管理能力提升、企业文化传承等方面。通过培训，不断提升员工的专业知识和技能，激发员工的潜力； （2）内部交流与工作轮岗：通过内部交流和工作轮岗，促进员工之间的知识共享和经验交流，提高员工的综合素质和适应能力。这有助于员工更好地适应不同岗位的需求，为企业的发展提供更多的可能性
4	绩效管理与激励	（1）建立科学的绩效评价体系：企业应制定明确的绩效评价指标和评价标准，对员工的工作表现进行全面、客观的评估。通过绩效评估，确定员工的工作贡献和能力发展方向，为制定激励措施提供依据； （2）制定合理的薪酬制度：薪酬制度应体现公平性、竞争性和激励性。企业应根据员工的岗位、能力和绩效表现，制定合理的薪酬水平，并通过薪酬激励激发员工的工作热情和积极性； （3）非薪酬激励：除了薪酬激励外，企业还可以通过提供晋升机会、给予荣誉表彰、组织团队建设活动等方式，增强员工的归属感和成就感，提高员工的工作满意度和忠诚度
5	员工关系管理	（1）建立良好的沟通机制：企业应建立畅通的沟通渠道，鼓励员工提出意见和建议，及时解决员工关注的问题。通过沟通，增强员工的信任感和团队凝聚力； （2）关注员工心理健康：企业应关注员工的心理健康状况，提供必要的心理支持和帮助。通过举办心理健康讲座、提供心理咨询等方式，帮助员工缓解工作压力，保持良好的心态

续表

序号	环节	策略
6	知识管理与创新	（1）注重知识获取与分享：企业应鼓励员工学习新知识、新技能，并通过内部知识管理系统等方式，促进知识的获取和分享。这有助于提升企业的整体知识水平和创新能力； （2）鼓励员工创新：企业应建立创新激励机制，鼓励员工提出创新想法和解决方案。通过创新项目的实施和推广，推动企业的持续发展和竞争优势的获得
7	信息化与智能化	（1）加强人力资源管理信息化建设：利用现代信息技术手段，如人力资源管理系统（HRMS）、大数据、人工智能等，提升人力资源管理的效率和准确性。通过信息化手段，实现人力资源管理的规范化和标准化，提高管理效率和质量； （2）推动智能化应用：在招聘、培训、绩效管理等环节引入智能化技术，如智能推荐系统、智能评估系统等，提高决策的科学性和准确性。通过智能化应用，为企业的人力资源管理提供更多支持和保障

五、人力资源管理相关的法律法规

（一）主要法律法规概述

企业在进行人力资源管理时必须遵守一系列法律法规，这些法律法规旨在保障劳动者的权益，规范企业的用工行为，促进劳动关系的和谐稳定。以下是一些主要的法律法规及其核心内容。

1.《中华人民共和国劳动法》（以下简称《劳动法》）

《劳动法》是规范劳动关系的基本法律，它规定了劳动者的基本权利、义务以及企业的责任。企业在进行人力资源管理时，必须确保遵守《劳动法》的各项规定，包括但不限于图3-9所示三个方面。

2.《中华人民共和国劳动合同法》（以下简称《劳动合同法》）

《劳动合同法》在劳动法的基础上，对劳动合同的订立、履行、变更、解除和终止等方面进行了更为详细的规定。企业在进行人力资源管理时，必须严格遵守《劳动合同法》，包括但不限于：

（1）试用期管理：企业应根据《劳动合同法》规定合理设置试用期，并在试用期内对劳动者进行全面评估。

```
┌──────────────────┐    ┌─────────────────────────────────┐
│ 劳动合同的订立与履行 │───→│ 企业应按照劳动法规定与劳动者签订书面  │
└──────────────────┘    │ 劳动合同，明确双方的权利和义务      │
                        └─────────────────────────────────┘

┌──────────────────┐    ┌─────────────────────────────────┐
│ 工作时间与休息休假  │───→│ 企业应遵守国家关于工作时间和休息休假  │
└──────────────────┘    │ 的规定，确保劳动者的合法权益       │
                        └─────────────────────────────────┘

┌──────────────────┐    ┌─────────────────────────────────┐
│ 工资支付与福利待遇  │───→│ 企业应按照约定和国家规定及时足额支付  │
└──────────────────┘    │ 劳动者工资，并依法为劳动者缴纳社会保  │
                        │ 险和住房公积金                    │
                        └─────────────────────────────────┘
```

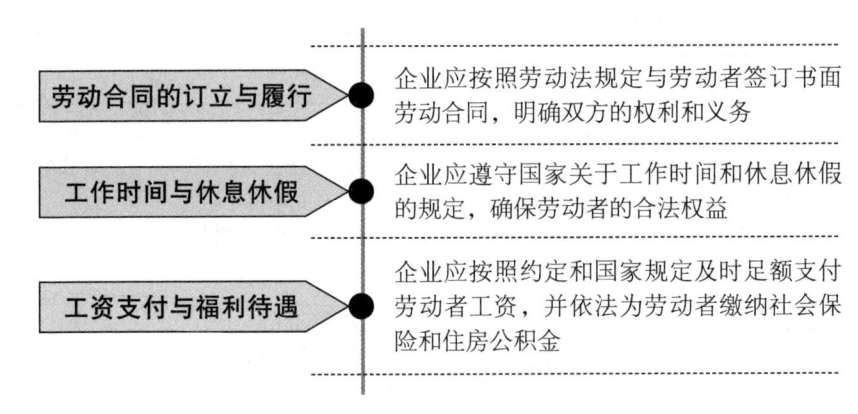

图3-9　执行《劳动法》的三个方面

（2）劳动合同解除与终止：企业解除劳动合同或终止劳动合同时，应遵守法定程序和条件，确保劳动者的合法权益不受侵害。

3. 社会保险法

社会保险法规定了企业应参加的社会保险种类及缴费标准，旨在保障劳动者的社会保障权益。企业在进行人力资源管理时，必须依法为劳动者缴纳社会保险费，包括但不限于：

（1）养老保险：为劳动者提供退休后的基本生活保障；

（2）医疗保险：保障劳动者在患病时能够获得必要的医疗服务；

（3）工伤保险：为劳动者在工作期间因工作原因受到事故伤害或患职业病时提供医疗救治和经济补偿。

4. 其他相关法律法规

除了上述主要法律法规外，企业在进行人力资源管理时，还需遵守其他相关法律法规，如：

（1）《中华人民共和国就业促进法》：规定了企业应按照平等、公开、竞争的原则进行招聘，禁止就业歧视；

（2）《中华人民共和国劳动争议调解仲裁法》：为处理劳动争议提供了调解和仲裁的程序和方式；

（3）《中华人民共和国未成年劳动保护法》：对未成年劳动者的劳动条件和限制进行了规定，保护未成年劳动者的权益。

（二）企业遵守法律法规的措施

企业遵守法律法规的措施如图3-10所示。

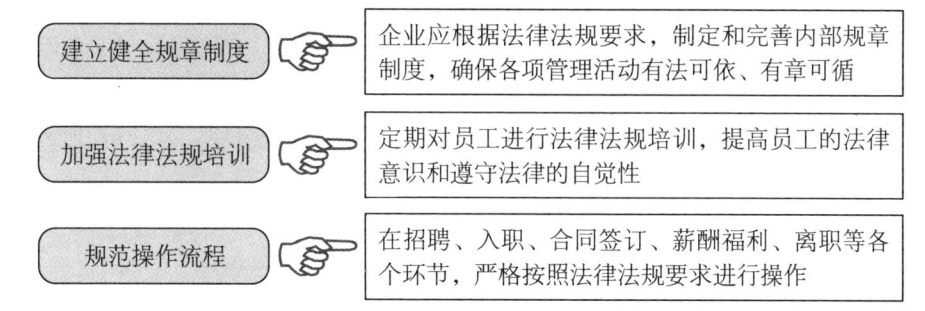

- 建立健全规章制度 ☞ 企业应根据法律法规要求，制定和完善内部规章制度，确保各项管理活动有法可依、有章可循
- 加强法律法规培训 ☞ 定期对员工进行法律法规培训，提高员工的法律意识和遵守法律的自觉性
- 规范操作流程 ☞ 在招聘、入职、合同签订、薪酬福利、离职等各个环节，严格按照法律法规要求进行操作

图3-10　企业遵守法律法规的措施

六、规避企业人力资源管理风险的方法

企业人力资源风险防范的重要性不言而喻，它直接关系企业的稳定运营和可持续发展。它对于降低运营成本、保障稳定运营、提升企业竞争力、遵守法律法规以及促进员工发展等方面都具有重要作用。因此，企业应当高度重视人力资源风险防范工作，建立完善的防范机制和管理体系，以确保企业的长期稳健发展。

（一）风险类型

企业人力资源管理风险主要包括如表3-7所示几种类型。

表3-7　企业人力资源管理风险的类型

序号	风险类别	风险说明
1	招聘风险	（1）岗位匹配度低：未能招聘到与岗位需求相匹配的员工，导致岗位空缺或工作效率低下； （2）招聘成本过高：招聘过程中投入的时间、金钱等成本过高，而招聘效果却不理想； （3）法律风险：招聘过程中存在证件与工作经历虚假等问题，可能使企业面临连带赔偿责任
2	流失风险	（1）员工离职：员工因各种原因离职，特别是关键岗位或技术骨干的离职，会对企业的正常运转和业务发展造成严重影响； （2）知识流失：员工离职会带走企业的知识和经验，这些资源的流失无法通过简单的招聘和培训来弥补

续表

序号	风险类别	风险说明
3	劳动关系风险	（1）合同风险：劳动合同签订、履行、变更、解除和终止过程中可能存在的风险，如合同约定失当、未签订劳动合同等； （2）劳动争议：因劳动条件、劳动报酬、工作时间、休息休假、社会保险等方面引发的争议，可能导致企业面临仲裁和诉讼
4	培训风险	（1）培训效果不佳：培训投入与产出不成比例，员工未能通过培训提升工作技能或绩效； （2）培训协议风险：培训协议对服务期的约定失当，可能导致企业在员工离职时无法追回培训成本
5	薪酬与保险管理风险	（1）薪酬福利风险：薪酬福利水平过高会增加企业成本，影响竞争力；过低则会导致员工流失和士气低下； （2）社会保险缴纳风险：未按时足额缴纳社会保险费，可能面临行政处罚和员工投诉
6	绩效考核风险	（1）考核标准不科学：评估标准不科学或不符合实际情况，导致评估结果不准确； （2）激励不足：绩效考核缺乏激励性，员工对考核结果不满，影响工作积极性和团队氛围
7	规章制度风险	企业人力资源规章制度实体或程序不合法，可能引发法律纠纷
8	调配风险	（1）岗位匹配度低：员工的工作能力与其岗位匹配度不高，导致人力资源配置效率低下； （2）组织结构失衡：因管理者主观能动性和员工性格、道德等因素导致的组织结构协调失衡

（二）人力资源管理风险应对策略

针对人力资源管理风险，企业可以采取表3-8所示一系列应对措施来降低风险并保障组织的稳定运行。

表3-8　人力资源管理风险应对策略

序号	风险类别	风险说明
1	完善人力资源管理制度	（1）制定详细政策：确保各项人力资源政策（如招聘、培训、绩效考核、薪酬福利、劳动关系等）都有明确的书面规定，并符合当地法律法规要求； （2）定期审查更新：随着外部环境和企业内部情况的变化，定期审查和更新人力资源管理制度，确保其有效性和适应性

续表

序号	风险类别	风险说明
2	强化招聘与选拔流程	（1）明确岗位需求：在招聘前，清晰界定岗位需求，包括技能、经验、性格等要求，确保招聘标准与岗位需求相匹配； （2）多渠道招聘：利用多种招聘渠道，扩大人才来源，提高招聘效率和质量； （3）科学评估：采用多种评估工具和方法（如面试、测评、背景调查等），全面评估应聘者的能力和潜力
3	加强员工培训与发展	（1）制订培训计划：根据员工个人发展和组织需求，制订个性化的培训计划，提高员工技能和职业素养； （2）鼓励持续学习：建立学习型组织文化，鼓励员工自主学习和持续进步； （3）建立职业发展路径：为员工提供明确的职业发展路径和晋升机会，增强员工归属感和忠诚度
4	优化薪酬福利体系	（1）市场调研：定期进行薪酬福利市场调研，确保企业薪酬福利水平具有竞争力； （2）个性化激励：根据员工绩效和贡献，实施个性化的薪酬激励措施，提高员工工作积极性和满意度； （3）透明化管理：确保薪酬福利政策的透明化，减少误解和不满
5	完善绩效考核机制	（1）设定合理目标：与员工共同设定明确、可衡量的绩效目标，确保考核标准科学合理； （2）定期反馈：定期对员工绩效进行评估和反馈，帮助员工了解自身表现，明确改进方向； （3）奖惩分明：根据绩效考核结果，实施奖惩分明的激励措施，增强考核的公正性和有效性
6	加强劳动关系管理	（1）合法合规：确保劳动关系的建立、履行、变更、解除和终止等各个环节都符合法律法规要求； （2）有效沟通：与员工保持有效沟通，及时了解员工诉求和意见，减少劳动争议的发生； （3）建立和谐氛围：营造积极向上的工作氛围和企业文化，增强员工归属感和凝聚力
7	建立风险管理机制	（1）识别风险：定期识别和评估人力资源管理中可能存在的风险点； （2）制定应对方案：针对识别出的风险点，制定具体的应对方案和预防措施； （3）监控与调整：对风险管理过程进行持续监控和调整，确保风险管理措施的有效性和适应性

续表

序号	风险类别	风险说明
8	加强信息技术应用	（1）信息化管理：利用信息技术手段实现人力资源管理的信息化和智能化，提高管理效率和准确性； （2）数据安全：加强人力资源管理数据的安全保护，防止数据泄露和滥用

通过上述措施的实施，企业可以有效降低人力资源管理风险，保障组织的稳定运行和可持续发展。

第五节　利益相关者关系管理

利益相关者关系管理是组织实现可持续发展和长期成功的关键要素之一。通过识别、沟通、参与、解决冲突和定期评估等方法，组织可以建立良好的利益相关者关系网络，提高决策质量、降低风险并实现共赢。

一、利益相关者关系管理

利益相关者关系管理是指一个组织、公司或机构与其相关的各个利益相关者之间的相互作用和关系的管理过程。这些利益相关者包括股东、员工、客户、供应商、竞争对手、政府、社会组织以及社会公众等，他们对组织的决策、行动和业绩有直接或潜在的利益影响。

利益相关者关系管理旨在确保组织在决策和行动中能够兼顾并平衡各方利益，以达到对各方利益的最优化。这包括尊重利益相关者的利益、权利和期望，提升他们的满意度和参与度，从而建立和维护良好的合作关系。

二、利益相关者关系管理的步骤和方法

对利益相关者关系进行管理是一个复杂而细致的过程，涉及多个步骤和策略。图3-11是对利益相关者关系进行有效管理的具体步骤和方法。

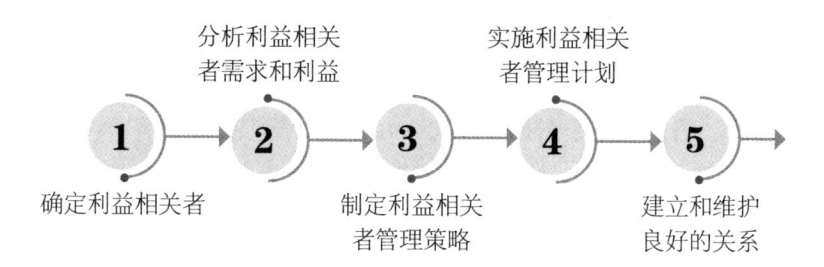

图3-11 利益相关者关系管理的步骤

（一）确定利益相关者

首先，需要明确哪些个人或组织对组织的目标、战略和决策具有潜在影响或被其影响。这包括内部利益相关者（如员工、管理层、股东）和外部利益相关者（如客户、供应商、政府、社区、媒体等）。

1. 进行组织内外环境分析

（1）内部环境分析

部门与团队：了解公司内部各个部门和团队的角色、职责和相互关系。

员工：员工是公司内部最重要的利益相关者之一，他们的满意度和参与度直接影响公司的运营效率和创新能力。

管理层与股东：管理层负责制定公司战略和决策，股东则关注投资回报和风险控制。

（2）外部环境分析

行业与市场：了解公司所处的行业环境、市场趋势和竞争格局。

政策与法律：关注与公司业务相关的政策法规和监管要求。

社会与文化：考虑社会文化因素对公司的影响，如消费者偏好、社会价值观等。

2. 确定利益相关者类型

在分析了组织内外环境后，可以初步确定公司的利益相关者类型。这些类型通常包括但不限于：

内部利益相关者：员工、管理层、股东、董事会等。

外部利益相关者：客户、供应商、合作伙伴、竞争对手、政府机构、社会组织、媒体、公众等。

（二）深入分析利益相关者的需求和利益

1. 了解利益相关者需求和期望

通过调研、访谈、问卷调查等方式深入了解利益相关者的需求和期望，包括他们对组织产品、服务、战略、决策等方面的看法和意见。利用数据分析工具和方法，对收集到的数据进行整理和分析，以更深入地了解利益相关者的利益关注点。

常见利益相关者的类型和需求如表3-9所示。

表3-9　常见利益相关者的类型和需求

类型	说明	常见需求
股东	股东是一家公司最重要的利益相关者之一。他们投资了资金并购买了公司的股票，因此他们期望获得回报	股东的需求包括增加公司的价值和利润，以及保护他们的投资。他们通常关注公司的财务表现和股价
雇员	雇员是公司的核心资源，也是利益相关者之一	雇员的需求包括公平的薪酬、良好的工作条件、职业发展机会和与公司的参与感。公司需要关注雇员的需求，以吸引、留住和激励人才
客户	客户是公司的生命线，因此也是重要的利益相关者	客户的需求包括高质量的产品和服务、良好的客户体验、合理的价格和及时的交付。满足客户的需求对于维持和扩大业务至关重要
供应商	供应商是为公司提供原材料、设备和服务的重要伙伴	他们的需求包括公平的交易条件、准时支付和长期的合作关系。与供应商建立互利的关系对于确保供应链的稳定和可靠性至关重要
社区	公司所在社区的居民和当地组织也是重要的利益相关者	他们的需求包括社会责任、环境保护、贡献社区和创造就业机会。公司需要与社区建立互信和合作的关系，以确保和谐的发展
政府	政府是公司运营的监管者和决策者，也是利益相关者之一	政府的需求包括遵守法律法规、履行社会责任、缴纳税款和创造就业机会。公司需要与政府建立良好的合作关系，以确保合规性和可持续发展

2. 评估利益相关者的重要性和影响力

根据利益相关者的需求、期望以及他们对组织的影响程度，评估他们在组织中的重要性和影响力。这有助于公司在制定管理策略时，合理分配资源和精力，重点关注那些对公司经营和发展具有重大影响的利益相关者。

（三）建立利益相关者档案

公司应为每个重要的利益相关者建立档案，记录其基本信息、利益诉求、影响力和关系紧密程度等。这有助于公司更好地了解和管理与利益相关者的关系。

（四）制定利益相关者管理策略

1. 确定管理目标

公司应根据利益相关者的需求和期望，以及组织的目标和战略，制定明确的管理目标。这些目标应该与组织的整体战略相一致，并有助于提升利益相关者的满意度和参与度。

2. 选择管理策略

公司应根据利益相关者的分类和评估结果，选择适当的管理策略。对于关键利益相关者可能需要采取更直接和深入的管理方式，如建立紧密的合作关系、定期沟通等；对于重要但非关键的利益相关者可以采取较为灵活的管理方式，如定期了解他们的需求和反馈；对于次要利益相关者则可能只需要进行基本的监控和沟通。

（五）实施利益相关者管理计划

1. 建立沟通机制

公司应建立有效的沟通机制，确保与利益相关者的信息交流和反馈渠道畅通无阻。这包括定期召开会议、发布报告、建立在线沟通平台等。

2. 实施管理活动

公司应根据管理策略和管理计划实施具体的管理活动。这包括与利益相关者进行互动、解决他们的问题和关切、提供必要的信息和支持等。

3. 监控和评估

公司应对利益相关者管理计划的实施情况进行监控和评估，及时发现问题和不足之处，并采取相应的改进措施。这有助于确保管理计划的有效性和可持续性。

（六）建立和维护良好的关系

1. 建立信任

公司应通过诚实、透明的沟通和行动，建立与利益相关者之间的信任关系。这有助于增强双方的合作意愿和长期稳定性。

2. 互利共赢

公司在处理与利益相关者的关系时，应始终遵循互利共赢的原则。通过合作和协商，找到双方都能接受的解决方案，实现共同发展和繁荣。

3. 持续改进

随着时间和环境的变化，利益相关者的需求和期望也会发生变化。因此，公司需要持续关注利益相关者的动态变化，并根据实际情况调整管理策略和管理计划，以适应新的形势和要求。

综上所述，对利益相关者关系的管理是一个动态、持续的过程，需要管理者具备高度的敏感性和灵活性，以应对各种复杂和多变的情况。通过有效的利益相关者关系管理，组织可以建立更加稳固和可持续的合作关系网络，为自身的长期发展奠定坚实的基础。

三、建立有效的利益相关者管理制度

企业需要建立有效的利益相关者管理制度。这包括制订利益相关者参与计划、发布透明的信息、建立利益相关者投诉处理机制等。这些制度可以帮助企业更好地管理和响应利益相关者的需求和关切。

范本

与利益相关方沟通管理程序

一、目的

说明本公司对所有利益相关方进行沟通的程序。

二、范围

所有与本公司有关联的利益团体。

三、责任

1. 负责建立及维持相关方沟通程序；
2. 依据本公司在此标准要求上的表现，并提供相关数据和资料；

3. 负责向相关方如供应商、客户、同行业及其他合作伙伴、社保局、劳动局、消防局、监察机构及其他国家相关政府，定期进行沟通；

4. 负责向有关索取最新数据、资料、法规及监察本公司的符合情况。

四、 定义

利益相关方是指关心本公司的社会表现或受到公司社会表现所影响的个人或团体。

五、 参考文件

六、程序

1. 管理评审会议中对本公司的政策或标准规定进行评审是否符合要求。

2. 本公司对违反政策或标准规定的不符合和事项，应根据不符合事项的性质严重性，并实施适当的补救和纠正行动。

3. 所有相关的补救和纠正行动应由公司社会责任管理代表或其委任人进行监督活动。

4. 就本公司在标准所列出各项要求上的表现，应提供相关数据和资料，如内部、外部社会责任审核及管理评审的结果，由总经理或个各代表向利益团体进行沟通。

5. 如沟通结果会损坏客户商标时，本公司会采取集中式沟通方法与客户直接联系。

6. 信息沟通可以采用口头或书面形式，也可以采用其他适当方式，去电话、传真、电子邮件、座谈会、如：社会责任管理方针政策等。

7. 来自内外部利益相关方的有关质疑、质询和投诉信息，应安排合适人选进行调查，核实情况、分析原因，效果出处理决定，然后回复给提出质疑、质询和投诉的人员。重大问题应报经理批准。

8. 对内外信息沟通均应保存适当的记录和证据，应注意保护个人隐私和公司商业秘密。

9. 若有员工向外部提供公司资料，应解释公司内部投诉和申诉程序，不得采取惩罚或歧视性措施。

10. 管理者代表定期访问本地利益相关者团体，征求他们的意见和建议，通知公司实施社会责任标准的进展和效果，提供相关的数据和资料，包括管理评审和监督活动的结果。

11. 如果有合同的要求。管理者代表应该对利益相关者提供合理的资料和取得资料的渠道，以核实公司是否符合社会责任标准的要求。如果有合同进一步要求，公司应该通过采购合同的条款，要求供应商和分包商提供上述安排和渠道。

12. 公司在工作场所设意见箱收集工人意见和投诉，公司实行"开门政策"，工人在任何时候都可以向主管和经理提出问题，工人代表积极协助收集工人意见和建议。

13. 公司不应对外部利益相关方如非政府组织（NGO）的调查报告采取消极的抵制，而应积极地沟通和解释说明公司的社会责任管理方针政策、执行和绩效。

七、记录

1. 相关对外沟通记录
2. 利益相关方一览表

附件：

利益相关一览表

相关方	定期沟通时间	沟通内容
客户	三个月	遵守《社会责任管理规范》和《公司行为守则》情况
供应商	三个月	遵守《社会责任管理规范》和《公司行为守则》情况
同行业及其他合作伙伴	三个月	遵守《社会责任管理规范》和《公司行为守则》情况
市劳动局、本县劳动管理站	三个月	劳动法规、工伤政策
社保局、社保站	三个月	社保、工伤政策
市消防局、县消防大队	三个月	消防安全管理信息

续表

相关方	定期沟通时间	沟通内容
监察部门（环境、卫生、防疫）	半年	环境、卫生、防疫、职业病等
技术监督机构	半年	政府质量法规
当地妇联合会	三个月	女工权益保护
当地残疾人联合会	三个月	残疾人权益保护
当地工会组织	三个月	工人权益保护
其他国家相关政府部门	半年	相关信息
其他非政府组织	不定期	相关信息

第六节 社会责任与可持续发展

社会责任与可持续发展是现代企业不可回避的重要议题。企业只有积极履行社会责任并遵循可持续发展的原则，才能在追求经济效益的同时实现社会、环境和经济的协调发展。这不仅有助于提升企业的竞争力和可持续发展能力，还有助于推动整个社会的全面进步和环境的持续改善。

一、社会责任可确保可持续发展

社会责任在确保可持续发展方面扮演着至关重要的角色。它不仅是企业道德和伦理的体现，更是推动经济、社会和环境三方面协调发展的关键因素。图3-12是社会责任可以确保可持续发展的几个关键点。

综上所述，社会责任是确保企业可持续发展的重要保障。它不仅能够提升企业声誉和品牌形象，促进资源高效利用与环境保护，维护社会和谐与稳定，还能推动创新与技术进步以及引导消费观念与行为。因此，企业应该高度重视社会责任的履行，并将其纳入企业的长期发展战略中。

1 增强企业声誉与品牌形象

> 积极履行社会责任的企业往往能够获得更高的社会认同感和信任度。这种正面的企业形象有助于吸引更多的消费者、投资者和合作伙伴，从而为企业创造更稳定的市场环境和更广阔的发展前景。良好的声誉和品牌形象是企业可持续发展的基础

2 促进资源高效利用与环境保护

> 企业通过履行环保责任，如采用清洁生产技术、提高资源利用效率、减少污染物排放等，有助于保护自然环境，减缓气候变化等全球性环境问题。这不仅可以降低企业的环境风险，还可以为企业创造新的商业机会，如绿色产品和服务，从而推动企业的可持续发展

3 维护社会和谐与稳定

> 企业积极履行对员工、消费者、社区等利益相关者的责任，可以减少社会矛盾和冲突，维护社会和谐与稳定。这有助于为企业创造更加有利的经营环境，降低运营成本，提高经营效率。同时，企业还可以通过参与社会公益事业，回馈社会，提升企业的社会责任感和公民形象，进一步推动可持续发展

4 推动创新与技术进步

> 履行社会责任往往需要企业不断寻求创新和技术进步。例如，为了降低生产成本、提高产品质量或减少对环境的负面影响，企业需要不断研发新技术、新材料和新工艺。这种创新动力不仅有助于提升企业的竞争力，还有助于推动整个行业的可持续发展

5 引导消费观念与行为

> 企业通过履行社会责任，可以引导消费者树立更加理性、绿色和可持续的消费观念和行为。例如，推广绿色产品和服务、倡导低碳生活方式等。这种引导作用有助于形成更加健康和可持续的消费市场，进一步推动企业的可持续发展

图3-12 社会责任可以确保可持续发展的几个关键点

二、企业社会责任的内容

企业的社会责任是一个广泛而复杂的概念，涵盖了多个方面。表3-10是企业

的社会责任主要包括的内容。

表3-10 企业社会责任的内容

责任	定义	涵盖内容
经济责任	经济责任是企业最基础的社会责任,指企业通过合法经营和盈利活动,为社会创造经济价值	(1)确保产品质量：提供安全、可靠、符合标准的产品和服务,满足消费者的基本需求； (2)提高经济效益：通过优化管理、技术创新等手段,降低成本,提高生产效率,实现企业的可持续发展
法律责任	法律责任要求企业遵守国家法律法规,依法经营,保护利益相关者的合法权益	(1)遵守法律法规：企业应确保所有经营活动都在法律允许的范围内进行,不违法乱纪； (2)保障员工权益：遵守劳动法规,保障员工的劳动权益,如工资、工时、安全卫生等； (3)保护知识产权：尊重和保护他人的知识产权,避免侵权行为
伦理责任	伦理责任要求企业在经营过程中遵循社会公认的道德准则和伦理标准,维护社会公正和公平	(1)诚信经营：在经营活动中保持诚信,不欺诈、不虚假宣传； (2)公平竞争：遵循市场规则,不进行不正当竞争行为,如价格垄断、商业贿赂等； (3)尊重人权：尊重和保护人权,避免使用童工、强迫劳动等不道德行为
环境责任	环境责任要求企业在生产经营过程中关注环境保护,减少对环境的不良影响	(1)节能减排：采取节能减排措施,降低能源消耗和污染物排放； (2)绿色生产：推广绿色生产方式,使用环保材料和清洁能源； (3)环境修复：对已经造成的环境污染进行修复和治理,恢复生态环境
公益责任	公益责任要求企业积极参与社会公益事业,回馈社会,促进社会和谐与进步	(1)捐赠与援助：向灾区、贫困地区等提供资金、物资等援助,支持社会公益事业； (2)志愿服务：组织员工参与志愿服务活动,为社会提供力所能及的帮助； (3)社区建设：积极参与社区建设和管理,为社区提供便利和服务
其他责任	除了以上五个方面外,企业的社会责任还可能包括其他方面	(1)对股东的责任：企业应确保股东的投资回报,并向股东提供真实、准确、完整的信息； (2)对消费者的责任：企业应关注消费者的需求和反馈,提供优质的产品和服务,维护消费者的权益； (3)对供应链的责任：企业应关注供应链的可持续性和社会责任表现,推动供应链上下游企业共同履行社会责任

三、履行社会责任的方法

企业履行社会责任是一个系统工程，涉及多个方面和层面。表3-11是企业履行社会责任的具体方法。

表3-11 企业履行社会责任的具体方法

方法	基础要求	实施措施
遵守法律法规	企业作为社会的一员，必须严格遵守国家的法律法规，包括但不仅限于税法、劳动法、环保法等相关法律。这是企业履行社会责任的基础和前提	建立健全的内部控制体系，确保所有经营活动都在法律允许的范围内进行；加强对员工的法律培训，提高员工的法律意识和守法能力
保障员工权益	企业应尊重和保护员工的合法权益，提供安全、健康的工作环境，合理的工作时间和薪酬，以及必要的培训和晋升机会	建立完善的薪酬福利制度，确保员工的基本生活需求得到满足；加强劳动保护，定期进行安全生产检查和职业病预防；建立健全的培训机制，提升员工的职业素养和技能水平
保护环境	注重环境保护：企业在生产过程中应当注重环境保护，采取有效措施减少污染排放，节约资源，推动可持续发展	采用环保材料和清洁能源，降低生产过程中的污染物排放；加强环保设施建设，确保排放物达到国家标准；推广绿色生产方式，提高资源利用效率
参与社会公益事业	企业可以通过捐款、捐物、提供志愿服务等方式参与社会公益事业，支持教育、医疗、扶贫、救灾等领域的发展	制订长期的公益计划，明确公益目标和领域；积极参与社区建设和公益活动，提升企业的社会影响力；加强与公益组织的合作，共同推动社会公益事业的发展
推动供应链责任管理	企业应当要求供应链伙伴也履行相应的社会责任，确保产品在整个生命周期内都符合社会、环境和道德标准	建立供应商评估体系，将社会责任纳入评估指标；加强对供应链伙伴的培训和指导，提升其社会责任意识和能力；加强与供应链伙伴的沟通和合作，共同推动供应链责任管理的落实
加强与利益相关方的沟通与合作	企业应当积极与政府、社区、消费者、非政府组织等利益相关方进行沟通和合作，共同推动社会问题的解决	建立常态化的沟通机制，及时了解利益相关方的需求和期望；加强与利益相关方的合作，共同开展社会责任项目；积极回应利益相关方的关切和质疑，建立良好的社会关系

四、社会责任体系建立

企业建立社会责任体系是一个全面而系统的过程,旨在确保企业在追求经济效益的同时,积极履行对社会、环境和利益相关者的责任。建立企业社会责任体系有助于企业明确社会责任的承担范围和内容,促进企业的可持续发展。

(一)企业社会责任体系的定义

企业社会责任体系是指企业在其运营过程中,将社会责任融入企业战略、文化、制度及日常运营中的一套系统性框架。它不仅关注企业的经济利益,还强调企业在环境保护、社会公益、员工福祉等方面的责任。

(二)企业社会责任体系的核心要素

企业社会责任体系通常包含图3-13所示几个核心要素。

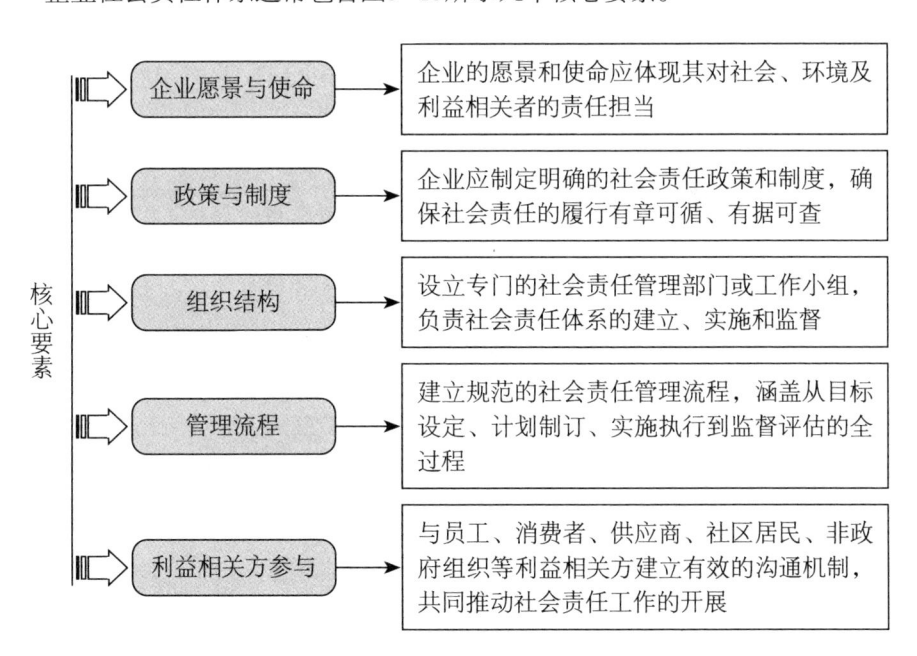

核心要素:
- 企业愿景与使命 → 企业的愿景和使命应体现其对社会、环境及利益相关者的责任担当
- 政策与制度 → 企业应制定明确的社会责任政策和制度,确保社会责任的履行有章可循、有据可查
- 组织结构 → 设立专门的社会责任管理部门或工作小组,负责社会责任体系的建立、实施和监督
- 管理流程 → 建立规范的社会责任管理流程,涵盖从目标设定、计划制订、实施执行到监督评估的全过程
- 利益相关方参与 → 与员工、消费者、供应商、社区居民、非政府组织等利益相关方建立有效的沟通机制,共同推动社会责任工作的开展

图3-13 企业社会责任体系的核心要素

(三)企业社会责任体系的主要内容

企业社会责任体系主要包括表3-12所示的几个方面。

表3-12 企业社会责任体系的主要内容

序号	内容模块	说明
1	环境保护	企业应采取措施减少生产过程中的环境污染和生态破坏,实现绿色生产和可持续发展
2	员工福祉	企业应关注员工的权益和福祉,提供良好的工作环境和职业发展机会,确保员工的身心健康和职业发展
3	社会公益	企业应积极参与社会公益事业,如捐赠、志愿服务等,回馈社会并促进社会的和谐与进步
4	供应链管理	企业应关注供应链的社会责任问题,推动供应商遵守社会责任标准和法律法规要求
5	信息披露与报告	企业应定期发布社会责任报告或可持续发展报告,向公众和利益相关方披露企业在社会责任方面的履行情况和成果

(四) 社会责任体系的实施步骤

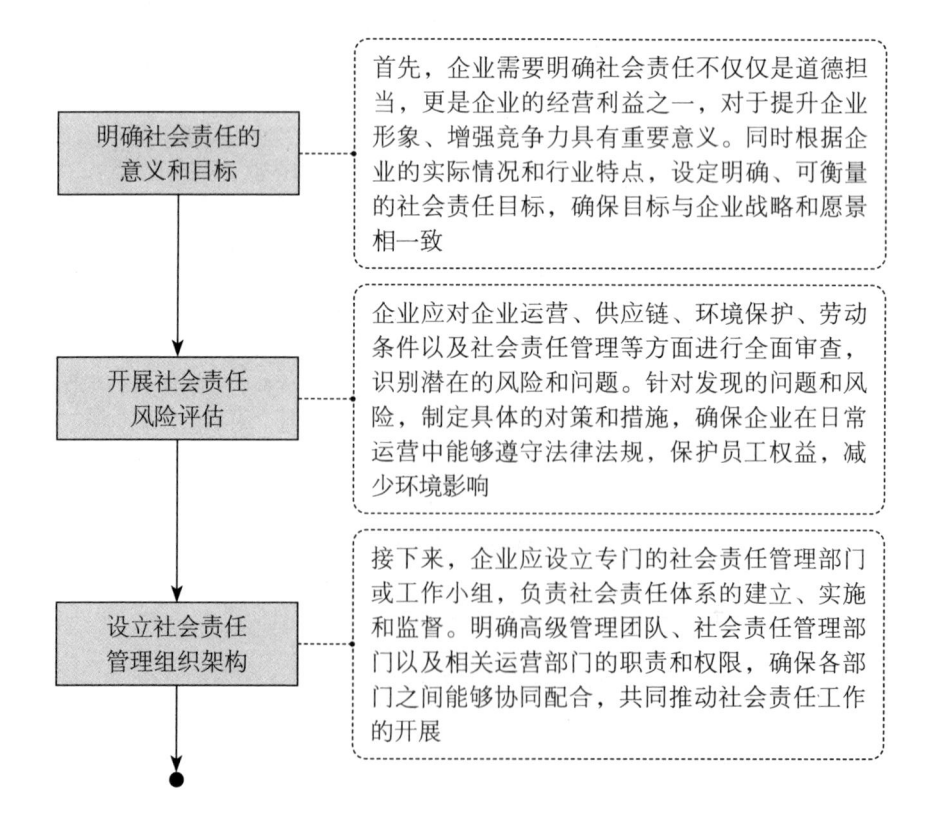

企业建立社会责任体系通常遵循图3-14所示步骤。

明确社会责任的意义和目标 —— 首先,企业需要明确社会责任不仅仅是道德担当,更是企业的经营利益之一,对于提升企业形象、增强竞争力具有重要意义。同时根据企业的实际情况和行业特点,设定明确、可衡量的社会责任目标,确保目标与企业战略和愿景相一致

开展社会责任风险评估 —— 企业应对企业运营、供应链、环境保护、劳动条件以及社会责任管理等方面进行全面审查,识别潜在的风险和问题。针对发现的问题和风险,制定具体的对策和措施,确保企业在日常运营中能够遵守法律法规,保护员工权益,减少环境影响

设立社会责任管理组织架构 —— 接下来,企业应设立专门的社会责任管理部门或工作小组,负责社会责任体系的建立、实施和监督。明确高级管理团队、社会责任管理部门以及相关运营部门的职责和权限,确保各部门之间能够协同配合,共同推动社会责任工作的开展

企业建立社会责任体系的步骤流程

- **制定社会责任政策和流程**：企业应制定一系列明确的社会责任政策，包括劳动权益、环境保护、消费者权益、供应链管理等方面的政策。同时建立规范的社会责任管理流程，确保政策的有效执行和持续改进。流程应涵盖从目标设定、计划制订、实施执行到监督评估的全过程

- **加强员工培训和参与**：组织员工参加社会责任培训，提高员工对社会责任的认识和理解，提升其在工作中履行社会责任的能力。同时，建立员工参与机制，鼓励员工积极参与社会责任实践活动，提出改进意见和建议。通过设立奖励机制、建立员工志愿者团队等方式，激发员工的积极性和创造力

- **建立监督和报告机制**：企业应建立社会责任监督机构或委员会，对企业的社会责任行动进行监督和评估。定期发布社会责任报告，向公众和利益相关方公开披露企业的社会责任履行情况。报告应客观、全面、准确地反映企业在社会责任方面的努力和成果

- **与利益相关方合作**：企业须与员工、消费者、供应商、社区居民、非政府组织等利益相关方建立有效的沟通机制，了解他们的需求和期望，共同推动社会责任工作的开展。积极与利益相关方开展合作，共同解决社会问题，实现双赢或多赢的局面

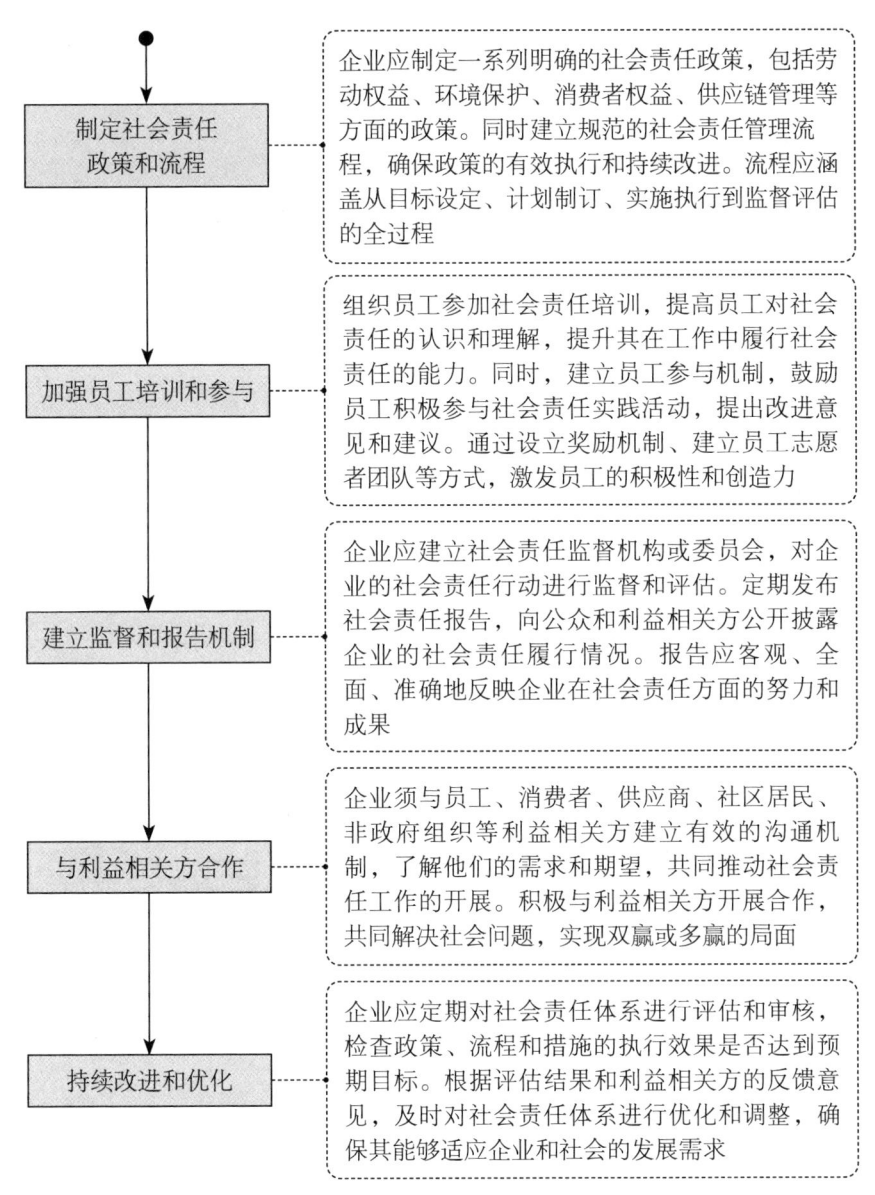

- **持续改进和优化**：企业应定期对社会责任体系进行评估和审核，检查政策、流程和措施的执行效果是否达到预期目标。根据评估结果和利益相关方的反馈意见，及时对社会责任体系进行优化和调整，确保其能够适应企业和社会的发展需求

图3-14 企业建立社会责任体系的步骤

通过以上步骤和要点的落实，企业可以建立起一套完善的社会责任体系，推动企业实现可持续发展和社会责任的履行。

五、企业社会责任管理体系认证

企业社会责任管理体系认证是指第三方认证机构依据相关国际标准或行业准

则，对企业的社会责任管理体系进行评估，确认其是否符合要求，并颁发认证证书的过程。该认证对于提升企业的社会形象、增强市场竞争力具有重要意义。

（一）认证标准

目前，国际通行的社会责任管理体系认证标准有ISO26000、SA8000和BSCI等。这些标准涵盖了企业社会责任的各个方面，如人权、劳工权益、环境保护、反腐败等。

（二）认证流程

认证流程如图3-15所示。

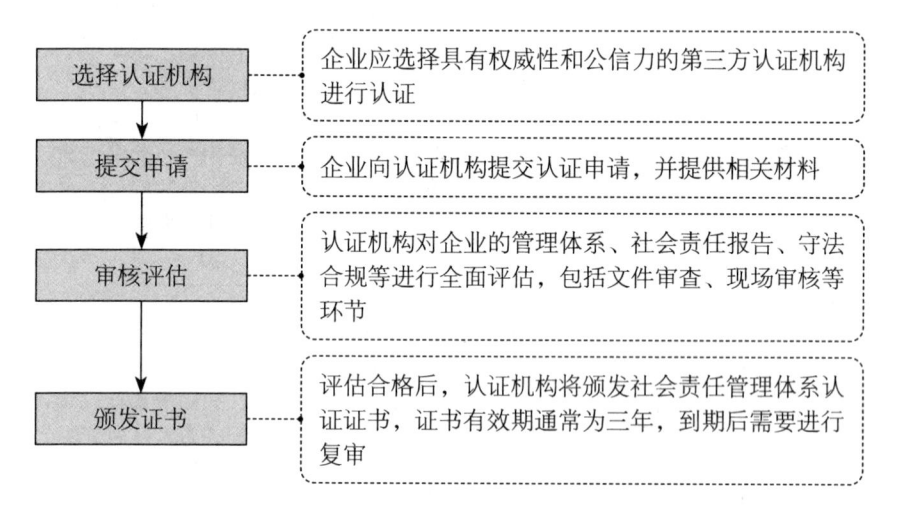

```
选择认证机构 ——— 企业应选择具有权威性和公信力的第三方认证机构进行认证
     ↓
提交申请 ——— 企业向认证机构提交认证申请，并提供相关材料
     ↓
审核评估 ——— 认证机构对企业的管理体系、社会责任报告、守法合规等进行全面评估，包括文件审查、现场审核等环节
     ↓
颁发证书 ——— 评估合格后，认证机构将颁发社会责任管理体系认证证书，证书有效期通常为三年，到期后需要进行复审
```

图3-15 社会责任体系认证流程

第四章
企业核心竞争力

　　核心竞争力的培育是一个长期的过程，需要企业持续投入资源和精力。企业需要不断审视自身的资源和能力，识别并发展那些能够形成差异化竞争优势的要素，通过持续创新和管理优化，保持和提升自身的核心竞争力。

　　需要注意的是，核心竞争力并不是一成不变的，随着市场环境的变化和企业自身的发展，企业需要不断调整和优化自身的核心竞争力，以适应新的市场需求和竞争态势。

第一节 核心竞争力概述

一、核心竞争力的特点

核心竞争力是指企业能够长期获得竞争优势的能力,这种能力是企业所特有的、难以被竞争对手模仿的,并且能够在多个业务领域中得到应用和发挥。核心竞争力是企业内部一系列互补的技能和知识的结合,它涉及企业的技术、管理、文化等多个方面,是企业持续发展和创新的重要源泉。

具体来说,核心竞争力具有图4-1所示的几个特点。

独特性 ☞	核心竞争力是企业独有的,难以被其他企业所模仿或替代。这种独特性来源于企业长期积累的技术、管理、市场等方面的经验和知识,以及企业文化和价值观的塑造
持久性 ☞	核心竞争力不是一时的优势,而是能够长期保持并持续发展的。它需要企业不断地进行投入和培育,以适应市场变化和客户需求的变化
延展性 ☞	核心竞争力能够为企业带来多个领域的竞争优势,而不仅仅局限于某一产品或服务。它可以通过企业的技术创新、管理创新等方式,不断扩展到新的业务领域和市场
有用性 ☞	核心竞争力能够为客户提供独特的价值,满足客户的需求并超越客户的期望。这种价值不仅体现在产品或服务的质量上,还体现在企业的品牌形象、售后服务等多个方面

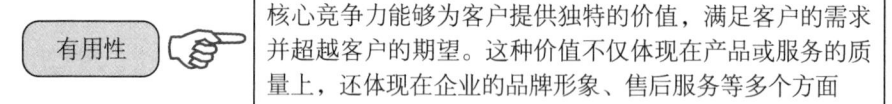

图4-1 核心竞争力的特点

二、核心竞争力的构成要素

核心竞争力的构成要素主要包括图4-2所示几个方面。

图4-2 核心竞争力的构成要素

（构成要素：技术体系、管理体系、企业文化、人才素质、创新能力、整合集成能力、制度性环境）

（一）技术体系

核心技术能力是企业核心竞争力的重要组成部分，包括企业的研发能力、产品及工艺创新能力。核心技术一旦被企业掌握并运用于实践，就会转化为巨大的竞争力，成为企业获取长期利润的源泉。技术体系不仅包括现有的技术水平和专利储备，还包括企业持续进行技术创新和研发的能力。

技术能力是企业发展最核心的要素，其运用和创新需要良好的管理做支撑。

（二）管理体系

管理体系是企业核心竞争力的另一重要支柱。良好的管理体系能够确保企业运行顺畅，实现资源整合和效率提升。管理能力涉及战略管理、组织结构及制度、人力资源管理、营销管理、组织协调等多个方面。一个高效的管理体系能够帮助企业更好地应对市场变化，抓住机遇，实现可持续发展。

管理能力越强，优化组合的效率就越高，企业的竞争力也就越强。

（三）企业文化

企业文化是企业核心竞争力的精神内核。它代表了企业的价值观、信念和行为规范，是企业内部凝聚力和外部竞争力的源泉。企业文化对核心竞争力的提升主要体现在构建企业核心价值观、培育企业精神、塑造企业良好形象、强化企业经营理念等方面。一个具有独特且积极向上的企业文化的企业，往往能够吸引更多优秀人才，激发员工的创造力和工作热情，从而推动企业的持续发展。企业文化是企业员工的共同价值观体系，它使企业独具特色且不易模仿。一个企业只有拥有了自身独特的企业文化后，其核心竞争力才能真正地逐步形成。

（四）人才素质

人才是企业发展的第一资源，也是构成企业核心竞争力的关键因素。人才素质包括员工的知识水平、技能水平、创新能力以及团队合作精神等。一个拥有高素质人才团队的企业，能够更快地适应市场变化，推出创新产品和服务，从而在竞争中占据优势地位。企业的竞争最终是人才的竞争，员工的知识和技能水平直接影响到企业的创新能力和市场竞争力。

（五）创新能力

创新能力包括技术创新、服务创新、管理创新等多个方面。在快速变化的市场环境中，企业只有不断创新，才能保持竞争优势，实现持续发展。

（六）整合集成能力

企业需要将各种资源和能力进行有效整合，形成协同效应，从而提升整体竞争力。整合集成能力是企业核心竞争力的重要组成部分，它要求企业具备高度的组织协调能力和资源整合能力。

（七）制度性环境

制度性环境是企业核心竞争力的重要保障。它包括国家的法律法规、政策环境、市场环境以及企业内部的管理制度等。一个稳定、公平、透明的制度性环境能够为企业提供良好的发展条件，降低企业的运营成本和风险，从而增强企业的核心竞争力。

综上所述，核心竞争力的构成要素是多方面的，包括技术体系、管理体系、企业文化、人才素质和制度性环境等。这些要素相互依存、相互作用，共同构成了企业的核心竞争力体系。企业要想在激烈的市场竞争中立于不败之地，就必须注重这些要素的培养和提升。

第二节　核心竞争力识别

核心竞争力是企业在市场竞争中保持持续优势的关键能力，其识别与培育对于企业的生存和发展至关重要。

一、核心竞争力VRIN模型

VRIN模型为企业提供了一个科学、系统的工具来评估和提升自身的核心竞争力。VRIN代表四个关键标准：有价值（Valuable）、稀少（Rare）、难以模仿（Difficult to Imitate）和不可替代（Nonsubstitutable）。

（一）有价值（Valuable）

核心竞争力首先必须对企业具有实质性的价值。这种价值体现在多个方面，如能够为企业带来持续的竞争优势、提升市场份额、增加客户忠诚度、提高盈利能力等。具体来说，有价值的资源或能力应该能够产生的作用如图4-3所示。

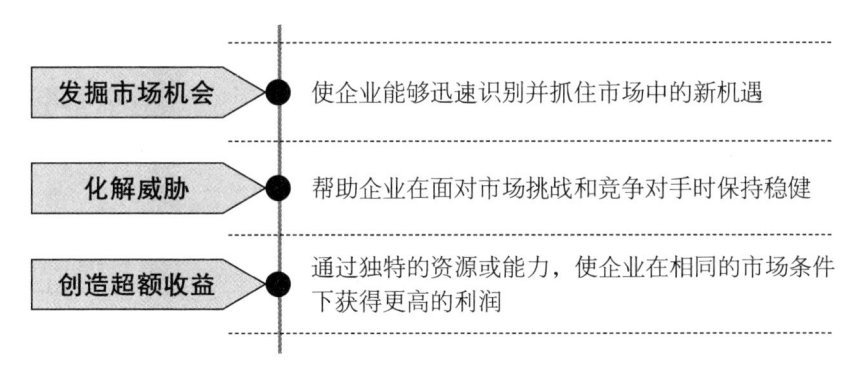

发掘市场机会	使企业能够迅速识别并抓住市场中的新机遇
化解威胁	帮助企业在面对市场挑战和竞争对手时保持稳健
创造超额收益	通过独特的资源或能力，使企业在相同的市场条件下获得更高的利润

图4-3　有价值的资源或能力产生的作用

（二）稀少（Rare）

核心竞争力应当是稀缺的，即不是市场上随处可见的资源或能力。这种稀缺性使企业能够在竞争中脱颖而出，因为其他竞争对手很难轻易获得相同的资源或能力。稀少的资源或能力通常具有图4-4所示特点。

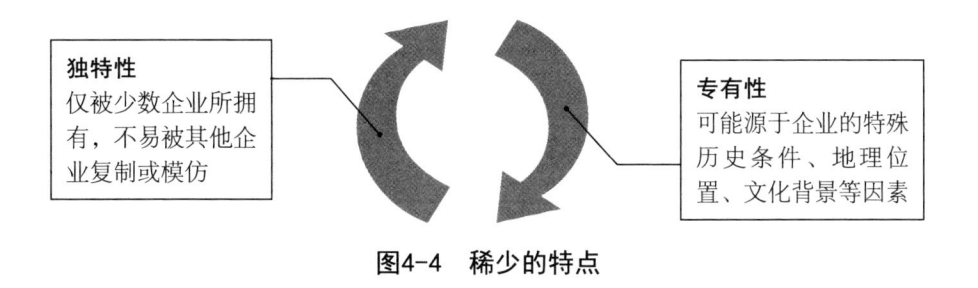

独特性
仅被少数企业所拥有，不易被其他企业复制或模仿

专有性
可能源于企业的特殊历史条件、地理位置、文化背景等因素

图4-4　稀少的特点

（三）难以模仿（Difficult to Imitate）

真正的核心竞争力还应具有难以模仿的特点。这种难以模仿性可能源于多个方面，如：

1. 复杂的技术或工艺：需要长时间的研发投入和积累才能掌握。
2. 独特的企业文化或价值观：难以通过简单的模仿或复制来建立。
3. 深厚的客户关系或网络：需要长时间的积累和维护才能形成。

由于这些因素的存在，竞争对手往往很难在短时间内复制或模仿企业的核心竞争力。

（四）不可替代（Nonsubstitutable）

核心竞争力应当是不可替代的，即市场上没有其他资源或能力能够完全替代它。这种不可替代性确保了企业在市场中的独特地位，因为即使竞争对手试图通过其他方式获得竞争优势，也很难完全取代企业的核心竞争力。不可替代的资源或能力通常具有图4-5所示特点。

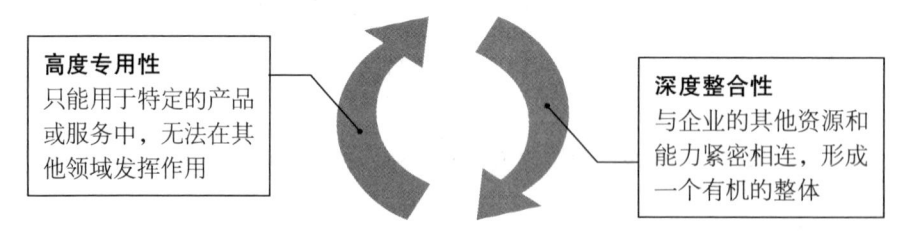

高度专用性
只能用于特定的产品或服务中，无法在其他领域发挥作用

深度整合性
与企业的其他资源和能力紧密相连，形成一个有机的整体

图4-5　不可替代的特点

综上所述，VRIN框架为企业提供了一个系统而全面的方法来评估其核心竞争力。通过识别那些既有价值又稀少、难以模仿且不可替代的资源或能力，企业可以更好地理解自身的竞争优势所在，并制定相应的发展战略来保持和增强这些优势。

二、核心竞争力评估的指标

核心竞争力评估的指标体系是一个多维度、综合性的评估框架，旨在全面衡量企业在市场竞争中的优势和能力。核心竞争力评估指标体系通常包括技术创新能力、管理与组织能力、市场营销能力、企业文化与价值观、资源整合与利用能力等多个方面，每个方面又包含若干具体的评估指标。

具体评估指标如表4-1所示。

表4-1 核心竞争力评估的指标

序号	指标	指标说明
1	技术创新能力	（1）研发投入：研发经费占营业收入的比例、研发人员占比、研发周期等，反映企业对技术创新的重视程度和投入力度； （2）专利情况：专利申请量、授权量、有效专利数、国际专利占比等，体现企业的技术储备和创新能力； （3）技术创新成果：新产品开发速度、新产品销售收入占比、技术领先度等，评估技术创新的实际效果和市场转化能力
2	管理与组织能力	（1）战略管理能力：战略规划能力、战略执行能力、战略调整灵活性等，评估企业的战略规划和执行能力； （2）组织结构与制度：组织架构合理性、管理制度完善性、决策效率等，反映企业的组织管理水平； （3）人力资源管理：人才吸引力、员工培训与发展、员工满意度与忠诚度等，评估企业的人力资源状况和管理能力
3	市场营销能力	（1）品牌影响力：品牌知名度、品牌美誉度、品牌忠诚度等，评估企业在市场中的品牌影响力和市场地位； （2）市场拓展能力：市场份额、市场增长率、新客户获取能力等，反映企业的市场拓展和竞争能力； （3）营销创新能力：营销策略创新、营销渠道拓展、营销效果评估等，评估企业的营销创新能力和市场响应速度
4	企业文化与价值观	（1）企业使命与愿景：明确性、传达性、员工认同感等，评估企业使命和愿景的清晰度及员工认同度； （2）核心价值观：与企业战略的一致性、员工行为准则的遵循度等，反映企业的价值观导向和行为规范； （3）企业文化氛围：创新氛围、团队协作氛围、员工满意度等，评估企业文化氛围对员工行为和企业绩效的影响
5	资源整合与利用能力	（1）供应链管理能力：供应商关系管理、库存管理、物流效率等，评估企业对供应链资源的整合和利用能力； （2）财务资源管理能力：资金运作效率、成本控制能力、财务稳健性等，反映企业的财务管理水平和资本运作能力； （3）信息资源管理能力：信息系统建设、数据分析能力、信息安全保障等，评估企业对信息资源的整合和利用能力

三、核心竞争力的识别方法与工具

核心竞争力识别的方法与工具多种多样，这些方法和工具旨在帮助企业或个人深入了解并识别出自身在市场中保持和获得竞争优势的独特能力。以下是一些主要的方法与工具：

（一）核心竞争力识别的方法

1. 行业分析

（1）战略群体分析矩阵：通过分析行业内不同战略群体的特征，识别出企业自身所处的位置及其核心竞争力。

（2）PEST分析：从政治（Political）、经济（Economic）、社会（Sociocultural）、技术（Technological）四个维度分析企业外部环境，以识别影响企业核心竞争力的外部因素。

2. 竞争对手分析

（1）竞争对手分析论纲：系统地分析竞争对手的优势、劣势、机会和威胁，以识别出自身相对于竞争对手的核心竞争力。

（2）竞争态势矩阵：评估企业在市场中的竞争地位，以及相对于竞争对手的优势和劣势。

3. 内部资源与能力分析

（1）价值链分析：通过对企业内部价值创造活动的分析，识别出哪些活动构成了企业的核心竞争力。

（2）内部因素评价矩阵（Internal Factor Eraluation Matrix，IFE）：评估企业内部优势和劣势的量化工具，帮助企业识别出核心竞争力的内部来源。

4. 综合评估方法

（1）SWOT分析：结合企业的优势（Strengths）、劣势（Weaknesses）、机会（Opportunities）和威胁（Threats），全面评估企业的核心竞争力。

（2）五力模型：迈克尔·波特的五力模型分析行业竞争结构，帮助企业识别出在行业中的定位和核心竞争力。

（二）核心竞争力识别的工具

1. 文字描述法

文字描述法是通过详细的文字描述阐述企业核心竞争力的来源、表现和特点。这种方法依赖于对企业内部资源和能力的深入理解和分析。

2. 技能树法

技能树法是指将企业的关键业务技能分解为各种部件和子部件，通过识别这些部件和子部件的独特性和重要性，来识别企业的核心竞争力。这种方法强调对技能细节的掌握和管理。

3. 层次分析法（AHP）

层次分析法（AHP）是指将企业的能力划分为不同层次，如基础能力、关键能力和核心能力，通过逐层分析来识别企业的核心竞争力。这种方法强调能力的层次性和因果关系。

4. 过程分析法

过程分析法是指通过分析企业价值创造过程中的关键环节和流程识别出哪些环节构成了企业的核心竞争力。这种方法注重对企业运营过程的深入剖析。

5. 其他工具

（1）雷达图分析法：通过绘制雷达图来展示企业在不同方面的能力表现，帮助企业识别出优势领域和核心竞争力。

（2）KJ法（亲和图法）：通过收集大量信息并进行分类整理，形成系统的知识网络，从而识别出企业的核心竞争力。

第三节　核心竞争力的培育

一、战略规划与核心竞争力

（一）战略定位与核心竞争力的关系

战略规划与核心竞争力之间存在着密不可分的关系。战略规划是企业为了实现长期目标而制订的一系列战略性决策和行动计划的过程，它涉及对企业内部资源和能力的评估，对外部市场环境和竞争对手的分析，以及确定战略目标和实施步骤的制定。而核心竞争力则是企业在长期发展过程中形成的，能够为企业带来持续竞争优势的独特能力或资源。

1. 相互支撑

战略定位需要基于企业的核心竞争力来制定。企业应根据自身的核心竞争力来确定在市场中的独特位置，以便更好地发挥自身优势，满足市场需求。同时，核心竞争力也需要通过战略定位来得到体现和强化。通过明确的战略定位，企业能够集中资源投入到具有竞争优势的领域，从而进一步提升自身的核心竞争力。

2. 动态调整

市场环境和竞争态势是不断变化的，因此战略定位和核心竞争力都需要进行动态调整。企业应根据市场变化和企业发展情况，及时调整战略定位，以确保与核心竞争力的匹配性。同时，企业也需要不断投入研发和创新以提升核心竞争力的水平，为战略定位的调整提供有力支撑。

3. 相互促进

战略定位与核心竞争力的匹配能够相互促进，形成良性循环。一方面，明确的战略定位能够引导企业集中资源投入到具有竞争优势的领域，从而提升核心竞争力；另一方面，强大的核心竞争力又能够为企业制定更具前瞻性和竞争力的战略定位提供有力支持。

（二）制定具有核心竞争力的战略规划

制定具有核心竞争力的战略规划是一个系统性工程，需要综合考虑企业内部资源与能力、外部环境、市场需求以及竞争态势等多个方面。以下是一个制定具有核心竞争力战略规划的详细步骤。

1. 明确企业愿景与使命

（1）确定企业愿景：企业愿景是企业未来发展的蓝图，是全体员工共同追求的长远目标。它应该具有前瞻性、激励性和可达成性，能够激发员工的积极性和创造力。

（2）明确企业使命：企业使命阐述了企业存在的根本原因和目的，是企业经营活动的根本指导方针。通过明确使命，企业可以清晰地认识到自身在社会中的角色和责任。

2. 进行内外部环境分析

（1）内部环境分析：利用SWOT分析（优势、劣势、机会、威胁）等工具，全面评估企业的内部资源和能力。识别企业的核心优势、潜在劣势，以及面临的机遇和威胁。

优势分析：找出企业在技术、市场、品牌、管理等方面的优势。

劣势分析：识别企业在资源、能力、文化等方面的不足。

机会分析：分析市场环境、技术趋势、政策变化等带来的潜在机会。

威胁分析：评估竞争对手、市场变化、政策调整等可能带来的风险和挑战。

（2）外部环境分析：通过PESTEL分析（政治、经济、社会、技术、环境、法律)等工具，了解企业所处的宏观环境。同时，利用五力模型(供应商议价能力、客户议价能力、潜在进入者威胁、替代品威胁、行业内竞争态势)等工具分析行业竞争态势。

3. 确定核心竞争力

(1)识别核心竞争力：基于内外部环境分析的结果，识别出企业的核心竞争力所在。核心竞争力可能是技术创新能力、品牌影响力、管理效率、供应链整合能力等。

(2)评估核心竞争力：对识别出的核心竞争力进行评估，确定其在行业中的优势和地位。同时，分析核心竞争力的可持续性和可发展性。

4. 制定战略规划

(1)设定战略目标：根据企业愿景、使命和核心竞争力，设定清晰、可量化的战略目标。这些目标应该与企业的长期发展愿景相一致，并具体落实到各个部门和业务领域。

(2)制定战略举措：围绕战略目标，制定具体的战略举措。这些举措应该包括技术创新、市场拓展、品牌建设、管理优化等多个方面。同时，要明确各项举措的实施路径、时间表和责任人。

(3)构建战略支撑体系：为确保战略目标的实现，企业需要构建完善的战略支撑体系。这包括组织架构调整、人才队伍建设、制度流程优化、信息化建设等多个方面。通过构建战略支撑体系，为战略实施提供有力保障。

5. 实施与监控

(1)战略实施：按照战略规划的要求，有序推进各项战略举措的实施。在实施过程中，要注重团队协作和跨部门沟通，确保各项举措的顺利推进。

(2)战略监控：建立战略监控机制，定期对战略实施情况进行评估和调整。通过收集和分析相关数据和信息，及时发现战略实施中的问题和风险，并采取相应的措施进行应对。

6. 持续优化与调整

(1)定期评估：定期对战略规划进行评估，了解战略目标的实现情况和企业的整体发展情况。通过评估结果，发现战略规划中存在的问题和不足。

(2)优化调整：根据评估结果和市场环境的变化，对战略规划进行持续优化和调整。确保战略规划能够始终与企业的实际情况和市场需求保持一致，为企业的发展提供有力支撑。

二、技术创新与核心竞争力

技术创新与核心竞争力之间存在着密不可分的关系。技术创新不仅是企业保持长久市场竞争优势的重要途径，也是企业核心竞争力的源泉和可持续发展的不竭动力。

（一）技术创新是核心竞争力的关键要素

企业是否具备创新技术往往对其发展有着决定性的作用。技术创新能够使企业在市场中脱颖而出，形成独特的竞争优势。持久的竞争优势来源于核心竞争力，而核心竞争力又来源于技术创新。技术创新能够为企业带来独特的产品或服务，满足市场需求，从而获得市场份额和利润。

（二）技术创新提升核心竞争力的具体表现

技术创新提升核心竞争力的具体表现如图4-6所示。

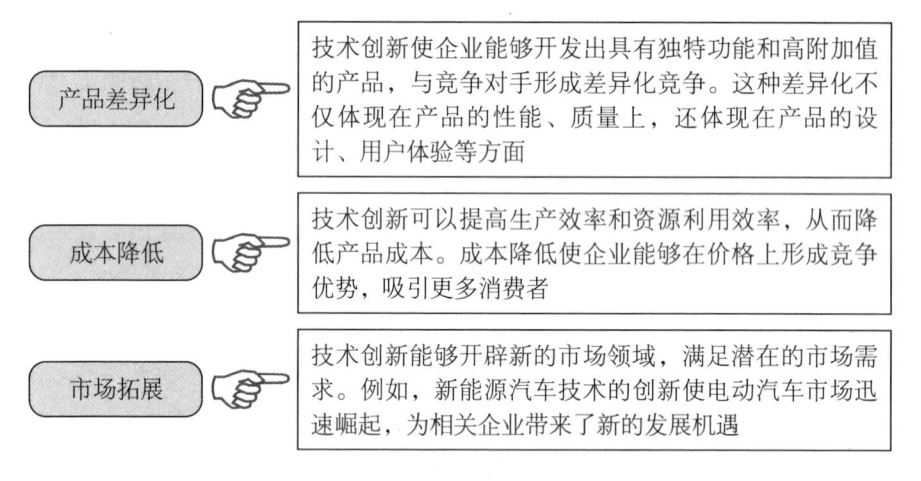

产品差异化	技术创新使企业能够开发出具有独特功能和高附加值的产品，与竞争对手形成差异化竞争。这种差异化不仅体现在产品的性能、质量上，还体现在产品的设计、用户体验等方面
成本降低	技术创新可以提高生产效率和资源利用效率，从而降低产品成本。成本降低使企业能够在价格上形成竞争优势，吸引更多消费者
市场拓展	技术创新能够开辟新的市场领域，满足潜在的市场需求。例如，新能源汽车技术的创新使电动汽车市场迅速崛起，为相关企业带来了新的发展机遇

图4-6　技术创新提升核心竞争力的具体表现

（三）技术创新与核心竞争力的相互促进

1. 核心竞争力促进技术创新

企业拥有强大的核心竞争力，意味着企业在技术、管理、品牌等方面具有优势。这些优势为技术创新提供了良好的环境和条件，使企业能够更容易地进行技术创新活动。

2. 技术创新增强核心竞争力

技术创新成果的应用和推广能够进一步巩固和提升企业的核心竞争力。例如，新技术的引入可以提高产品质量和性能，增强品牌的知名度和美誉度，从而吸引更多消费者和合作伙伴。

（四）实现技术创新与核心竞争力匹配的措施

实现技术创新与核心竞争力的匹配需要企业从多个方面入手，包括如图4-7所示的措施。通过这些措施的实施，企业可以不断提升自身的技术创新能力和核心竞争力，实现可持续发展和长期竞争优势。

- 设定技术创新目标
- 加强研发投入和人才培养
- 强化知识产权保护
- 监测和评估技术创新效果
- 制定技术创新战略
- 建立创新合作网络
- 持续优化创新流程和管理机制

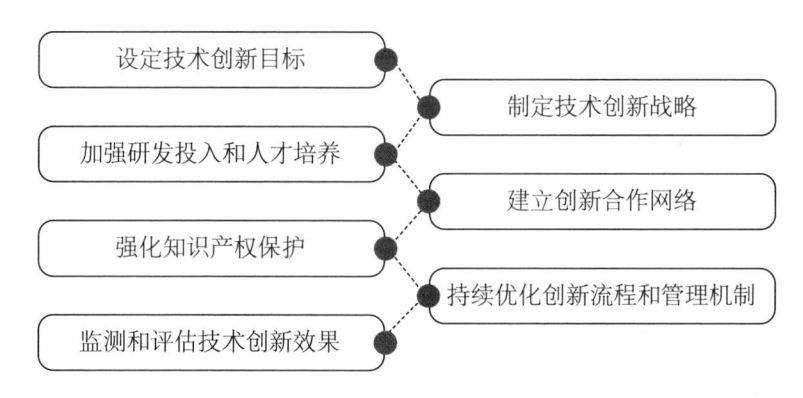

图4-7 实现技术创新与核心竞争力匹配的措施

1. 设定技术创新目标

基于核心竞争力的构成要素，企业应设定明确的技术创新目标。这些目标应与企业的长期发展战略相一致，并具体指向提升核心竞争力的关键领域。例如，如果技术是企业核心竞争力的核心要素，那么技术创新目标可能包括开发新技术、改进现有技术或提高技术应用的效率等。

2. 制定技术创新战略

为了实现技术创新目标，企业需要制定详细的技术创新战略。这包括确定技术创新的方向、重点、路径和时间表等。技术创新战略应与企业的市场定位、产品策略、组织结构等相协调，确保技术创新活动能够为企业带来实际的价值和效益。

3. 加强研发投入和人才培养

技术创新需要大量的研发投入和优秀的人才支持。企业应加大在技术研发方面的投入，建立稳定的研发资金来源和投入机制。同时，注重培养和引进高端技术人才，建立一支具有创新精神和专业能力的研发团队。通过提供良好的工作环境和激励机制，激发研发人员的创新热情和创造力。

4. 建立创新合作网络

技术创新往往不是孤立的行为，而是需要多方面的合作和支持。企业应积极建立创新合作网络，与科研机构、高校、供应商、客户等建立紧密的合作关系。通过共享资源、交流信息、协同研发等方式，共同推动技术创新和产业升级。

5. 强化知识产权保护

企业应重视知识产权的保护和管理，建立健全的知识产权管理体系。通过申请专利、商标等知识产权保护措施保护企业的技术创新成果和品牌形象。

6. 持续优化创新流程和管理机制

技术创新是一个持续的过程，需要不断优化创新流程和管理机制。企业应建立灵活高效的创新流程，确保技术创新活动能够迅速响应市场变化和客户需求。同时，加强创新管理，建立科学的决策机制和激励机制，为技术创新提供有力的制度保障。

7. 监测和评估技术创新效果

最后，企业需要定期监测和评估技术创新的效果。通过收集和分析相关数据和信息，了解技术创新对企业核心竞争力的提升作用和市场反应情况。根据评估结果，及时调整技术创新战略和计划，确保技术创新与核心竞争力的持续匹配和协同发展。

三、人才培养与核心竞争力

（一）人才培养与核心竞争力的关系

1. 独特的竞争优势

核心竞争力使企业在市场中脱颖而出，与竞争对手区分开来。而人才培养正是构建这种独特竞争优势的重要途径。通过培养具有创新思维和专业技能的人才，企业能够开发出差异化的产品或服务，满足客户的特定需求，从而赢得市场先机。

2. 可持续的竞争优势

真正的核心竞争力是难以被模仿或复制的。通过持续的人才培养，企业能够不断积累人才资源和知识资本，形成难以被超越的竞争优势。这种竞争优势能够为企业带来长期的价值和稳定的市场地位。

3. 创新和发展的基础

核心竞争力是企业创新和发展的源泉。而人才是创新的主体和动力源泉。通过培养具有创新意识和创新能力的人才，企业能够不断进行技术创新、产品升级和业务模式创新，以保持领先地位并开拓新的市场机会。

（二）人才培养的策略

人才培养的策略如表4-2所示。

表4-2　人才培养的策略

序号	策略	实施要点
1	制定人才发展战略	企业应明确自身的战略目标和人才需求，并制定相应的人才发展战略。这包括针对不同岗位和层级的核心人才进行规划和培养，确保企业在各个领域都有充足的人力资源
2	建立人才库	企业可以建立人才库，将各个岗位上的优秀人才纳入其中。通过对这些人才的持续关注和培养，企业可以确保在关键时刻有合适的人选来填补空缺
3	实施培训计划	企业应针对核心人才制订培训计划，包括内部培训、外部培训以及专业培训等。通过培训，可以提高核心人才的专业技能和管理能力，从而为企业的发展提供更强的支持
4	建立激励机制	为了留住和吸引核心人才，企业需要建立有效的激励机制。这包括提供具有竞争力的薪酬、奖金、福利以及职业发展机会等。同时，建立绩效管理体系，对核心人才的绩效进行评估和管理，以确保他们能够为企业创造价值
5	强化企业文化建设	企业文化是吸引和留住人才的重要因素之一。加强企业文化建设，营造积极向上、富有团队精神的企业氛围，有助于增强员工的归属感和忠诚度

四、管理体系与核心竞争力

（一）管理体系的定义与特点

管理体系是指为了保障公司的正常运营而建立的从上而下的组织架构、权责划分，以及与之相匹配的议事、决策和执行系统。管理体系的特点如图4-8所示。

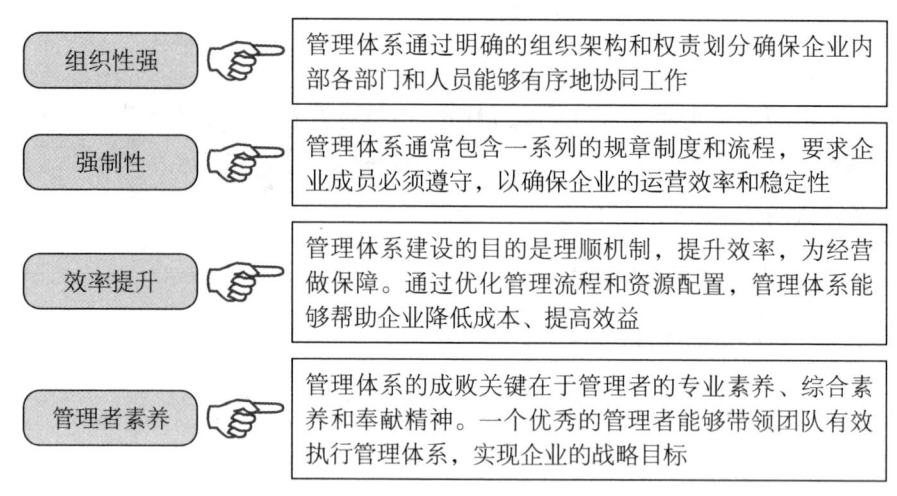

组织性强	管理体系通过明确的组织架构和权责划分确保企业内部各部门和人员能够有序地协同工作
强制性	管理体系通常包含一系列的规章制度和流程，要求企业成员必须遵守，以确保企业的运营效率和稳定性
效率提升	管理体系建设的目的是理顺机制，提升效率，为经营做保障。通过优化管理流程和资源配置，管理体系能够帮助企业降低成本、提高效益
管理者素养	管理体系的成败关键在于管理者的专业素养、综合素养和奉献精神。一个优秀的管理者能够带领团队有效执行管理体系，实现企业的战略目标

图4-8　管理体系的特点

（二）管理体系与核心竞争力的关系

1. 相互促进

管理体系的完善有助于提升企业的核心竞争力。通过优化管理流程和资源配置，管理体系能够确保企业内部的各项工作有序进行，从而提高企业的运营效率和市场响应速度。同时，核心竞争力的提升也能够为管理体系的完善提供有力支持，推动企业不断创新和发展。

2. 相互依赖

管理体系和核心竞争力是相互依赖的。没有完善的管理体系，企业就难以形成稳定的竞争优势；而没有强大的核心竞争力，管理体系也难以发挥其应有的作用。因此，企业需要同时注重管理体系和核心竞争力的建设和发展。

（三）有助于核心竞争力的管理体系建立

1. 优化组织结构设计

企业可以通过运用扁平化管理来优化组织结构。扁平化管理是一种现代企业管理模式，其核心在于通过减少管理层级、压缩职能部门和机构、裁减人员等方式，来优化企业的组织结构，从而提升企业的运营效率和竞争力。

（1）扁平化管理的主要特点。

扁平化管理的主要特点如图4-9所示。

减少管理层级	扁平化管理通过减少管理层级，缩短指挥链，使决策更加迅速和灵活。这有助于企业更快地响应市场变化，提高决策效率
扩大管理幅度	在减少管理层级的同时，扁平化管理还强调扩大管理幅度，即每个管理者能够管理更多的下属或更广泛的业务范围。这有助于提升管理者的能力和素质，同时降低管理成本
以业务流程为中心	扁平化管理以业务流程作为组织机构建立的基础，围绕业务流程进行组织结构的设置，而不是传统的以部门职能为中心。这有助于打破部门壁垒，促进部门之间的协作和沟通
分权与授权	在扁平化管理中，权力被更多地下放给基层员工和一线管理者，使他们能够更多地参与决策和管理过程。这有助于激发员工的积极性和创造力，提高组织的整体效能

图4-9 扁平化管理的主要特点

（2）扁平化管理的实施策略。

为了有效实施扁平化管理，企业需要采取表4-3所示策略。

表4-3 实施扁平化管理的策略

序号	策略	实施要点
1	明确组织目标和愿景	确保所有员工都理解并认同企业的目标和愿景，为扁平化管理的实施提供思想基础
2	优化组织结构	根据业务流程和市场需求重新设计组织结构，减少管理层级和职能部门数量
3	加强员工培训	提升员工的专业技能和综合素质，使他们能够更好地适应扁平化管理的要求
4	建立高效沟通机制	利用现代科技手段建立高效的沟通机制，确保信息在组织内部快速传递和共享
5	完善激励机制	建立合理的激励机制，激发员工的积极性和创造力，为扁平化管理的实施提供动力支持

2. 流程再造与效率提升

流程再造，也被称为业务流程重组（Business Process Reengineering，BPR），是指对企业的现有流程进行根本性的再思考和彻底性的再设计，以改善企业的成本、质量、服务和速度等关键指标。这一过程通常涉及跨职能部门的协作，以及利用先进的制造技术、信息技术和现代化管理手段来实现流程的优化和重构。流程再造与效率提升之间存在着密切的关联。流程再造作为一种管理策略，旨在通过重新设计和优化企业的业务流程，来提高运营效率、降低成本、增强竞争力，并最终实现企业的战略目标。

（1）流程再造对效率提升的作用。

流程再造对效率提升的作用如表4-4所示。

表4-4 流程再造对效率提升的作用

序号	作用	说明
1	减少冗余环节	流程再造通过识别并消除流程中的冗余步骤和无效活动，减少了不必要的资源浪费和时间消耗，从而提高了整体效率
2	优化流程设计	通过重新设计流程，使其更加合理、高效，能够更好地满足客户需求，并减少流程中的等待时间和瓶颈环节。这种优化不仅提高了流程的执行效率，还提升了企业的响应速度和客户满意度
3	提高自动化程度	借助信息技术和自动化技术，流程再造可以实现更多业务流程的自动化处理，减少人工干预和错误率，进一步提高效率和准确性
4	促进跨部门协作	流程再造强调跨职能部门的协作和沟通，打破了部门壁垒，促进了信息共享和资源整合，从而提高了整个组织的协同效率和整体效能
5	建立持续改进机制	流程再造不是一次性的活动，而是一个持续的过程。通过建立持续改进机制，企业可以不断优化和调整业务流程，以适应市场变化和客户需求的变化，保持企业的竞争力和活力

（2）实施流程再造的关键步骤。

实施流程再造的关键步骤如图4-10所示。

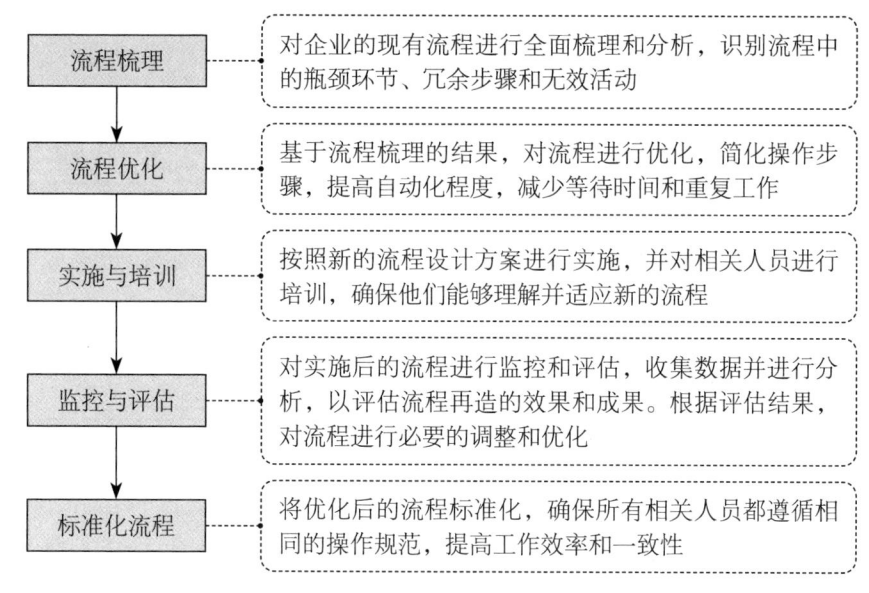

```
流程梳理 → 对企业的现有流程进行全面梳理和分析，识别流程中的瓶颈环节、冗余步骤和无效活动

流程优化 → 基于流程梳理的结果，对流程进行优化，简化操作步骤，提高自动化程度，减少等待时间和重复工作

实施与培训 → 按照新的流程设计方案进行实施，并对相关人员进行培训，确保他们能够理解并适应新的流程

监控与评估 → 对实施后的流程进行监控和评估，收集数据并进行分析，以评估流程再造的效果和成果。根据评估结果，对流程进行必要的调整和优化

标准化流程 → 将优化后的流程标准化，确保所有相关人员都遵循相同的操作规范，提高工作效率和一致性
```

图4-10 实施流程再造的关键步骤

3. 信息化管理建设

（1）信息化管理建设助力提升企业核心竞争力

信息化管理建设对于提升企业核心竞争力具有至关重要的作用。图4-11是从多个方面阐述信息化管理建设如何助力企业提升核心竞争力的详细分析。

① 优化业务流程，提高运营效率

信息化管理通过引入先进的信息技术和管理系统对企业内部的业务流程进行全面梳理和优化。通过自动化、智能化的手段，减少人工干预，降低错误率，提高处理速度，从而显著提升企业的运营效率。例如，ERP（企业资源计划）系统、CRM（客户关系管理）系统等信息化工具的应用，能够实现企业资源的集中管理和优化配置，提高资源利用效率，降低运营成本

② 加强数据分析，提升决策能力

信息化管理建设使企业能够收集、存储、处理和分析大量数据，形成有价值的信息和知识。通过对这些数据的深入分析，企业能够更准确地把握市场动态、客户需求和竞争态势，为决策提供有力支持。同时，信息化管理还能够实现数据的实时更新和共享，确保决策信息的及时性和准确性，提高决策效率和效果

3 促进创新，增强竞争力

信息化管理建设为企业创新提供了有力支撑。一方面，信息化技术的应用能够激发企业的创新活力，推动企业在产品、服务、管理等方面不断创新；另一方面，信息化管理还能够促进企业与外部环境的互动和交流，引入外部创新资源，加速企业创新步伐。通过不断创新，企业能够不断推出符合市场需求的新产品、新服务，增强市场竞争力

4 提升客户体验，增强客户黏性

信息化管理建设有助于企业更好地了解客户需求和偏好，提供更加个性化、便捷的服务。通过CRM系统等信息化工具的应用，企业能够实现对客户信息的全面管理和深度挖掘，为客户提供更加精准、高效的服务。同时，信息化管理还能够实现客户服务的全流程跟踪和反馈，及时解决客户问题，提升客户满意度和忠诚度

5 强化风险管理，保障企业稳健发展

信息化管理建设使企业能够建立更加完善的风险管理体系，实现对各类风险的实时监控和预警。通过引入先进的风险管理技术和方法，企业能够更准确地识别、评估和控制风险，降低风险发生的概率和影响程度。同时，信息化管理还能够实现对企业运营数据的全面监控和分析，及时发现潜在问题并采取措施加以解决，保障企业的稳健发展

6 推动企业文化建设，提升团队凝聚力

信息化管理建设还能够推动企业文化建设的发展。通过引入信息化技术和管理理念，企业能够形成更加开放、创新、协作的工作氛围和文化氛围。这种文化氛围有助于激发员工的积极性和创造力，提高团队凝聚力和执行力。同时，信息化管理还能够促进企业内部信息的共享和交流，增强员工之间的沟通和协作能力，为企业的发展提供有力的人才保障

图4-11 信息化管理建设于核心竞争力的作用

（2）搭建企业内部信息共享平台

企业应搭建的内部信息共享平台多种多样，这些平台旨在促进企业内部信息的流通、共享和管理，从而提高工作效率、增强团队协作和决策能力。表4-5是

一些常见的内部信息共享平台类型及其特点。

表4-5 常见的内部信息共享平台类型及其特点

平台类型	定义	特点
企业门户管理平台	门户管理平台是企业信息化管理的策略和工具，旨在为企业提供一个统一的入口，员工、合作伙伴、客户等可以访问和管理各种信息资源、应用程序和业务流程	（1）统一访问点：集中访问企业内部的各种系统和资源； （2）个性化功能：根据用户角色和需求提供个性化的工作界面； （3）集成能力：整合不同的业务系统和数据资源； （4）协作能力：促进内部团队和外部合作伙伴之间的沟通与协作； （5）安全性与可靠性：确保信息的安全传输和存储； （6）移动性：支持移动设备访问，提高工作灵活性
知识库与文档管理系统	用于集中存储、分类、检索和共享企业内部的知识、文档和资料	（1）文档分类管理：将各类文档分类别储存，便于查找和管理； （2）权限管理：设置不同用户的访问权限，确保信息的安全； （3）搜索功能：提供关键词搜索功能，快速定位所需信息； （4）版本控制：记录文档的历史版本，便于追溯和恢复
即时通信与协作平台	支持企业内部员工之间的实时通讯、文件共享、任务协作等功能	（1）实时通信：提供文字、语音、视频等多种通信方式； （2）文件共享：支持文件的上传、下载和在线编辑； （3）任务管理：分配、跟踪和管理任务进度团队协作：促进跨部门、跨地域的团队协作
业务流程管理系统（BPM）	用于设计、执行、监控和优化企业业务流程的信息化系统	（1）流程设计：提供图形化流程设计工具，简化流程设计过程； （2）流程执行：自动化执行预定义的业务流程； （3）监控与优化：实时监控流程执行情况，收集数据用于流程优化； （4）集成能力：与ERP、CRM等其他系统集成，实现数据共享和流程协同

> **提醒您**
>
> 企业应根据自己的特定需求定制开发内部信息共享平台。特点包括高度的灵活性、针对性和可扩展性。

五、供应链与核心竞争力

有效的供应链管理可以降低成本、提高效率，进而提升企业的核心竞争力。企业应优化供应商选择和管理，确保原材料和零部件的质量和供应稳定。同时，通过信息化和智能化手段提高供应链的透明度和协同性，降低库存和物流成本。

（一）供应链助力企业提升核心竞争力的表现

供应链在助力企业核心竞争力方面扮演着至关重要的角色。图4-12从多个方面详细阐述供应链如何助力企业提升核心竞争力。

降低成本 → 提高响应速度 → 增强市场预测和反应能力 → 提升产品质量和服务水平 → 构建竞争优势 → 推动创新与发展

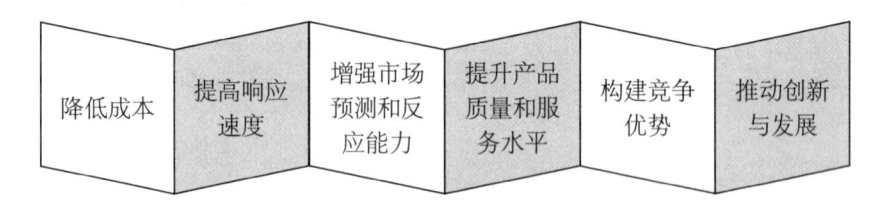

图4-12 供应链助力企业提升核心竞争力的表现

1. 降低成本

企业通过供应链管理可以在表4-6所示三个方面降低成本。

表4-6 供应链管理有助于降低成本

序号	成本项目	说明
1	采购成本	通过供应链的整合，企业能够与更多优质供应商建立长期合作关系，实现大规模采购，从而获得价格优惠，降低采购成本
2	库存成本	供应链的优化使得企业能够实现"云仓发货"，减少自建仓库的需求，降低库存成本。同时，通过精准的需求预测和库存管理，减少库存积压和浪费，提高资金周转率
3	销售成本	供应链的整合减少了中间环节，如供应商、制造商、分销商之间的交易成本，使得销售渠道更加直接和高效，从而降低销售成本

2. 提高响应速度

供应链系统能够实时收集和分析市场数据，快速响应市场变化，调整生产计划和产品策略，以满足消费者多样化的需求。同时，企业通过优化供应链的各个环节，如原材料采购、生产加工、物流配送等，缩短产品从生产到交付的时间，提高客户满意度。

3. 增强市场预测和反应能力

供应链系统能够整合销售数据、市场趋势、消费者行为等多方面的信息，进行精准的市场需求预测，为企业制订生产计划和市场策略提供有力支持。供应链系统根据市场需求的变化，能够灵活调整生产计划，避免产能过剩或短缺的情况发生，保持生产的稳定性和高效性。

4. 提升产品质量和服务水平

供应链系统能够对原材料、生产加工、产品检验等各个环节进行严格的质量控制，确保产品质量的稳定性和可靠性。提通过供应链的协同管理，企业能够提供更加快速、更加准确的物流配送服务，以及更完善的售后服务，提升客户满意度和忠诚度。

5. 构建竞争优势

通过供应链的整合和优化，企业能够在产品设计、生产制造、物流配送等方面形成独特的竞争优势，与竞争对手区分开来。同时，供应链系统能够帮助企业更好地应对市场风险、供应链风险等挑战，通过多元化供应商、灵活的生产计划等手段降低风险影响。

6. 推动创新与发展

供应链系统能够为企业引入更多的创新元素和先进技术，推动企业在产品研发、生产制造等方面的技术创新。随着供应链的不断优化和拓展，企业能够更好地开拓新市场、新业务领域，实现业务的快速增长和可持续发展。

（二）供应链管理的关键步骤和要点

企业进行供应链管理以助力核心竞争力，是一个系统而复杂的过程，涉及多个方面的策略和措施。表4-7为供应链管理的一些关键步骤和要点。

表4-7 供应链管理的关键步骤和要点

序号	步骤	实施要点
1	建立战略性合作关系	（1）与供应商建立长期合作：选择可靠的供应商，建立长期稳定的战略合作关系。通过共享信息、技术和资源，实现互利共赢，提高供应链的整体效能； （2）强化供应商管理：建立供应商评估和考核机制，加强对供应商的监督和管理。与供应商共同开展新产品研发，提高产品质量和创新能力
2	优化供应链结构	（1）整合供应链资源：对供应链中的各个环节进行梳理和整合，确保供应链的高效运作。通过减少中间环节，降低交易成本，提高整体效率； （2）多元化供应商选择：建立多元化的供应商网络，减少对单一供应商的依赖，降低因供应商单一故障引起的风险
3	实施先进的物流管理系统	（1）精确掌握物流信息：采用先进的物流管理系统，实时跟踪物流信息，确保产品的准时交付； （2）降低库存成本和运输成本：通过合理的配送策略和库存控制，减少库存积压和运输成本，提高资金周转率
4	加强需求管理	（1）精准预测市场需求：利用大数据分析和人工智能技术，对市场需求进行精准预测，为生产计划和采购策略提供有力支持； （2）灵活调整供应链计划：与销售、市场部门紧密协作，根据市场需求的变化，灵活调整供应链计划，确保产品供应的及时性和准确性
5	引入先进的信息技术系统	（1）实现信息共享和协同：引入ERP系统或其他先进的信息技术系统，实现供应链各个环节的信息共享和协同，提高供应链的透明度和信息流通效率； （2）利用大数据分析：通过大数据分析，快速获取市场动态和消费者行为信息，为企业的决策提供有力支持
6	注重供应链的灵活性和适应性	（1）快速应对市场变化：建立灵活的供应链体系能够快速应对市场和环境的变化，调整生产计划和产品策略； （2）提升风险应对能力：通过多元化供应商选择、建立应急响应机制等手段，提升供应链的风险应对能力
7	加强供应链中各环节的协同	（1）实现资源共享和风险共担：通过加强供应链中各环节的协同，实现资源共享和风险共担，提高整个供应链的竞争力； （2）建立互信协作的关系：签订相关的合作协议，建立更加互信协作的关系，避免后期可能会产生的争议与问题

六、品牌建设与核心竞争力

品牌是企业的无形资产，也是核心竞争力的重要组成部分。企业应注重品牌形象的塑造和维护，提升品牌知名度和美誉度。通过提供优质的产品和服务以及有效的品牌营销手段赢得消费者的信任和支持。

（一）品牌建设对于核心竞争力形成的作用

品牌建设对于核心竞争力的形成具有至关重要的作用。以下是品牌建设如何助力核心竞争力形成的几个关键方面。

1. 增强品牌识别度与忠诚度

一个强大的品牌能够迅速在消费者心中建立独特的识别度，使产品与竞争对手区分开来。这种识别度不仅基于产品的物理特性，更包括品牌所传递的价值观、文化和社会责任。当消费者对品牌产生认同感时，他们会倾向于重复购买，形成品牌忠诚度，这是企业长期发展的基石。

2. 提升产品附加值

品牌不仅仅是一个名称或标志，它还代表了产品的质量、性能和服务水平。通过品牌建设，企业可以赋予产品更高的附加值，使消费者愿意支付更高的价格。这种溢价能力是企业核心竞争力的重要组成部分，它反映了品牌在市场上的独特地位和消费者对其价值的认可。

3. 促进市场扩张与多元化

强大的品牌具有强大的市场号召力，能够吸引更多的消费者和合作伙伴。这有助于企业快速进入新市场，扩大市场份额。同时，品牌也是企业进行产品多元化和业务拓展的重要资产。通过品牌延伸和跨界合作，企业可以探索新的增长点，进一步提升核心竞争力。

4. 构建竞争壁垒

品牌建设是一个长期的过程，需要企业持续投入资源和精力。一旦品牌在市场上建立起稳固的地位，就会形成一定的竞争壁垒，阻止竞争对手轻易进入市场或夺取市场份额。这种壁垒不仅来自消费者对品牌的忠诚度和认同感，还来自品牌所积累的知识产权、技术专利和渠道资源等。

5. 提升企业形象与信誉

品牌是企业形象的重要载体，它反映了企业的价值观、文化和社会责任。通过品牌建设，企业可以向社会传递积极、正面的信息，提升企业的知名度和美誉度。这种良好的企业形象和信誉有助于企业赢得消费者的信任和支持,从而进一步巩固和提升核心竞争力。

(二) 进行品牌建设以提升核心竞争力的步骤和方法

企业进行品牌建设以提升核心竞争力是一个系统而复杂的过程,涉及多个方面的策略和措施。表4-8是一些品牌建设以提升核心竞争力的关键步骤和方法。

表4-8　提升核心竞争力的品牌建设步骤和方法

序号	步骤	实施要点
1	明确品牌定位和核心价值	(1) 市场调研:深入了解目标市场和消费者需求,包括他们的喜好、购买习惯、价值观念等; (2) 差异化定位:与竞争对手进行差异化定位,明确自身品牌在市场中的独特位置和价值主张; (3) 核心价值提炼:提炼出品牌的核心价值观,这将是品牌传播和消费者认知的基石
2	建立独特而有吸引力的品牌形象	(1) 视觉识别系统:设计具有辨识度的标志、色彩、字体等视觉元素,形成统一的品牌形象; (2) 品牌故事:通过品牌故事传递品牌的文化、历史和价值观,增强品牌的情感连接; (3) 一致性传播:确保在所有传播渠道和媒介中,品牌形象的一致性和连贯性
3	提供优质的产品或服务	(1) 质量把控:确保产品或服务的高质量,满足甚至超越消费者的期望; (2) 持续创新:不断推出新产品或改进现有产品,保持品牌的活力和竞争力; (3) 客户体验:优化客户体验,包括售前咨询、售中服务和售后支持等各个环节
4	有效的品牌传播和宣传	(1) 多渠道传播:利用广告、公关、社交媒体等多种渠道进行品牌传播,扩大品牌知名度; (2) 内容营销:通过高质量的内容营销,如博客文章、视频教程、社交媒体帖子等,建立品牌权威性和信任度; (3) KOL (Key Opinion Leader) 合作:与行业内的意见领袖或网红进行合作,通过他们的影响力来推广品牌
5	品牌忠诚度的建立与维护	(1) 顾客关系管理:建立有效的顾客关系管理系统,收集和分析顾客数据,了解他们的需求和反馈; (2) 会员制度:推出会员制度,为忠实顾客提供优惠和专属服务,增强他们的品牌忠诚度; (3) 售后服务:提供优质的售后服务,及时解决顾客的问题和投诉,维护品牌形象和口碑

续表

序号	步骤	实施要点
6	持续监测和优化	（1）品牌监测：定期监测品牌在市场中的表现和消费者反馈，及时发现问题和改进机会； （2）数据分析：利用数据分析工具和方法，对品牌传播效果进行评估和优化； （3）策略调整：根据市场变化和消费者需求的变化，及时调整品牌策略和传播计划
7	培养品牌文化和价值观	（1）内部传播：在企业内部传播品牌文化和价值观，确保所有员工都理解和认同品牌的核心价值； （2）员工参与：鼓励员工积极参与品牌建设活动，如品牌大使计划等，增强员工的归属感和自豪感； （3）社会责任：积极履行社会责任，参与公益活动和社会事业，提升品牌形象和社会声誉

七、市场营销与核心竞争力

市场营销是企业与消费者之间的桥梁，也是打造核心竞争力的关键环节。企业应制定有效的营销策略，通过多种渠道进行产品推广和品牌宣传。了解市场需求和消费者心理，运用创新的营销手段吸引目标客户，提高市场份额。

（一）市场营销对核心竞争力的推动作用

市场营销通过市场洞察、品牌建设、客户关系管理、渠道拓展与分销以及营销组合策略的制定和实施等方面推动核心竞争力的形成和提升。

1. 市场洞察与定位

市场营销通过深入的市场调研和分析，帮助企业准确了解目标市场、消费者需求以及竞争对手情况，从而为企业制定差异化的市场定位策略提供依据。这种精准的市场定位有助于企业形成独特的竞争优势，提升核心竞争力。

2. 品牌建设

品牌是企业核心竞争力的重要组成部分。市场营销通过品牌建设活动，如品牌策划、品牌传播、品牌维护等，提升品牌知名度和美誉度，增强消费者对品牌的认知和信任。一个强大的品牌能够为企业带来稳定的客户群体和市场份额，从而提升企业的核心竞争力。

3. 客户关系管理

市场营销强调以客户为中心,通过客户关系管理(CRM)系统,企业可以深入了解客户的需求和偏好,提供个性化的产品和服务,增强客户满意度和忠诚度。良好的客户关系管理有助于企业建立稳定的客户群体,形成长期的竞争优势。

4. 渠道拓展与分销

市场营销还涉及渠道拓展和分销策略的制定。通过选择合适的分销渠道和合作伙伴,企业可以更有效地将产品或服务推向市场,覆盖更广泛的消费者群体。这种渠道优势有助于企业提高市场份额和销售额,进而提升核心竞争力。

5. 营销组合策略

市场营销中的4P(产品、价格、渠道、促销)或7P(产品、价格、渠道、促销、人员、过程、物理环境)等营销组合策略,有助于企业全面规划营销活动,确保各项策略之间的协调一致。通过优化这些策略,企业可以更有效地满足市场需求,提升品牌影响力和市场竞争力。

(二)通过市场营销来提升核心竞争力的措施

企业应通过明确市场定位、制定有效的市场营销策略、加强品牌建设与传播、优化客户关系管理以及持续市场响应等措施可以显著提升自身的核心竞争力。这些措施相互关联、相互促进共同构成了企业提升核心竞争力的完整体系。

1. 明确市场定位与目标市场

首先,企业需要进行全面而深入的市场调研,了解目标市场的需求、消费者偏好、竞争对手状况以及市场趋势。这有助于企业明确自身的市场定位,找到差异化的竞争优势。

在市场调研的基础上,企业应选择与自身特点和竞争优势相匹配的目标市场。通过精准的目标市场选择,企业可以集中有限的资源和精力,提高市场覆盖效果。

2. 制定有效的市场营销策略

企业应制定有效的市场营销策略来提升核心竞争力,如表4-9所示。

表4-9 有效的市场营销策略

序号	策略	实施要点
1	产品策略	（1）差异化产品：企业应通过产品研发、设计和创新，使产品具有独特的特点和优势，以满足目标市场的需求，并与竞争对手形成差异化； （2）质量与服务：关注产品的质量和服务，提高客户体验和满意度，从而提升企业的市场占有率
2	价格策略	根据市场需求、产品成本、竞争对手价格等因素，制定合理的定价策略，确保产品价格具有竞争力，同时保证企业的盈利空间
3	渠道策略	选择合适的分销渠道和合作伙伴，确保产品能够顺畅地到达目标市场。同时，积极拓展线上渠道，利用互联网和社交媒体等新兴平台扩大品牌影响力
4	推广策略	（1）广告宣传：通过电视、广播、网络等多种媒体进行广告宣传，提高品牌知名度和曝光度； （2）公关活动：组织或参与各类公关活动，如新品发布会、行业展会等，增强品牌影响力和美誉度； （3）促销活动：利用节假日、特殊事件等时机开展促销活动，吸引消费者购买，提高市场份额

3. 加强品牌建设与传播

企业可以通过品牌策划、品牌设计等手段塑造独特的品牌形象，提升品牌的辨识度和美誉度。并利用多种传播渠道和方式，如广告、公关、社交媒体等，将品牌形象和价值观传递给目标消费者。同时，企业应建立品牌危机管理机制，及时应对品牌危机事件，保护品牌形象不受损害。

4. 优化客户关系管理

企业可以利用CRM系统收集和分析客户数据，了解客户的购买行为和偏好，为精准营销提供依据。同时，根据客户需求提供个性化的产品和服务，增强客户体验和满意度。还需要通过会员制度、积分兑换、客户关怀等方式培养客户忠诚度，提高客户留存率和复购率。

5. 持续市场响应

企业应密切关注市场动态和消费者需求变化，及时调整市场营销策略和产品策略以应对市场变化。

八、企业文化与核心竞争力

企业文化是企业持续发展的重要动力源泉。一个优秀的企业文化能够激发员工的积极性和创造力，提高企业的凝聚力和向心力，为企业的发展提供强大的精神支持和动力保障。同时，企业文化也是企业区别于其他竞争对手的重要标志之一，它能够帮助企业塑造独特的品牌形象和市场地位。

（一）企业文化对核心竞争力的影响

企业文化对核心竞争力的影响作用如图4-13所示。

导向作用	企业文化能够引导企业的战略方向和经营行为，使企业在激烈的市场竞争中保持明确的定位和清晰的目标。这种导向作用有助于企业集中资源和精力，培育和提升核心竞争力
凝聚作用	企业文化能够增强员工的归属感和认同感，促进员工之间的团结协作，形成强大的凝聚力和向心力。这种凝聚力能够激发员工的积极性和创造力，为企业核心竞争力的提升提供源源不断的动力
约束作用	企业文化中的规章制度、道德规范等能够约束员工的行为，确保企业的正常运营和健康发展。这种约束作用有助于企业建立良好的市场秩序和品牌形象，提升企业的核心竞争力
激励作用	企业文化中的激励机制能够激发员工的潜能和创造力，使员工在工作中不断追求卓越和完美。这种激励作用有助于企业不断创新和改进，提升产品和服务的质量，从而增强企业的核心竞争力

图4-13　企业文化对核心竞争力的影响作用

（二）形成企业文化的关键步骤和方法

企业通过形成企业文化来提升核心竞争力是一个复杂而持续的过程，涉及多个方面的努力和策略。表4-10是一些关键步骤和方法。

表4-10　形成企业文化的关键步骤和方法

序号	步骤和方法	实施要点
1	明确企业愿景和使命	（1）建立清晰的企业愿景：企业愿景定义了企业的长远目标和追求，是企业文化的基础。一个清晰、具有吸引力的愿景能够激励员工共同努力，为实现企业目标而奋斗； （2）确立企业使命：企业使命阐述了企业存在的根本原因和核心价值，指导企业在日常经营中的决策和行为。通过明确使命，企业可以确保所有活动都围绕核心目标展开
2	创造支持学习和发展的环境	（1）提供持续的学习机会：企业应为员工提供丰富的培训和发展资源，包括内部培训、外部课程、在线学习平台等。这不仅有助于提升员工的专业技能，还能增强员工的归属感和忠诚度； （2）鼓励创新思维：企业应建立一种鼓励创新的文化氛围，鼓励员工提出新想法、新方案，并为其提供实践的机会和资源。创新是企业保持竞争力的关键
3	推行公平的人力资源管理策略	（1）实施公平的招聘和晋升机制：企业应确保招聘和晋升过程公开、透明、公正，避免任何形式的歧视和偏见。这有助于吸引和留住优秀人才； （2）建立有效的激励机制：通过设立合理的薪酬体系、绩效奖金、股权激励等激励措施，激发员工的积极性和创造力。同时，关注员工的职业发展路径，为其提供明确的晋升通道
4	树立以客户为中心的价值观	（1）关注客户需求：企业应深入了解客户需求和市场变化，及时调整产品和服务策略以满足客户需求。通过提供高质量的产品和服务，赢得客户的信任和忠诚； （2）强化客户服务意识：在企业文化中融入客户服务意识，确保每个员工都了解并认同这一价值观。通过培训和教育，提高员工的服务水平和客户满意度
5	推动创新和改变	（1）建立创新机制：企业应建立一套完善的创新机制，包括创新奖励制度、创新项目孵化器等。通过激发员工的创新精神和创造力，推动企业在产品、技术、管理等方面的创新； （2）适应市场变化：在快速变化的市场环境中，企业需要保持敏锐的洞察力，及时捕捉市场趋势和变化。通过不断调整和优化企业战略和业务模式，保持企业的竞争力和市场地位
6	强化团队协作和沟通	（1）建立高效的团队协作机制：通过跨部门协作、团队项目等方式，加强员工之间的沟通和合作。这有助于提高团队的整体绩效和创新能力； （2）加强内部沟通：企业应建立畅通的内部沟通渠道，确保信息在各部门和员工之间顺畅传递。通过定期会议、内部通讯等方式，增强员工的归属感和团队精神

第四节 核心竞争力的维护

随着经济全球化和技术进步的加速，市场环境日新月异，竞争态势瞬息万变。企业若不能及时调整和维护自身的核心竞争力很容易在激烈的市场竞争中失去优势地位。

一、核心竞争力衰退的原因

核心竞争力衰退的原因是多方面的，表4-11是主要的原因分析。

表4-11 核心竞争力衰退的原因

序号	原因	原因说明
1	核心竞争力携带者的流失	核心竞争力携带者是指体现和掌握核心竞争力的技术人员或管理人员，他们在企业核心竞争力的建立过程中起着中流砥柱的作用。一旦这些关键人员离开企业，可能会带走企业的关键技术、管理方法或客户资源，导致企业核心竞争力的显著削弱
2	与其他企业的合作与竞争	（1）合作中的扩散：企业在与其他企业合作时，为了共同目标，可能会共享一些核心技术或信息，这可能导致企业的核心竞争力在无形中扩散，被合作伙伴或竞争对手所学习和模仿； （2）竞争中的追赶：在激烈的市场竞争中，竞争对手可能通过研发投入、人才引进等方式，逐步缩小与企业在核心竞争力方面的差距，甚至在某些领域实现超越
3	战略失误与过度扩张	（1）盲目追逐热门产业：企业如果盲目追逐热门产业或热点地区，可能会忽略自身的核心专长和优势，导致资源分散，核心竞争力无法得到有效提升； （2）过度低成本扩张：企业过快、过度地进行低成本并购和扩张，可能会将自身的核心能力（如技术、品牌、管理等）过度稀释，从而削弱核心竞争力
4	成功经验的固化与保守	一些企业可能过于依赖过去的成功经验，将一时的成功固化为教条，缺乏创新精神和市场应变能力。这种保守心态会导致企业在面对市场变化时反应迟钝，无法及时调整策略以保持核心竞争力

续表

序号	原因	原因说明
5	关键要素的流失	除了人员流失外，企业还可能面临其他关键要素的流失，如核心技术、业务骨干、核心经营管理方法、核心价值观等。这些要素的流失会严重影响企业的正常运营和发展，导致核心竞争力的衰退
6	管理体系的缺陷	（1）管理层的决策失误：如果企业管理层在战略制定、资源配置等方面出现失误，可能会导致企业整体发展受阻，进而影响核心竞争力的提升； （2）缺乏高效的管理体系：没有建立完善的管理体系，企业可能无法有效整合内部资源，优化流程，提高运营效率，从而影响核心竞争力的形成和保持
7	外部环境的变化	（1）市场需求的变化：随着消费者需求的变化和升级，企业可能需要不断创新和调整产品或服务以满足市场需求。如果企业无法及时响应这些变化，可能会导致市场份额的下降和核心竞争力的衰退； （2）政策法规的变化：政策法规的变化可能对企业的经营活动产生重大影响，如果企业无法适应这些变化或及时调整策略，可能会导致核心竞争力的下降

综上所述，核心竞争力衰退的原因是多方面的，企业需要全面审视自身的发展状况和市场环境，采取有针对性的措施来保持和提升核心竞争力。

二、核心竞争力维护的策略与措施

核心竞争力维护的策略与措施主要包括持续创新保持领先、多元化战略分散风险以及资源整合与协同效应等方面。

（一）持续创新保持领先

企业应保持对新技术、新市场和新模式的敏感度，不断进行创新以适应市场变化。通过创新，企业可以不断提升自身核心竞争力。企业通过技术创新、产品创新、商业模式创新以及组织与文化创新等多方面的努力（表4-12）。可以持续保持领先地位并应对市场挑战。

表4-12 持续创新的四大方面

序号	创新策略	实施要点
1	技术创新	（1）研发投入：企业应持续增加在技术研发方面的投入，确保有足够的资金和资源支持创新活动。这包括建立专门的研发部门，招聘顶尖的技术人才，以及与高校、研究机构等建立合作关系，共同推动技术创新； （2）技术前瞻：企业应密切关注行业技术发展趋势，提前布局前沿技术。通过技术前瞻，企业可以把握技术变革的先机，从而在产品、服务或商业模式上实现突破，保持竞争优势； （3）知识产权保护：企业应注重知识产权的申请和保护，确保创新成果得到法律保障。这不仅可以防止技术泄露和侵权，还可以为企业带来额外的经济收益和市场竞争力
2	产品创新	（1）产品迭代：企业应不断对产品进行迭代升级，以满足市场变化和消费者需求。通过引入新技术、新材料或新工艺，企业可以提升产品的性能和品质，增强产品的市场竞争力； （2）定制化产品：随着消费者需求的多样化，企业应提供定制化产品服务。通过深入了解消费者需求，企业可以开发出符合个性化需求的产品，从而提升消费者满意度和忠诚度； （3）跨界融合：企业可以尝试将不同领域的技术或产品进行跨界融合，创造出具有颠覆性的新产品。这种跨界融合不仅可以为企业带来新的增长点，还可以拓宽企业的业务范围和市场空间
3	商业模式创新	（1）数字化转型：企业应加快数字化转型步伐，利用大数据、云计算、人工智能等先进技术优化业务流程、提升运营效率。通过数字化转型，企业可以实现精细化管理、精准营销和个性化服务，从而提升市场竞争力； （2）平台化运营：企业可以打造自己的平台或利用第三方平台进行运营。通过平台化运营，企业可以整合上下游资源、拓展市场渠道、提升品牌影响力。同时，平台化运营还可以为企业带来更多的数据资源和用户反馈，为持续创新提供有力支持； （3）共享经济模式：企业可以尝试引入共享经济模式，通过共享资源、降低成本、提高资源利用效率来增强竞争力。例如，企业可以推出共享经济产品、建立共享服务平台或参与共享经济生态等
4	组织与文化创新	（1）创新文化：企业应建立鼓励创新的企业文化氛围。通过设立创新奖励机制、举办创新竞赛或建立创新实验室等方式，激发员工的创新热情和创造力。同时，企业还应注重培养员工的创新意识和能力，为持续创新提供人才保障； （2）灵活组织：企业应建立灵活的组织架构和决策机制，以便快速响应市场变化和客户需求。通过扁平化管理、跨部门协作和快速决策等方式，企业可以提高运营效率和市场反应速度，从而保持竞争优势

（二）多元化战略分散风险

多元化战略的主要目的之一是降低经营风险。通过将资源分散到不同的业务领域或市场，企业可以减少对单一业务或市场的依赖，从而在市场波动或行业变革时保持稳健。

1. 多元化的领域

（1）业务领域多元化

在保持主营业务稳定发展的基础上，积极探索新的业务领域和市场机会。通过多元化经营，降低对单一业务的依赖程度，分散经营风险。

选择具有潜力和互补性的新业务领域进行拓展，实现资源共享和协同效应。

（2）市场地域多元化

拓展国内外市场，实现市场地域的多元化布局。通过在不同地区开展业务，降低对单一市场的依赖程度，增强企业的抗风险能力。

针对不同地区的市场特点和消费者需求，制定差异化的市场策略和产品策略。

2. 选择合适的多元化领域

（1）相关性多元化：企业可以选择与现有业务相关的新领域进行拓展，这样可以利用现有的技术、资源和管理经验，降低进入新领域的成本和风险。同时，相关性多元化也有助于企业在新领域中迅速建立竞争优势。

（2）非相关性多元化：为了更全面地分散风险，企业也可以考虑进入与现有业务无直接关联的新领域。这种多元化虽然风险较高，但有可能为企业带来新的增长点。然而，企业需要谨慎评估自身能力和资源，确保能够胜任新领域的竞争。

（三）资源整合与协同效应

1. 内部资源整合

对企业内部的各种资源进行梳理和整合，包括人力资源、财务资源、技术资源等。通过优化资源配置，提高资源使用效率，降低成本。加强各部门之间的沟通与协作，打破部门壁垒，实现信息共享和资源整合。

2. 外部资源合作

企业应与供应商、客户、合作伙伴等建立长期稳定的合作关系，实现资源共享和优势互补。通过合作创新、联合研发等方式，共同提升竞争力。企业应积极参与行业协会、标准制定组织等外部机构的活动，了解行业动态和趋势，为企业发展争取更多的资源和支持。

3. 协同效应发挥

企业应通过协同效应的发挥，实现不同业务、不同部门之间的相互促进和共同发展。例如，通过交叉销售、联合营销等方式，提升整体业绩和市场占有率。

企业应建立有效的监控机制，及时了解协同效应的发挥情况，并根据市场变化和企业发展需求进行调整和优化。

综上所述，核心竞争力维护的策略与措施需要企业在持续创新、多元化战略和资源整合与协同效应等方面不断努力。通过这些措施的实施，企业可以不断提升自身的竞争力和抗风险能力，实现可持续发展。

三、核心竞争力保护的法律手段

核心竞争力保护的法律手段主要包括以下几个方面。

（一）知识产权法律保护

1. 专利保护

专利法为企业提供了对其发明创造（包括产品、方法或改进等）的独占权。企业应及时对新产品、新技术等创新成果申请专利保护，以防止他人模仿或侵权。

专利保护有助于企业在市场上形成技术壁垒，保持技术领先地位，从而维护其核心竞争力。壁垒，保持技术领先地位，从而维护其核心竞争力。

2. 商标保护

商标是企业的重要标识，承载着企业的商誉和品牌价值。企业应注册并使用自己的商标，防止他人抢注或侵权。

商标保护有助于企业在消费者心中树立品牌形象，增强品牌忠诚度，从而维护其市场地位和核心竞争力。

3. 著作权保护

对于原创的文学、艺术和科学作品（如软件、设计图纸等），企业应依法登记版权，防止他人非法复制、发行或改编。

著作权保护有助于保护企业的创新成果和知识产权，防止侵权行为对其核心竞争力造成损害。

（二）商业秘密保护

商业秘密是企业的核心机密，包括技术信息、经营信息等不为公众所知悉、具有商业价值并经权利人采取保密措施的信息。

企业应建立完善的商业秘密保护制度，包括与员工签订保密协议、建立保密制度等，以防止商业秘密被泄露或侵权。

根据《中华人民共和国反不正当竞争法》等相关法律法规，企业可以追究侵犯其商业秘密的法律责任，维护自身权益。

（三）合同保护

企业可以通过与合作伙伴、供应商、客户等签订保密合同或合作协议，明确双方的权利和义务，防止核心技术或敏感信息被泄露。

合同保护有助于企业在合作过程中保持对关键资源和信息的控制，从而维护其核心竞争力。

（四）法律诉讼与维权

当企业的核心竞争力受到侵害时，企业可以通过法律诉讼等手段维护自身权益。这包括向侵权人提起民事诉讼、请求法院判令停止侵害并赔偿损失等。

同时，企业也可以向相关行政机关举报侵权行为，追究侵权人的行政责任；在侵权情节严重时，还可以向公安机关报案，追究侵权人的刑事责任。

（五）反垄断合规管理

虽然《中华人民共和国反垄断》法主要关注的是防止市场垄断和不正当竞争行为，但企业通过遵守反垄断法律法规、建立健全反垄断合规管理制度，可以避免因违法行为导致的市场地位下降和核心竞争力受损。

国务院反垄断反不正当竞争委员会颁布的新修订的《经营者反垄断合规指南》等文件，为企业提供了详细的反垄断合规管理指引和激励措施，有助于企业更好地遵守法律法规并维护自身核心竞争力。

第五节　面向未来的核心竞争力构建

面向未来的核心竞争力构建是一个多维度、持续性的战略过程，旨在确保企业在快速变化的市场环境中保持领先地位。企业可以通过数字化转型、智能化升级、发展绿色经济和循环经济来构建面向未来的核心竞争力。

一、数字化转型

数字化转型对企业核心竞争力的构建具有重要作用。通过提升运营效率、增强创新能力、优化客户体验、构建风险管理体系以及推动企业文化与组织变革等方面的努力，企业可以在激烈的市场竞争中保持领先地位并实现可持续发展。

数字化转型与核心竞争力构建之间存在着紧密的联系。数字化转型是指企业利用数字技术（如大数据、云计算、物联网、人工智能等）来改变其业务模式、运营流程、组织架构和文化，以适应快速变化的市场环境，并提升企业的竞争力和可持续发展能力。表4-13为数字化转型助力企业构建核心竞争力的措施。

表4-13 数字化转型助力企业构建核心竞争力的措施

序号	措施	实施要点
1	提升运营效率	（1）流程优化：通过数字化转型，企业可以重新设计和优化业务流程，消除冗余环节，提高业务处理速度和效率。例如，采用ERP（企业资源计划）系统可以实现各部门之间的数据共享和协同工作，减少信息孤岛和重复劳动； （2）自动化与智能化：引入自动化设备和智能系统可以替代部分人工操作，降低人力成本，同时提高生产效率和准确性。例如，在制造业中，智能机器人和自动化生产线可以24小时不间断工作，减少人为错误和停机时间； （3）实时数据分析：数字化转型使企业能够实时收集和分析业务数据，为决策提供及时准确的信息支持。通过数据分析，企业可以发现运营中的问题和瓶颈，并采取有效措施进行改进
2	增强创新能力	（1）数据驱动的产品创新：数字化转型使企业能够更深入地了解客户需求和市场趋势，从而开发出更符合市场需求的产品和服务。通过大数据分析，企业可以发现新的市场机会和潜在需求，为产品创新提供方向； （2）跨界融合与协同创新：数字化转型促进了不同行业之间的跨界融合和协同创新。企业可以通过与上下游企业、科研机构、高校等建立合作关系，共同研发新技术、新产品和新服务，实现资源共享和优势互补； （3）快速迭代与试错：数字化转型降低了企业试错的成本和时间。企业可以通过快速迭代和持续优化的方式，不断试验新产品、新服务和新业务模式，从而加速创新进程
3	优化客户体验	（1）个性化服务：数字化转型使企业能够更准确地了解客户需求和偏好，从而提供更加个性化、定制化的产品和服务。通过客户画像和数据分析，企业可以为客户量身定制产品和服务方案，提高客户满意度和忠诚度；

续表

序号	措施	实施要点
3	优化客户体验	（2）多渠道互动：数字化转型使企业能够通过多种渠道与客户进行互动和沟通，包括社交媒体、在线客服、APP等。这种多渠道互动方式使客户能够随时随地获取产品和服务信息，提高客户体验和便捷性； （3）智能化客服：引入智能客服系统可以提高客户服务的效率和准确性。智能客服系统可以自动回复客户咨询、解答常见问题并提供个性化建议，从而减轻人工客服的负担并提高客户满意度
4	构建风险管理体系	（1）智能风控：数字化转型使企业能够利用大数据和人工智能技术构建智能风控体系。通过实时数据分析和模型预测，企业可以及时发现和防范潜在风险，降低业务风险和管理成本； （2）合规管理：数字化转型有助于企业加强合规管理。通过引入合规管理系统和工具，企业可以确保业务活动符合法律法规要求，降低合规风险
5	推动企业文化与组织变革	（1）创新文化：数字化转型需要企业具备开放、创新的文化氛围。企业需要鼓励员工勇于尝试新事物、接受新思想和新方法，从而激发员工的创新精神和创造力； （2）扁平化管理：数字化转型有助于企业推动扁平化管理。通过打破传统层级壁垒、建立跨部门协作机制等方式，企业可以提高决策效率和响应速度，更好地适应市场变化

二、智能化升级

智能化升级是数字化转型的高级阶段，是指企业通过应用先进的信息技术和智能技术，对现有业务流程、组织结构、产品和服务进行系统性的改进和优化，以提高企业的运营效率、提升客户满意度和实现可持续发展的过程。这一过程涵盖了多个方面，包括技术创新、自动化生产、数据分析应用、数字化协同以及信息化安全等。

（一）智能化升级的主要特点

智能化升级的主要特点如图4-14所示。

（二）智能化升级的主要方向

智能化升级的主要方向如图4-15所示。

技术创新与升级	企业需在硬件和软件上不断升级，提高产品技术水平和生产效率，确保产品具备更高的竞争力。这包括引入先进的智能设备、优化生产流程、以及采用最新的软件系统和算法等
自动化与智能化	通过引入自动化设备和智能系统，实现生产过程的自动化和智能化，减少人工干预，降低成本，提高效率和质量。例如，智能机器人、自动化生产线和智能物流系统等
数据分析与应用	加强数据的收集、整理和分析，挖掘数据背后的价值，为决策提供支持。通过数据分析，企业可以及时发现生产中的问题，优化资源配置，提高运营效率
数字化协同	建立完善的数字化管理系统，实现生产、供应、销售等整个产业链的信息实时互联互通，提高生产效率和产品质量。包括采用ERP、CRM等管理系统，以及建立云端协作平台等
信息化安全	加强信息化安全管理，确保数据的安全性和隐私性，防范信息泄露、网络攻击等安全风险。企业需要建立健全的数据保护机制，采用加密技术、匿名化处理等手段保障用户数据的安全

图4-14 智能化升级的主要特点

智能制造	通过智能制造技术实现生产过程的自动化、智能化和柔性化，提高生产效率和产品质量
智能服务	利用人工智能和大数据技术为客户提供更加个性化、智能化的服务体验
智能决策	通过数据分析和机器学习技术提升企业的决策能力和响应速度
智能风控	利用大数据和机器学习技术提高风险识别和定价能力，降低企业运营风险

图4-15 智能化升级的主要方向

（三）智能化升级对企业核心竞争力的影响

智能化升级是企业实现转型升级、提高核心竞争力的关键途径之一。随着科技的不断发展和市场的不断变化，企业需要不断加强智能化升级的投入和力度，以适应新的市场环境和竞争态势。

智能化升级对企业核心竞争力的提升具有显著作用如表4-14所示。

表4-14　智能化升级对企业核心竞争力的提升作用

序号	提升作用	说明
1	提高生产效率	（1）自动化与智能化：智能化升级通过引入自动化设备和智能系统，实现生产过程的自动化和智能化，减少人为干预，提高生产效率和稳定性。例如，智能机器人和自动化生产线可以24小时不间断工作，降低人力成本并减少人为错误； （2）数据驱动决策：通过大数据分析，企业可以实时监控生产状况，优化生产流程，及时调整生产计划，避免资源浪费和产能闲置
2	提升产品质量	（1）精准控制与监测：智能化设备能够实现生产过程的精准控制和实时监测，确保产品质量的稳定性和一致性。例如，在制造业中，智能传感器和检测系统可以实时监测产品质量，及时发现并纠正生产偏差； （2）优化生产工艺：通过智能化升级，企业可以不断优化生产工艺，提高产品精度和性能。例如，采用先进的制造工艺和加工技术，提升产品的附加值和市场竞争力
3	改善用户体验	（1）定制化与个性化：智能化升级使企业能够更深入地了解用户需求和偏好，提供定制化、个性化的产品和服务。通过用户数据分析，企业可以精准推送用户感兴趣的产品信息，提高用户满意度和忠诚度； （2）便捷性与互动性：智能设备和系统能够提升产品的便捷性和互动性，使产品更加易于使用和维护。例如，智能家居产品可以通过手机APP远程控制，提高用户的使用体验
4	创新与研发能力	智能化升级为企业提供了更多的创新机会。通过数据分析，企业可以发现新的市场机会和客户需求，从而推动产品和服务的创新。此外，智能化技术本身也是企业创新的重要方向之一，如人工智能算法、机器学习等技术的应用，可以为企业带来独特的技术优势
5	成本控制与盈利能力	（1）降低生产成本：智能化升级通过提高生产效率和降低人力成本等方式，降低企业的生产成本。例如，自动化生产线可以减少人工成本，智能管理系统可以降低管理成本；

续表

序号	提升作用	说明
5	成本控制与盈利能力	（2）提升盈利能力：通过提高产品质量、改善用户体验和增加产品附加值等方式，企业可以提升产品的市场占有率和售价，从而增加销售收入和盈利能力
6	优化决策过程与风险管理	（1）实时数据分析：智能化升级使企业能够实时收集和分析业务数据，为决策提供及时准确的信息支持。通过数据分析，企业可以发现运营中的问题和瓶颈，并采取有效措施进行改进； （2）智能风控：利用大数据和人工智能技术构建智能风控体系，企业可以及时发现和防范潜在风险。例如，通过信用评估模型预测客户信用风险，降低坏账率；通过供应链管理系统监测供应商风险，确保供应链稳定

三、发展绿色经济

绿色经济和循环经济对于企业的核心竞争力构建具有重要意义。企业应当积极响应政策号召和市场需求，加强技术创新和产业升级，推动绿色转型和循环发展，实现可持续发展和长期竞争优势。

（一）绿色经济的定义与要素

绿色经济的概念最早由英国环境经济学家皮尔斯于1989年在《绿色经济蓝图》一书中提出。随着全球环境问题的日益严峻和人们对可持续发展认识的不断深入，绿色经济逐渐成为国际社会的共识和发展方向。

其核心要素如图4-16所示。

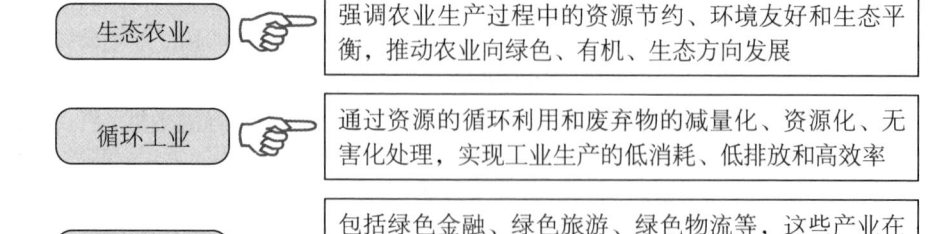

- **生态农业**：强调农业生产过程中的资源节约、环境友好和生态平衡，推动农业向绿色、有机、生态方向发展
- **循环工业**：通过资源的循环利用和废弃物的减量化、资源化、无害化处理，实现工业生产的低消耗、低排放和高效率
- **持续服务产业**：包括绿色金融、绿色旅游、绿色物流等，这些产业在提供服务的同时，注重环境保护和资源节约，推动经济的可持续发展

图4-16 绿色经济的核心要素

（二）绿色经济与核心竞争力

绿色经济强调在经济发展的同时注重环境保护和资源节约。企业通过实施绿色发展战略可以降低对环境的破坏，实现环境效益。这种环境效益的提升往往能够转化为企业的经济效益，如降低污染治理成本、提高资源利用效率等。

绿色经济要求企业不断创新，开发绿色技术、绿色产品和服务。这种创新不仅有助于企业满足市场需求，还能提升企业的品牌形象和市场竞争力。例如，企业可以通过研发环保材料、推广绿色包装等方式，树立绿色品牌形象，吸引更多关注环保的消费者。

（三）发展绿色经济来提升核心竞争力的措施

企业通过发展绿色经济可以从多个方面提升核心竞争力。通过表4-15所示措施，企业可以实现经济效益和环境效益的双赢发展。

表4-15 发展绿色经济来提升核心竞争力的措施

序号	措施	实施要点
1	建立绿色技术研发体系	（1）组建绿色技术研发团队：企业应积极培养和引进绿色技术领域的专业人才，建立一支专业的绿色技术研发队伍。这些人才将负责绿色技术的研发、创新和应用，为企业绿色转型提供技术支持； （2）加大研发投入：企业应加大对绿色技术研发的投入，特别是基础性研发和前沿性技术研发的投入。通过持续的研发投入，推动绿色技术的不断创新和升级，为企业的绿色转型提供源源不断的动力； （3）建立产学研联合体：企业可以积极与高校、科研机构等建立产学研联合体，共同推进绿色技术的研发和应用。通过资源共享、优势互补，实现绿色技术的快速突破和产业化应用
2	绿色生产和供应链管理	（1）实施绿色生产：企业应在生产过程中采用绿色技术、绿色工艺和绿色材料，降低能耗、减少排放、提高资源利用效率。同时，加强生产过程的环保监管，确保生产活动符合环保法规和标准； （2）构建绿色供应链：企业应积极构建绿色供应链体系，要求供应商提供符合环保标准的原材料和零部件。同时，加强供应链的环保管理，推动供应商实施绿色生产和节能减排措施
3	打造绿色品牌和产品	（1）开发绿色产品：企业应积极开发绿色产品，满足消费者对环保、健康、安全等方面的需求。绿色产品应具有低能耗、低排放、可回收等特点，能够体现企业的绿色理念和社会责任感； （2）实施绿色营销：企业应加强绿色营销的宣传和推广，通过广告、公关、促销等手段向消费者传递绿色品牌和产品的信息。同时，积极参与绿色消费活动和公益事业，提升企业的绿色形象和品牌价值

续表

序号	措施	实施要点
4	构建绿色管理体系	（1）建立健全绿色规章制度：企业应建立健全绿色管理制度和规章制度，将绿色理念融入企业的各项管理活动中。通过制度约束和激励机制，推动员工积极参与绿色生产和环保活动； （2）加强环保培训和宣传：企业应加强对员工的环保培训和宣传教育工作，提高员工的环保意识和技能水平。通过培训和教育，让员工了解绿色生产的重要性和紧迫性，积极参与企业的绿色转型工作
5	关注绿色金融市场和政策动态	（1）利用绿色金融工具：企业可以积极利用绿色金融工具（如绿色债券、绿色基金等）筹集资金，支持绿色项目的建设和运营。通过绿色金融的支持，降低企业的融资成本和风险水平； （2）关注政策动态：企业应密切关注国家和地方政府的环保政策动态，及时调整自身的经营策略和发展方向。通过积极响应政策号召和市场需求变化，抓住绿色经济发展的机遇和优势

四、发展循环经济

（一）循环经济的定义

循环经济是一种经济发展模式，最早由美国经济学家K·波尔丁在20世纪60年代提出。它是以资源的高效利用和循环利用为核心，按照"减量化（Reduce）、再利用（Reuse）、资源化（Recycle）"为原则，以低消耗、低排放、高效率为基本特征，符合可持续发展理念的经济增长模式。它强调经济系统与生态系统的和谐共生，追求经济发展与环境保护的双赢。

（二）循环经济的核心原则

循环经济的核心原则如图4-17所示。

减量化	再利用	资源化
在生产、流通和消费等过程中减少资源消耗和废物产生。通过优化设计、改进工艺、提高资源利用效率等方式，从源头上减少资源的投入和废物的产生	将废物直接作为产品或者经修复、翻新、再制造后继续作为产品使用，或者将废物的全部或者部分作为其他产品的组件或者部件予以使用。延长产品的使用寿命，减少新产品的生产需求	对废物进行再生利用或者直接将废物作为原料进行利用。通过回收、处理、加工等方式，将废物转化为资源，实现废物的循环利用

图4-17　循环经济的核心原则

（三）循环经济与核心竞争力

循环经济强调资源的循环利用和高效利用。企业通过实施循环经济战略可以实现废弃物的减量化、资源化和无害化处理，降低对原生资源的依赖和消耗。这种资源的高效利用不仅有助于降低企业的生产成本，还能提高企业的资源利用效率和市场竞争力。

循环经济的发展需要先进技术的支撑。企业需要不断研发和应用新技术、新工艺和新设备，提高废弃物的回收利用率和资源化水平。这种技术创新不仅有助于企业实现产业升级和转型升级，还能提升企业的核心竞争力和市场地位。

循环经济的发展需要产业链上下游企业的协同合作和生态构建。企业可以通过与供应商、客户等建立紧密的合作关系，共同推动废弃物的回收利用和资源化处理。这种产业链协同不仅有助于降低企业的交易成本和风险，还能提升整个产业链的效率和竞争力。

（四）发展循环经济来提升核心竞争力的措施

企业通过发展循环经济可以在降低成本、提升品牌形象、激发创新和构建循环经济产业链等方面提升核心竞争力。同时，政策支持和法规遵循也是企业成功发展循环经济的重要保障，具体实施要点如表4-16所示。

表4-16　发展循环经济来提升核心竞争力的措施

序号	措施	实施要点
1	降低成本，提高资源利用效率	（1）资源循环利用：循环经济强调资源的循环利用和再利用，企业可以通过回收再利用废弃物和资源，降低原材料采购成本。这不仅可以减少对新资源的依赖，还能降低原材料的采购成本，从而在同行业中形成成本优势； （2）节能减排：通过改进生产工艺和技术，降低能源消耗和减少污染排放，企业可以显著减少生产成本。同时，节能减排也是企业社会责任的体现，有助于提升企业的品牌形象
2	提升品牌形象和声誉	（1）环保理念融入企业文化：将环保理念融入企业文化中，使其成为企业价值观的一部分。这有助于提升企业的社会责任感和品牌形象，吸引更多关注环保的消费者； （2）绿色产品认证：积极申请绿色产品认证，如ISO 14001环境管理体系认证、中国环境标志产品认证等。这些认证能够证明企业的产品符合环保标准，提升产品的市场竞争力

续表

序号	措施	实施要点
3	激发创新和提升技术竞争力	（1）研发环保技术：加大在环保技术方面的研发投入，开发具有自主知识产权的环保技术和产品。这不仅可以提升企业的技术竞争力，还能为企业带来新的经济增长点； （2）优化产品设计：在产品设计阶段就考虑产品的可回收性和再利用性，通过优化设计减少产品在使用过程中对环境的影响。这有助于提升产品的市场竞争力，满足消费者对环保产品的需求
4	构建循环经济产业链	（1）与供应链合作伙伴合作：与供应链上下游的合作伙伴建立紧密的合作关系，共同推进循环经济的发展。通过共享资源和信息，共同开发循环经济的技术和产品，形成良性循环的产业链； （2）建立循环经济产业园区：在有条件的地区建立循环经济产业园区，将产业链上的相关企业集中在一起，实现资源共享和废物交换。这有助于提升整个园区的资源利用效率和经济效益
5	政策支持和法规遵循	（1）关注政策动态：密切关注国家和地方政府在循环经济方面的政策动态，及时了解和掌握相关政策法规的要求和变化。这有助于企业把握政策机遇，规避政策风险； （2）遵守环保法规：严格遵守国家和地方的环保法规，确保企业的生产经营活动符合环保要求。这有助于企业树立良好的社会形象，避免因环保问题而引发的法律风险和经营风险

第五章
企业文化

　　企业文化是企业持续健康发展的重要基石。它不仅是企业身份和价值观的体现,更是增强团队凝聚力、引导员工行为、提升品牌形象和市场竞争力的关键要素。因此,企业应该高度重视企业文化的建设与维护工作,努力打造符合自身特点和时代要求的企业文化体系。

第一节　企业文化概述

企业文化，作为企业内部的一种核心精神和价值观念体系，其定义可以表述为：企业在长期的生产经营活动中，逐渐形成的并被全体员工普遍认可和遵循的具有本企业特色的价值观念、团体意识、工作作风、行为规范和思维方式的总和。它不仅是企业个性化的根本体现，也是企业生存、竞争、发展的灵魂。

一、企业文化的定义与要素

具体来说，企业文化包含表5-1所示几个关键要素。

表5-1　企业文化包含的要素

序号	要素	要素说明
1	企业价值观	这是企业文化的核心，反映了企业对事物好坏、善恶、美丑的判断标准和价值取向，指导着企业和员工的行为选择
2	企业精神	体现了企业的精神风貌和全体员工共同追求的境界，是企业价值观在员工群体中的具体化和人格化，比如"创新、协作、拼搏、进取"等精神
3	企业道德	这是企业在生产经营活动中必须遵循的道德规范和原则，用以调节企业与员工、员工之间、企业与社会之间的关系，是企业社会责任感的体现
4	企业制度	这是企业文化的外在表现形式之一，包括企业的组织结构、管理制度、经营策略等，它们与企业文化相互支撑，共同促进企业的发展
5	企业形象	这是企业文化的综合反映和外在表现，包括企业的产品形象、服务形象、员工形象、环境形象等，是企业文化的可视化和具体化
6	企业使命和愿景	明确了企业存在的目的和未来发展的方向，是企业文化的重要组成部分，能够激励员工为实现共同目标而努力

综上所述，企业文化是一种综合性的概念，它涵盖了企业的价值观、精神、

道德、制度、形象和使命愿景等多个方面，是企业内部凝聚力和外部竞争力的重要源泉。

二、企业文化的类型与特征

不同行业和规模的企业往往根据其自身的特点和发展需求，形成各具特色的企业文化类型。以下是对不同行业、规模企业文化类型及其特点的概述。

（一）行业差异下的企业文化类型及特点

不同行业，其企业文化也会不一样，行业差异下的企业文化类型及特点如表5-2所示。

表5-2 行业差异下的企业文化类型及特点

行业	类型	特点
科技行业	创新文化	强调创新和变革，鼓励员工提出新的想法和方法。这种文化通常出现在科技公司、创业公司和一些高度竞争的行业中。其特点包括鼓励冒险和尝试、灵活的组织结构，使企业能够快速适应市场变化
服务业	客户导向文化	将客户的需求放在首位，致力于提供优质的产品和服务。这种文化通常出现在服务业、消费品行业和一些注重客户体验的企业中。其特点包括关注客户需求、建立长期的客户关系，以提高客户满意度和忠诚度
制造业	结果导向文化	注重结果和绩效，强调员工的工作成果和贡献。这种文化在制造业中较为常见，尤其是那些业绩考核严格的企业。其特点包括设定明确的工作目标和绩效指标、建立有效的激励机制，以及优化工作流程以提高效率
传统行业	传统文化	企业长期发展过程中形成的独特文化，反映企业的历史、价值观和传统。这种文化通常出现在一些历史悠久的企业中，如老字号、传统企业等。其特点包括历史悠久、价值观传承和独特的品牌形象

（二）企业规模差异下的企业文化类型及特点

企业规模不一样，企业文化类型也有差异，具体如表5-3所示。

表5-3 企业规模差异下的企业文化类型及特点

行业	类型	特点
大型企业	稳健型企业文化	（1）规范性：大型企业往往拥有复杂的组织结构和庞大的员工队伍，因此需要强调规范性和核心价值，以确保企业的稳定运行； （2）纪律性：推崇纪律和稳定，通过明确的规章制度和流程管理，维护企业的秩序和效率； （3）市场敏锐度：在保持稳健的同时，大型企业也需要具备对市场的敏锐洞察和快速响应能力，以应对激烈的市场竞争； （4）稳健发展：注重长期规划和战略实施，通过稳健的经营策略，确保企业的可持续发展； 代表企业：海尔是羚羊文化的代表企业之一，其强调产品质量和服务质量，通过稳健的经营策略，在市场中稳步前行
	大型种植物型文化	（1）适应性强：不断适应环境变化，灵活调整企业战略和组织结构，以应对市场的变化和挑战； （2）员工激励：工作人员的主动性、积极性受到激励，通过激励机制和职业发展路径，激发员工的创造力和工作热情； （3）创新驱动：鼓励创新，支持员工提出新的想法和解决方案，推动企业不断向前发展； （4）文化要素丰富：包含多个文化要素，如企业环境、价值观、英雄人物、文化仪式和文化网络等。这些要素共同构成了企业文化的完整体系，为企业的发展提供了强大的精神动力和文化支撑
中小型企业	拾穗者型文化	（1）灵活性：战略随环境变动而转移，能够快速适应市场变化，抓住机遇； （2）组织结构松散：组织结构相对松散，职能比较分散，有利于快速决策和执行； （3）情感因素：价值体系的基础是尊重领导人，企业内部往往有浓厚的"家"的色彩，情感性因素较多
	家族型企业文化	（1）家族价值观：强调家族成员之间的亲情关系和忠诚度，注重家族企业的长期稳定发展和家族荣誉感； （2）传承性：重视家族传统和家族价值观的传承，通过家族成员之间的互助合作，推动企业的持续发展； （3）凝聚力强：家族型企业往往具有较强的凝聚力，员工之间关系紧密，共同为家族企业的发展努力
创业型企业	发展式企业文化	（1）创新性强：强调创新和创业精神，鼓励员工提出新的想法和解决方案，推动企业不断突破传统束缚； （2）组织结构灵活：企业组织比较松散、非正规化，有利于快速决策和灵活应对市场变化； （3）风险承担：鼓励员工勇于接受挑战和承担风险，追求突破和创新，推动企业快速成长

综上所述，不同行业和规模的企业根据其自身的特点和需求形成了各具特色

的企业文化类型。这些文化类型不仅反映了企业的价值观和行为准则,还对企业的发展和员工的行为产生着深远的影响。

三、企业文化的重要性

企业文化对于企业的重要性不言而喻,它渗透到企业运营的各个方面,对企业的发展具有深远的影响。图5-1是企业文化在企业发展中的作用。

增强凝聚力与向心力	企业文化能够统一员工的思想、观念、行为,形成强大的向心力和凝聚力。通过共同的价值观念和行为规范,员工之间能够建立深厚的信任和合作关系,共同为企业的发展目标努力
指导与规范行为	企业文化作为企业的灵魂,能够为员工提供明确的指导方向和行为准则。它告诉员工什么是对的,什么是错的,什么是可以做的,什么是不可以做的。这种规范和指导有助于员工在工作中作出正确的决策和行动
提升企业形象与品牌价值	企业文化是企业的精神面貌和价值观的体现,它能够塑造企业的独特形象和品牌价值。一个具有鲜明企业文化特色的企业往往能够吸引更多的消费者和合作伙伴,提升企业的市场竞争力和品牌价值
激发员工潜能与创造力	企业文化鼓励员工积极参与企业的变革和创新,激发员工的潜能和创造力。通过提供良好的工作环境和激励机制,企业文化能够让员工感受到自己的价值和归属感,从而更加努力地工作并为企业的发展贡献自己的力量
促进可持续发展	企业文化强调企业的长期发展和社会责任,注重企业的可持续发展。通过制定长期规划、关注环境保护、履行社会责任等措施,企业文化能够引导企业走向更加健康、可持续的发展道路
应对市场变化与挑战	企业文化使企业具备更强的适应性和灵活性,能够迅速应对市场变化和挑战。通过不断学习和创新,企业文化能够帮助企业发现新的市场机遇和商业模式,从而在竞争激烈的市场环境中保持领先地位

图5-1 企业文化的作用

第二节　企业文化的构建

企业文化的构建是一个复杂而系统的过程，涉及多个方面和层次。以下是从核心价值观的确定、领导者的角色、员工参与以及制度化与落地四个方面来详细阐述企业文化的构建方法。

一、核心价值观的确定

企业核心价值观是企业文化的核心组成部分，它体现了企业的基本信念、价值追求和行为准则。在企业文化建设中，确定核心价值观是一个核心且关键的环节。核心价值观的确定是基于企业愿景和使命，提炼出能够激励和驱动员工的核心价值观。这些价值观应反映企业的本质和持久原则，如市场观、客户观、员工观等。提炼过程中，要确保价值观具有长远性、激励性、易懂性和真实性，能够清晰回答"什么事很重要""我们信奉什么"等问题。

以下是确定核心价值观的详细步骤和考虑因素。

（一）明确企业愿景与使命

首先，企业应明确其长远发展的目标和愿景。愿景是企业对未来的设想和期望，它为企业提供了前进的方向和动力。

同时，企业也需要清晰阐述其存在的意义和价值，即企业使命。使命阐明了企业为什么存在，以及它希望为社会、客户和员工带来什么价值。

（二）提炼核心价值观

接下来要提炼核心价值观，核心价值观应具备图5-2所示特征。

（三）考虑关键因素

企业在确定核心价值观时应考虑表5-4所示因素。

基于愿景与使命	核心价值观应紧密围绕企业愿景和使命进行提炼。它们应是企业愿景和使命的具体化体现，是企业在实现这些目标过程中必须遵循的基本原则
反映企业特色	核心价值观应体现企业的独特性和差异性。它们应能够反映企业的文化、历史、行业特点以及市场环境等因素，使企业在众多竞争者中脱颖而出
简洁明了	核心价值观的表述应简洁明了，易于理解和记忆。它们应能够用简洁的语言概括出企业的核心信念和价值观，便于员工在日常工作中践行

图5-2 核心价值观的特点

表5-4 确定核心价值观时考虑的因素

序号	因素	说明
1	创始人与领导团队	创始人和领导团队的特质和理念往往对核心价值观的确定产生重要影响。他们的价值观、信念和期望往往会体现在企业的核心价值观中
2	员工意见	员工的意见和反馈也是确定核心价值观的重要参考。企业应广泛征求员工的意见和建议，确保核心价值观能够得到员工的认同和支持
3	行业文化	行业文化也是确定核心价值观时需要考虑的因素之一。企业应根据自身所在行业的特点和文化氛围，提炼出符合行业要求的核心价值观

（四）具体步骤

企业确定核心价值观的具体步骤如图5-3所示。

企业在确定核心价值观时应避免空洞无物的表述，而应具有实质性的内涵和意义。核心价值观应与企业愿景、使命和其他管理制度保持一致，形成有机整体。核心价值观的确定只是第一步，企业还需要通过持续宣贯和落地实施，使核心价值观真正融入员工的日常工作和行为中。

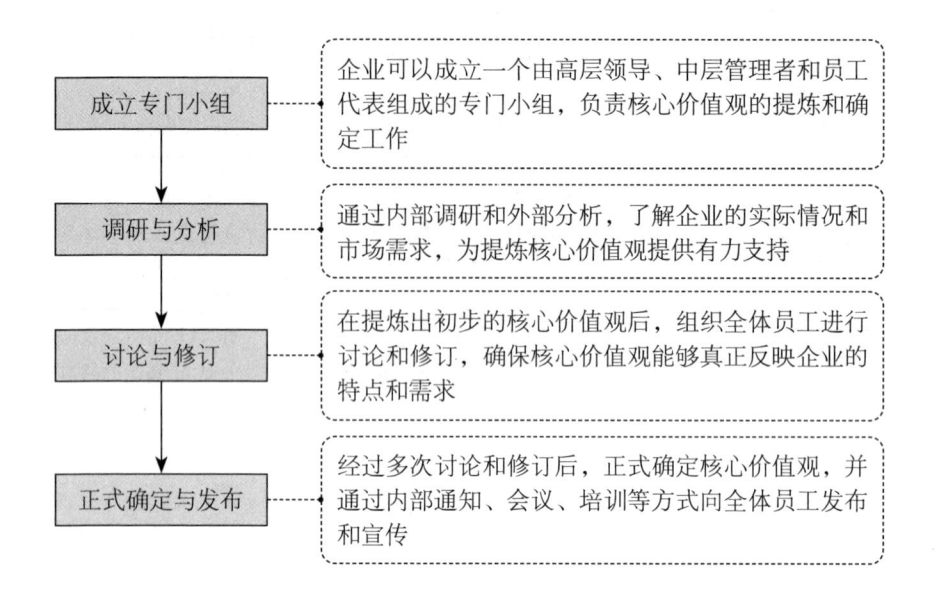

```
成立专门小组 ----  企业可以成立一个由高层领导、中层管理者和员工
                  代表组成的专门小组，负责核心价值观的提炼和确
                  定工作
      ↓
调研与分析 ----  通过内部调研和外部分析，了解企业的实际情况和
                市场需求，为提炼核心价值观提供有力支持
      ↓
讨论与修订 ----  在提炼出初步的核心价值观后，组织全体员工进行
                讨论和修订，确保核心价值观能够真正反映企业的
                特点和需求
      ↓
正式确定与发布 ----  经过多次讨论和修订后，正式确定核心价值观，并
                    通过内部通知、会议、培训等方式向全体员工发布
                    和宣传
```

图5-3　确定核心价值观的具体步骤

以下是一些知名企业核心价值观的举例：

杜邦公司：杜邦公司的核心价值观包括"安全、健康和环保、商业道德、尊重他人和平等待人"。这些价值观贯穿于杜邦全球经营和社会活动的始终，为公司的可持续发展提供了坚实的基础。杜邦公司强调安全文化，将"安全"与员工的日常生活紧密结合，通过制度保障和文化活动提升员工的安全意识。

惠普公司：惠普公司的七大核心价值观包括"我们热忱对待客户；我们信任和尊重个人；我们追求卓越的成就与贡献；我们注重速度和灵活性；我们专注有意义的创新；我们靠团队精神达到共同目标；我们在经营活动中坚持诚实与正直"。这些价值观体现了惠普公司以客户为中心、注重团队合作和诚信经营的企业文化。

宝洁公司：宝洁公司的核心价值观包括"领导才能（Leadership）、主人翁精神（Ownership）、诚实正直（Integrity）、积极求胜（Passion for Winning）、信任（Trust）"。这些价值观鼓励员工发挥领导才能，勇于承担责任，以诚实正直的态度面对工作，同时追求卓越的业绩和赢得客户的信任。

丰田公司：丰田公司的核心价值观包括"上下一致，至诚服务；开发创造，产业报国；追求质朴，超越时代；鱼情友爱，亲如一家"。这些价值观强调了丰田公司团队合作、客户至上、持续创新和人文关怀的企业文化。

微软公司：微软公司的核心价值观包括"正直、诚实；对客户、伙伴和新技术满怀热情；直率的与人相处，尊重他人并且乐于助人；勇于迎接挑战，并且坚持不懈；严于律己，善于思考，坚持自我提高和完善"。这些价值观体现了微软公司注重诚信、热情服务、尊重他人和持续创新的企业文化。

这些企业核心价值观的举例展示了不同企业在不同领域和背景下所秉持的核心信念和价值追求。这些价值观不仅为企业提供了明确的行为准则和发展方向，也为企业文化的传承和发展奠定了坚实的基础。

二、领导者的角色

高层领导在塑造和传播企业文化中扮演着至关重要的角色。他们的言行举止、决策行为以及对企业价值观的坚守和传承，都深刻影响着企业文化的形成、发展和传播。

（一）高层领导在塑造和传播企业文化中的关键作用

高层领导在塑造和传播企业文化中发挥着关键作用。他们不仅是企业文化的塑造者和传播者，更是企业文化的捍卫者和推动者（如图5-4）。只有高层领导充分发挥自身作用，才能确保企业文化在企业内部得到深入贯彻和广泛传播，为企业的发展提供有力支持。

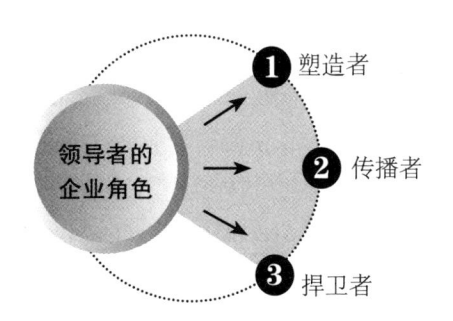

图5-4 领导者在企业文化建设中的角色

1. 企业文化的塑造者

高层领导通过制定企业发展战略和目标，明确企业的核心价值观和行为规范。这些价值观和行为规范成为企业文化的基石,引导着企业的发展方向和员工的行为准则。高层领导通过自身的言行举止向员工示范正确的行为和价值观念。他们的榜样作用能够激发员工的认同感和归属感,使员工更加积极地践行企业文化。同时,高层领导通过塑造积极向上、开放包容的工作环境,为员工提供良好的学习和发展机会。这种工作氛围有助于激发员工的创新意识和工作热情,推动企业文化的良性发展。

2. 企业文化的传播者

高层领导可以通过图5-5所示途径对企业文化进行传播。

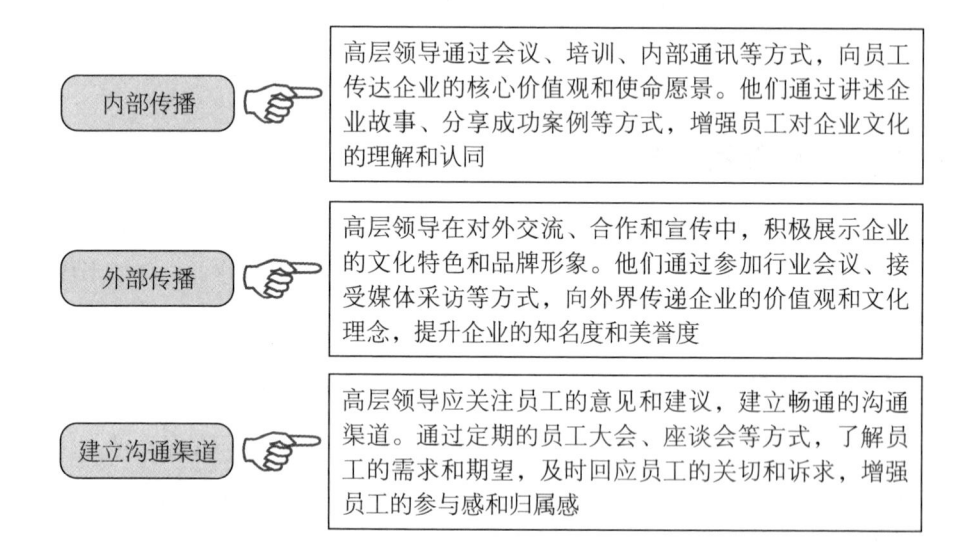

内部传播	☞	高层领导通过会议、培训、内部通讯等方式,向员工传达企业的核心价值观和使命愿景。他们通过讲述企业故事、分享成功案例等方式,增强员工对企业文化的理解和认同
外部传播	☞	高层领导在对外交流、合作和宣传中,积极展示企业的文化特色和品牌形象。他们通过参加行业会议、接受媒体采访等方式,向外界传递企业的价值观和文化理念,提升企业的知名度和美誉度
建立沟通渠道	☞	高层领导应关注员工的意见和建议,建立畅通的沟通渠道。通过定期的员工大会、座谈会等方式,了解员工的需求和期望,及时回应员工的关切和诉求,增强员工的参与感和归属感

图5-5 企业文化的传播途径

3. 企业文化的捍卫者

高层领导应确保企业文化在企业内部得到一致性的贯彻和执行。他们应关注企业文化的落地情况,及时发现和纠正偏离企业文化方向的行为和现象。

在企业面临变革和挑战时,高层领导应坚守企业文化的核心价值观,确保企业文化在变革中得以延续和发展。他们应引导员工积极应对变革挑战,共同推动企业文化的创新和发展。

高层领导应通过各种方式强化员工对企业文化的认同感和归属感。他们可以通过表彰先进、树立典型等方式,激励员工积极践行企业文化;同时也可以通过组织文化活动、加强团队建设等方式,增强员工的凝聚力和向心力。

（二）高层领导发挥其作用的措施

高层领导在企业文化建设中发挥着至关重要的作用，他们的行为和决策直接影响着企业文化的塑造、传播和持续发展。表5-6是一些高层领导如何发挥其在企业文化建设中的作用的措施。

表5-6　高层领导在企业文化建设中发挥作用的措施

序号	措施	实施要领
1	明确并传达核心价值观	（1）定义清晰：高层领导应首先明确企业的核心价值观，这些价值观应与企业的愿景、使命和战略目标紧密相连； （2）广泛传播：通过各种渠道和方式（如内部会议、培训、员工手册、公司网站等）向全体员工明确传达这些价值观，确保每位员工都能理解和认同
2	以身作则，树立榜样	（1）行为示范：高层领导应通过自己的行为来展示和践行企业文化中的核心价值观。他们的言行举止、工作态度、决策方式等都应成为员工学习的榜样； （2）公开透明：在处理事务时保持公正、透明，展现出诚信和责任感，这些品质也是企业文化的重要组成部分
3	鼓励参与和反馈	（1）建立沟通机制：高层领导应建立有效的沟通机制，鼓励员工提出对企业文化的看法和建议。这有助于增强员工的参与感和归属感，同时也能使企业文化更加贴近员工的实际需求； （2）听取并采纳意见：对于员工的反馈和建议，高层领导应认真听取并考虑采纳，这不仅能够提升员工的满意度，还能使企业文化更加完善
4	融入战略规划和日常运营	（1）战略引领：将企业文化建设纳入企业的战略规划中，使其成为推动企业发展的重要力量。通过制订具体的文化建设目标和计划，确保企业文化建设的有序进行； （2）日常实践：将企业文化融入日常运营中，使之成为员工工作的指导原则和行为规范。通过定期的文化活动、培训和学习等方式，加深员工对企业文化的理解和认同
5	强化激励和认可	（1）表彰先进：对于在企业文化建设中表现突出的员工和团队给予表彰和奖励，以激励全体员工积极参与企业文化建设； （2）树立典型：通过树立典型人物和案例来展示企业文化的力量和价值，增强员工的荣誉感和自豪感
6	持续优化和创新	（1）定期评估：高层领导应定期评估企业文化建设的成效和存在的问题，及时进行调整和优化。这有助于确保企业文化始终保持活力和适应性； （2）鼓励创新：鼓励员工在遵守核心价值观的基础上进行创新尝试和探索，以推动企业文化的不断发展和完善

总之，高层领导在企业文化建设中应发挥引领作用，通过明确并传达核心价值观、以身作则树立榜样、鼓励参与和反馈、融入战略规划和日常运营、强化激励和认可以及持续优化和创新等方式来推动企业文化的建设和发展。

三、员工参与

员工在企业文化建设中扮演着多重角色，并发挥着至关重要的作用。以下是员工在企业文化建设中的角色和作用的详细分析。

（一）员工在企业文化建设中的角色

员工在企业文化建设中的角色如图5-6所示。

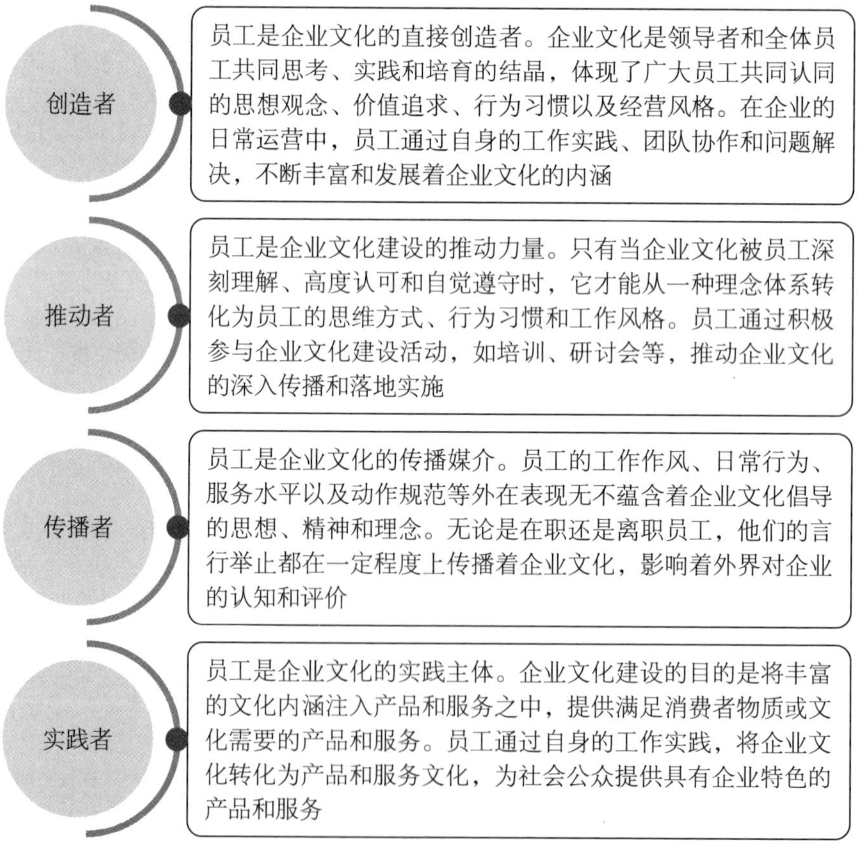

创造者：员工是企业文化的直接创造者。企业文化是领导者和全体员工共同思考、实践和培育的结晶，体现了广大员工共同认同的思想观念、价值追求、行为习惯以及经营风格。在企业的日常运营中，员工通过自身的工作实践、团队协作和问题解决，不断丰富和发展着企业文化的内涵

推动者：员工是企业文化建设的推动力量。只有当企业文化被员工深刻理解、高度认可和自觉遵守时，它才能从一种理念体系转化为员工的思维方式、行为习惯和工作风格。员工通过积极参与企业文化建设活动，如培训、研讨会等，推动企业文化的深入传播和落地实施

传播者：员工是企业文化的传播媒介。员工的工作作风、日常行为、服务水平以及动作规范等外在表现无不蕴含着企业文化倡导的思想、精神和理念。无论是在职还是离职员工，他们的言行举止都在一定程度上传播着企业文化，影响着外界对企业的认知和评价

实践者：员工是企业文化的实践主体。企业文化建设的目的是将丰富的文化内涵注入产品和服务之中，提供满足消费者物质或文化需要的产品和服务。员工通过自身的工作实践，将企业文化转化为产品和服务文化，为社会公众提供具有企业特色的产品和服务

图5-6　员工在企业文化建设中的角色

（二）员工在企业文化建设中的作用

员工在企业文化建设中的作用如图5-7所示。

提升凝聚力：企业文化作为企业的精神支柱，能够增强员工的归属感和凝聚力。员工在参与企业文化建设的过程中能够形成共同的价值观念和行为准则，促进团队内部的和谐与协作

激发潜能：企业文化建设的最终目的是最大限度地激发员工潜能。通过企业文化的引导和激励，员工能够释放积极向上的工作态度和奋发有为的工作激情，为企业创造更多的价值

塑造品牌形象：员工是企业文化的外在展示。他们的言行举止、服务态度等都在一定程度上塑造着企业的品牌形象。一个拥有优秀企业文化的企业能够吸引更多消费者的关注和信赖

促进持续发展：企业文化是企业的核心竞争力之一。通过不断建设和优化企业文化，企业能够形成独特的竞争优势和可持续发展能力。员工在企业文化建设中的积极参与和贡献将为企业的发展注入源源不断的动力

图5-7　员工在企业文化建设中的作用

（三）推动员工在企业文化中发挥作用的策略

推动企业员工在企业文化中发挥积极作用是构建强大、有凝聚力的组织文化的关键。表5-7是一些策略和建议，有助于企业实现这一目标。

表5-7　推动员工在企业文化中发挥作用的策略

序号	策略	实施要领
1	明确并传达企业文化	企业需要清晰定义自己的企业文化，包括核心价值观、使命、愿景和行为准则等，同时通过内部会议、培训、宣传册、网站等多种渠道广泛而深入地传达这些文化元素，确保每位员工都能理解并认同
2	领导层以身作则	企业的高层管理者是企业文化最直接的体现者和传播者。他们的言行举止、决策方式应与企业文化保持一致，为员工树立榜样。企业应鼓励并奖励那些展现企业文化精神的领导行为，强化正面示范效应

续表

序号	策略	实施要领
3	开展文化融入活动	企业可以组织各类团队建设、文化沙龙、主题日等活动，让员工在轻松愉快的氛围中加深对企业文化的理解和认同；鼓励员工参与企业文化的创建和传播过程，如征集企业文化故事、设计文化墙等，增强员工的归属感和主人翁意识
4	建立激励机制	企业应将企业文化融入绩效考核体系，对符合企业文化要求的员工给予表彰和奖励，如设立"企业文化之星""最佳团队协作奖"等；鼓励员工提出创新性的建议或解决方案，对于那些能够体现企业文化精神并为企业带来实际效益的创意给予特别奖励
5	加强沟通与交流	建立畅通的沟通渠道，鼓励员工之间以及员工与管理层之间的开放交流。这有助于及时发现和解决企业文化实践中的问题。定期组织员工座谈会、意见箱、匿名调查等活动，收集员工对企业文化建设的反馈和建议，不断改进和完善
6	关注员工成长与发展	将员工的个人成长与企业文化的发展紧密结合起来，为员工提供培训、晋升等机会，帮助员工实现自我价值的同时也为企业文化注入新的活力。同时鼓励员工参与企业社会责任项目等公益活动，让员工在实践中感受企业文化的力量和价值
7	持续优化与创新	企业文化不是一成不变的，它需要随着企业的发展和外部环境的变化而不断进行调整和优化。企业应建立灵活的文化调整机制，鼓励员工提出改进建议，确保企业文化始终与企业的战略目标和市场环境相适应

四、制度化与落地

企业文化制度化与落地是企业文化建设的重要方面，也就是将企业文化融入管理制度、工作流程和日常行为中，这是一个系统性且需要持续努力的过程。以下是一些具体的策略和方法。

（一）将文化融入管理制度

1. 制定文化导向的管理制度

企业在制定或修订管理制度时，明确体现企业文化的核心价值观和行为准则。确保制度内容与企业文化保持一致，成为企业文化的具体体现。例如，如果企业文化强调"诚信为本"，则在制定财务管理制度时，应明确规定禁止任何形式的财务欺诈行为，并设立相应的惩罚机制。

2. 文化元素的融入

企业在管理制度的条文中融入文化元素，如使命、愿景、核心价值观等，使员工在遵守制度的同时，能够感受到企业文化的熏陶。通过制度宣传、解读和培训，使员工深入理解制度背后的文化意义，增强制度执行的文化自觉。

3. 文化执行的监督与评估

企业应建立制度执行的监督机制，定期检查制度执行情况，确保制度得到有效执行。将制度执行与企业文化建设相结合，对执行情况进行评估，将评估结果作为企业文化建设成效的重要指标之一。

范本

某公司文化管理制度

一、目的

为加强公司企业文化管理，塑造推动公司发展的企业文化，规范企业文化建设管理工作，哺育良好的企业文化氛围，促进企业文化建设工作健康有序发展，鼓励和激励员工，特制定本制度。

二、适用范围

本制度适用于公司总部及下属分公司、项目部的企业文化工作。

三、职责与权限

1. 企业文化组织机构设领导小组和工作办公室。领导小组由总经理任组长、总经理办公室经理任副组长，成员由公司总经理办公室人员、下属各单位、部门负责人组成。工作办公室设在总经理办公室。各基层单位成立相应的企业文化管理部门，并设立企业文化建设专责人。

2. 企业文化建设领导小组的职责是审定企业文化建设整体方案，审定企业文化建设的近期目标和长远规划；总经理办公室的职责是策划企业文化建设的整体方案以及推进企业文化建设各个阶段的相关工作。各基层单位企业文化建设工作部及专责人的职责是推进企业文化理念的具体落实和信息反馈工作。

3. 总经理办公室是企业文化建设的归口管理部门，负责协调、审核、指导其他各单位、部门的企业文化建设管理工作。其主要职责为：

（1）制定公司企业文化管理制度；

（2）制定公司企业文化发展规划；

（3）制订公司企业文化年度工作计划；

（4）制定公司对内对外宣传规范，并监督执行；

（5）组织进行对公司企业文化重要议题的相关研究；

（6）开展公司对内对外企业文化宣传，组织公司企业文化活动；

（7）公司网站企业文化内容的更新；

（8）公司企业文化培训的组织、考核、管理、培训效果评估；

（9）审核对外宣传内容，指导各单位、部门开展企业文化活动。

4. 公司将企业文化建设情况纳入各单位、各部门的绩效考核范畴，各单位、各部门负责人为本单位、本部门企业文化建设的责任人，并设立企业文化专职或者兼职管理人员，其具体职责为：

（1）制订建设计划，协助企业文化在本单位、本部门的建设、推广、宣传。

（2）协助总经理办公室落实文化建设工作，合理安排，保证员工参加公司组织的各项企业文化活动时间。

四、管理制度

1. 公司企业文化理念

（1）公司企业文化理念是指：公司的企业核心价值观、企业安全观、企业文化观、企业环境观、创业精神和企业愿景等企业文化核心内容。具体包括以下几方面内容。

企业核心价值观：以人为本、以德为魂；

企业安全观：生命至上、安全第一；

企业文化观：用文化塑造灵魂、以文明创造财富；

企业环境观：尊重自然、保护环境、调整结构、和谐发展；

创业精神：精诚团结、开辟创新、强企富民、产业报国；

企业愿景：煤业强基、多元并举、创造卓越、回报社会。

（2）总经理办公室是公司企业文化理念管理的执行机构，总经理办公室应充分调研国内外先进企业文化，总结公司的经验和特点，研究制定符合公司发展战略的企业文化核心理念。

（3）总经理办公室在开展企业文化工作中，应深入实际调研分析，了解员工的思想动态，分析公司所处产业的特点，广泛听取各单位、各部门的意见和建议，提炼公司企业文化的核心思想，使公司的企业文化理念能够切合企业实际，对公司的发展起到重要的推动作用。

（4）各单位、各部门应为公司总经理办公室的工作提供充分支持和密切配合，积极提供建议和意见。

（5）公司企业文化建设领导小组负责对公司企业文化理念进行审议和确定；企业文化建设领导小组审议确定的公司企业文化理念将作为公司企业文化工作开展的依据。

2. 公司企业文化制度

（1）公司企业文化制度是公司企业文化理念的表达和规范，必须与企业文化理念保持一致。

（2）公司的企业文化制度系统涵盖下述三个领域：

① 企业文化核心理念规范。该制度对企业文化核心理念进行设计，是企业思想文化塑造的基础。

② 企业员工行为规范。该制度对企业员工行为规范进行了设计，是企业行为文化塑造的基础。

③ 企业风俗文化制度。该制度在对内工作上，对企业教育培训、礼仪仪式、服饰、体态语言、工作场所相关规范作出规定；在对外工作上，对企业营销观念、服务规范、公共关系、银企关系、公益活动、文化传统作出规定，是企业风俗文化塑造的基础。

（3）总经理办公室是公司企业文化制度的编制和监督机构。相应管理制度经公司企业文化建设领导小组审批生效后，总经理办公室负责推动落实。

3. 公司企业文化器物

（1）公司企业文化器物是公司企业文化的外在表现形式。通过对相关器物的设计，可以直观、生动地表现企业文化的核心思想。

（2）公司企业文化器物系统包括如下内容：

① LOGO；

② 企业商标；

③ 企业宣传册；

④ 企业誓辞；

⑤ 公司之歌；

⑥ 企业宣传片；

⑦ 公司文化展厅。

（3）公司企业文化器物系统应用范围包括：

① 办公用品、事务用品；

② 企业证照、文件类；

③ 交通运输工具类；

④ 指示、标识类；

⑤ 广告展示陈列类；

⑥ 商品及包装类；

⑦ 服饰类；

⑧ 公司出版物；

⑨ 公司网页；

⑩ 其他。

（4）总经理办公室是公司企业文化器物的设计管理机构，总经理在充分听取相关意见后，组织设计单位对企业文化器物进行设计。各项设计经公司企业文化建设领导小组审议认可，总经理办公室负责推动落实。

4. 公司企业文化的实施

（1）保证企业文化建设经费投入。一手抓硬件设施建设。加强企业文化工程建设，定期更新集团公司企业文化展厅，巩固现有文化设施建设成果，全面加强图书室、文化中心等内部配套设施建设及日常管理维护工作。一手抓软件素质提高。巩固企业文化建设优秀成果，制作《文化手册》。通过《文化手册》集中呈现公司员工心血和智慧的结晶，作为人共同的精神追求和行动指南。

（2）企业文化建设领导小组要进一步加强文化管理职能，突出定政策、做规划、抓监管，引导、推动、规范企业文化建设又好又快发展。

（3）总经理办公室负责推动公司企业文化的实施，主管公司网站，组织开展公司对内企业文化宣传工作。一是创新宣传方式，树立良好的企业形象，提升企业知名度的厚度与宽度。二是加强ERP和企业网站的建设，发挥企业网站便捷、直观、辐射范围广等宣传作用。

（4）各单位、各部门在开展对内对外宣传工作时，必须充分考虑到公司企业文化的要求，不得违反公司企业文化相关规定。总经理办公室负责对公司各部门宣传工作进行监督和指导。

（5）各单位在开展对外宣传时，必须将宣传内容上报公司总经理办公室审核，并会同总经理办公室开展工作。

（6）总经理办公室应协助各单位做好企业形象推广工作和企业标志标识使用规范的检查工作。

（7）总经理办公室应组织开展丰富多彩的企业文化活动。狠抓落实学习制度，坚持每周集中学习；大力开展各类主题文化活动，使员工对企业产生强烈的认同感、自豪感和使命意识。

（8）各单位、各部门可以提议开展企业文化活动，由总经理办公室研究并提案，公司分管领导审批后，公司总经理办公室组织开展活动，或者协助分公司开展活动。

（二）将文化融入工作流程

1. 文化引导的工作流程设计

企业在设计工作流程时应充分考虑企业文化的特点，将文化元素融入流程的各个环节。例如，在项目管理流程中，强调团队协作和共同决策，体现企业文化中的"团结协作"精神。

2. 文化导向的工作标准

企业在制定符合企业文化的工作标准，如服务标准、质量标准等，确保员工在工作过程中能够践行企业文化。通过培训、示范和考核等方式，使员工熟练掌握工作标准,并将其作为日常工作的行为准则。

3. 文化激励的工作氛围

企业应营造积极向上、充满活力的工作氛围,使员工在工作中能够感受到企业文化的魅力。通过开展文化主题活动、表彰优秀员工等方式,激发员工的工作热情和创造力,推动企业文化的深入实施。

(三)将文化融入日常行为

将文化融入日常行为的措施如图5-8所示。

领导者以身作则	企业领导者应成为企业文化的倡导者和践行者,通过自身的言行举止展示企业文化的内涵和要求。领导者应积极参与企业文化建设活动,与员工共同学习和实践企业文化,为员工树立榜样
培训与教育	企业应通过定期的培训和教育活动,向员工传达企业文化的内涵和重要性。培训内容应包括企业文化的核心理念、价值观和行为规范等。通过案例分析、角色扮演等互动方式,加深员工对企业文化的理解和认同,使员工能够自觉地将企业文化融入日常行为中
激励机制	企业应建立与企业文化相匹配的激励机制,对符合企业文化要求的行为给予正面反馈和奖励。通过设立"企业文化之星""最佳团队协作奖"等奖项,表彰在践行企业文化方面表现突出的员工,激发员工的积极性和创造力
沟通与反馈	企业应建立有效的沟通机制,鼓励员工在日常工作中分享自己的见解、经验和建议。同时,定期对员工的工作进行评估和反馈,指出他们在践行企业文化方面的优点和不足,帮助他们更好地成长和改进
营造良好氛围	企业可以通过办公环境的设计、团队活动的组织等方式,营造出一个积极向上、充满活力的工作氛围。这样的氛围有助于员工更好地投入到工作中,并在日常工作中自然而然地体现出企业文化

图5-8 将文化融入日常行为的措施

第三节　企业文化的维护与优化

随着社会的发展和市场的变化，企业文化也需要不断创新和升级。企业应密切关注行业动态和市场需求，及时调整和优化企业文化的内容和形式。企业文化的维护与优化是一个持续且动态的过程，涉及多个方面的努力和策略。

一、持续沟通

企业通过持续沟通来维护和优化企业文化是一个至关重要的过程，它有助于确保企业文化的核心理念得到广泛认同和深入践行。表5-8是一些具体的策略和方法。

表5-8　持续沟通的策略和方法

序号	策略和方法	实施要点
1	建立多渠道的沟通平台	（1）内部沟通渠道：企业应建立多样化的内部沟通平台，如企业内网、员工论坛、即时通信工具、定期会议等，确保信息能够顺畅地传递和反馈； （2）领导与员工沟通：企业领导层应定期与员工进行面对面的沟通，了解他们的想法、感受和需求，同时传达企业的战略方向和文化理念
2	保持沟通的开放性和透明度	（1）鼓励员工参与：企业应鼓励员工积极参与讨论和提出意见，形成开放透明的沟通氛围。员工的声音是企业宝贵的资源，他们的反馈有助于企业及时发现和解决问题； （2）透明化管理：企业应实行透明化管理，让员工了解企业的运营状况、决策过程和结果，增强员工的归属感和信任感。企业领导层应定期与员工交流，了解他们的想法和感受，确保企业文化的核心理念得到广泛认同和践行
3	利用沟通促进文化优化	（1）明确文化导向：在沟通过程中，企业应明确企业文化的导向和重点，引导员工积极践行企业的核心价值观和行为准则； （2）调整优化：根据评估结果和反馈意见，企业应及时调整和优化企业文化的相关内容和实施策略。例如，针对员工反馈的问题进行改进，或者根据企业战略的变化调整企业文化的重点

续表

序号	策略和方法	实施要点
4	培养良好的沟通习惯和文化	（1）领导示范：企业领导应成为良好沟通的典范，通过自身的言行举止展示沟通的重要性和技巧。他们应主动与员工沟通，倾听员工的意见和建议，并给予积极的反馈； （2）培训与教育：企业应定期为员工提供沟通培训和教育，提升他们的沟通技巧和意识。培训内容可以包括沟通技巧、非言语交流、情绪管理等方面

二、评估与反馈

企业通过评估与反馈来维护和优化企业文化是一个系统性的过程，它有助于企业及时发现文化建设中的问题和不足，并据此进行调整和优化。图5-9是企业如何通过评估与反馈来维护和优化企业文化的具体步骤。

明确评估目标与范围 → 选择评估方法 → 实施评估并收集反馈 → 分析评估结果并制定优化策略 → 实施优化措施并跟踪效果 → 建立长效机制

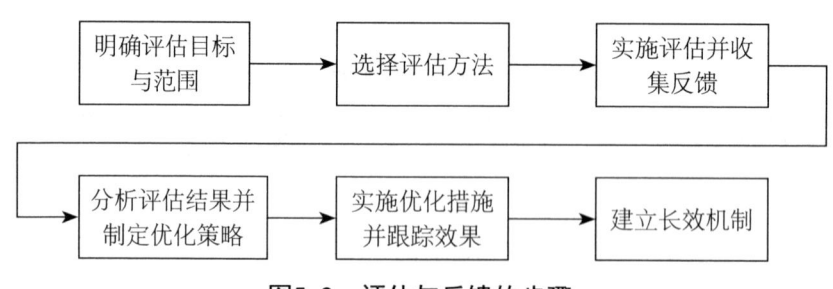

图5-9 评估与反馈的步骤

（一）明确评估目标与范围

首先，企业需要明确企业文化评估的具体目标，如了解员工对企业文化的认知程度、评估企业文化的实施效果等。评估范围应涵盖企业文化的各个方面，包括核心价值观、行为准则、工作氛围、沟通机制等。

（二）选择评估方法

评估方法包括问卷调查法、深度访谈法、观察法等。

1. 问卷调查法

问卷调查法是指通过设计问卷收集员工对企业文化的看法和感受。问卷内容可以包括企业价值观、组织氛围、沟通方式等方面的问题。问卷调查法简单易行，成本较低，但需要注意数据真实性的保证。

2. 深度访谈法

深度访谈法是指与企业的领导团队和员工进行深入交流和访谈，了解他们对企业文化的理解和期望。深度访谈法能够获取更详细的信息，但时间成本较高，难以大面积开展。

3. 观察法

观察法是指观察企业员工的日常工作和交流情况，从员工的言行举止和相互沟通之间窥视企业的文化现状。观察法能够直观了解企业文化的实际表现，但需要一定的观察技巧和经验。

（三）实施评估并收集反馈

企业应根据选定的评估方法，组织相应的评估活动。例如，发放问卷、安排访谈、进行观察等。通过评估活动收集员工和管理层的反馈意见，包括对企业文化的满意度、存在的问题、改进建议等。

（四）分析评估结果并制定优化策略

接下来，企业应对收集到的评估数据和反馈意见进行整理和分析，找出企业文化建设中存在的问题和不足。根据评估结果，制定针对性的优化策略。例如，针对员工沟通不畅的问题，可以加强沟通机制建设；针对员工对企业价值观认知不清的问题，可以加强价值观的宣传和教育。

（五）实施优化措施并跟踪效果

企业应将制定的优化措施落实到具体行动中，如调整组织架构、改进沟通机制、加强培训等，并对优化措施的实施效果进行跟踪和评估，了解优化措施的实际效果，并根据需要进行调整和改进。

（六）建立长效机制

企业应将企业文化评估与反馈作为一项常规工作纳入企业管理体系，定期进行评估和反馈，确保企业文化建设的持续性和有效性。根据评估结果和反馈意见，不断调整和优化企业文化的内容和形式，确保企业文化与企业战略和市场环境保持同步发展。

三、故事与典范

企业通过故事与典范来维护和优化企业文化是一种有效且深入人心的策略。

（一）故事、典范与企业文化的关系

故事、典范与企业文化之间存在着紧密而深刻的关系，它们共同构成了企业文化传播、塑造和强化的重要元素。

1. 故事——企业文化的载体与传承

故事是企业文化最生动、最直接的表达方式之一。企业故事往往围绕着企业的创立、发展历程、关键事件、英雄人物等展开，通过情感共鸣和情节叙述，将企业的价值观、使命、愿景等抽象概念具象化，使员工能够更加深刻地理解和认同企业文化。这些故事不仅传递了企业的历史记忆，也塑造了企业的独特个性和品牌形象，成为企业文化传承的重要载体。

2. 典范——企业文化的标杆与示范

典范（或称为榜样、模范）是企业文化中具体可感的人物或行为实例，他们通过自身的言行举止，生动诠释了企业文化的内涵和要求。典范的树立为员工提供了明确的行为标准和努力方向，激发了员工的积极性和创造力，促进了企业文化的落地生根。同时，典范的表彰和宣传也增强了企业文化的凝聚力和向心力，使企业文化成为全体员工共同的精神追求和行为准则。

3. 企业文化——故事与典范的土壤与归宿

企业文化是故事和典范得以生长和繁衍的土壤。一个健康、积极的企业文化，能够孕育出丰富多彩、感人至深的企业故事和令人敬仰的典范人物。同时，这些故事和典范又反过来不断滋养和丰富着企业文化，使其更加生动、具体、有说服力。企业文化、故事与典范三者之间形成了一个良性循环，共同推动着企业的持续发展和进步。

4. 相互作用与影响

故事通过讲述和传播，加深了员工对企业文化的理解和认同，同时也为典范的树立提供了丰富的素材和背景。典范的树立和宣传，又进一步强化了企业文化的核心价值观和行为规范，使企业文化更加深入人心。企业文化作为整体框架，为故事和典范的创造提供了方向和指导，确保了它们与企业战略和愿景的一致性。

（二）通过故事与典范来维护和优化企业文化的要领

企业可以通过表5-9所示步骤和要领来维护和优化企业文化。

表5-9 维护和优化企业文化的步骤和要领

序号	步骤和要领	实施要点
1	挖掘和整理企业文化故事	（1）寻找真实故事：企业应积极挖掘和整理那些真实发生过的、能够体现企业文化核心理念和价值观的故事。这些故事可以来自于企业历史上的重要事件、优秀员工的先进事迹、团队合作的成功案例等； （2）筛选和提炼：在众多故事中筛选出最具有代表性和感染力的故事进行提炼和加工。确保这些故事能够清晰地传达企业文化的核心信息，并引起员工的共鸣
2	传播企业文化故事	（1）内部传播：通过企业内部的各种渠道和平台（如企业内网、员工论坛、内部会议等）广泛传播这些企业文化故事。让员工在日常工作中不断听到、看到、感受到这些故事所传递的文化信息； （2）外部宣传：在合适的场合和平台上对外宣传企业文化故事，如企业网站、社交媒体、行业论坛等。这有助于提升企业的品牌形象和社会影响力，同时吸引更多认同企业文化的优秀人才加入
3	树立典范人物	（1）选拔标准：制定明确的典范人物选拔标准，确保这些人物能够充分体现企业文化的核心理念和价值观。他们应该是企业中的佼佼者，在工作中表现出色、品德高尚、具有强烈的企业归属感； （2）表彰和宣传：对选拔出的典范人物进行表彰和宣传，通过他们的故事和事迹来激励其他员工。可以通过企业内部刊物、宣传栏、表彰大会等形式进行宣传，让典范人物成为企业文化传播的重要载体
4	利用故事与典范深化企业文化	（1）强化文化认同：通过反复讲述企业文化故事和宣传典范人物的事迹，不断强化员工对企业文化的认同感和归属感。让员工深刻认识到自己的工作与企业文化之间的紧密联系，从而更加积极地践行企业文化； （2）推动文化创新：在传承和弘扬企业文化的基础上，鼓励员工根据新的形势和任务要求不断创新和发展企业文化。可以通过开展企业文化创新活动、征集员工意见和建议等方式来推动企业文化的不断进步和完善
5	建立长效机制	（1）定期更新：企业文化故事和典范人物需要定期更新和补充，以反映企业最新的发展动态和文化成果。这有助于保持企业文化的活力和吸引力； （2）持续评估：建立企业文化评估和反馈机制，定期对企业文化建设和传播效果进行评估和反馈。根据评估结果及时调整和优化企业文化故事和典范人物的传播策略和内容

四、适应变化

企业文化应随着企业战略和市场环境的变化而调整优化，是一个动态且持续的过程。为了确保企业文化能够与企业战略保持一致，并适应市场环境的快速变化，企业可以采取以下策略：

（一）关注外部环境变化

企业应密切关注企业战略和市场环境的变化趋势，了解行业发展趋势和竞争对手的动态。

企业应了解行业的最新动态、技术革新和消费者偏好的变化，以便预测未来的市场趋势。应关注竞争对手的策略、产品更新和市场表现，以便及时调整自身战略和文化，保持竞争优势。基于对市场环境的深入洞察，企业应迅速识别出潜在的机会和威胁，并制定相应的应对策略。这有助于企业及时调整和优化企业文化，以适应外部环境的变化，更好地支持新的战略方向。

（二）灵活调整企业文化

企业应根据企业战略和市场环境的变化灵活调整企业文化的相关内容和实施策略。例如，当企业实施创新战略时，可以强调创新精神和开放思维；当企业战略发生转变时，企业文化也应随之调整。例如，若企业从成本领先战略转向差异化战略，企业文化可能需要更加强调创新和个性化。企业应根据新的战略方向，调整企业文化的传播方式、培训内容和激励机制等，以确保员工能够理解和践行新的文化价值观。

市场环境的变化直接影响企业的产品和服务。因此，企业文化中应融入更强的市场导向和客户服务理念，以满足客户需求，提升客户满意度。当市场环境发生变化时，可以调整企业文化中的市场导向和客户服务理念等。

（三）保持核心价值的稳定性

企业在调整和优化企业文化的过程中，要保持核心价值的稳定性。企业的核心价值观是企业文化的灵魂和基石，不应该轻易改变。在保持核心价值稳定的基础上，根据外部环境的变化进行适当的调整和优化。这种调整应是对核心价值的丰富和发展，而不是对其根本的否定或改变。

第六章
账务处理

在现代企业运营中，账务处理作为财务管理的核心环节，贯穿于企业经济活动的全过程。从原始凭证的收集、记录，到财务数据的分类、审核、调整，再到财务报表的编制和分析，每一个环节都紧密相连，共同构成了企业账务处理的完整链条，其重要性不言而喻。它不仅直接关系到企业财务信息的准确性和及时性，更是企业制定经营策略、评估财务状况、进行决策分析的重要依据。

第一节 2024年修订的《会计法》解读

2024年6月28日，第十四届全国人民代表大会常务委员会第十次会议通过《关于修改〈中华人民共和国会计法〉的决定》，以中华人民共和国主席令第28号公布，自2024年7月1日起施行。

一、《会计法》的修正背景

随着经济全球化和中国市场经济的不断发展，会计作为经济活动中的重要组成部分，其规范性和准确性对于维护市场经济秩序、保障公共利益具有重要意义。因此，为了适应新时代的需求，国家立法机关对《会计法》进行了第三次修正，以更好地指导会计工作实践。通过修订《会计法》，国家立法机关为会计行业的规范发展注入了新的活力，标志着我国会计法治化建设迈上了新的台阶。

二、《会计法》的主要修正内容

新旧法律对比，2024年修订的《会计法》主要体现"十大"变化，如图6-1所示。

变化一	坚持党对会计工作的统一领导
变化二	加大对违法行为的处罚力度，进一步明确个人的法律责任
变化三	强化会计监督，将内部会计监督制度纳入内部控制制度
变化四	加强会计信息化建设和会计信息安全建设
变化五	进一步细化了会计工作的组织保障形式
变化六	强化财务会计报告的一致性和审计要求
变化七	加强会计档案管理与监督
变化八	强化会计人员和有关部门及其工作人员的保密责任
变化九	强化了同位法之间相互补充与部门之间协调
变化十	2024年修订的《会计法》的语言和表述更加规范化

图6-1 2024年修订的《会计法》的"十大"变化

（一）坚持党对会计工作的统一领导

2024年修订的《会计法》第二条增加"会计工作应当贯彻落实党和国家路线方针政策、决策部署，维护社会公共利益，为国民经济和社会发展服务。"

【解读】

该变化明确了会计工作应遵循的基本原则、应发挥的基础作用，这既是对党领导会计事业具体实践的历史性总结，也为我国未来持续推进会计改革与发展明确了根本方向。

1. 坚决贯彻落实党和国家路线方针政策是我国会计事业不断发展的坚强保证；党的领导为会计事业发展指明正确方向，党的领导为会计事业发展提供科学理论，党的领导为会计事业发展注入强大动力。

2. 贯彻实施2024年修订的《会计法》要与落实党中央重大决策部署结合起来；会计政策的制定和执行需与国家发展战略保持一致，确保会计信息能有效支持政府决策和市场运作。

（二）加大对违法行为的处罚力度，进一步明确个人的法律责任

1. 提高"不依法设置会计账簿、私设会计账簿"等10种违法行为的罚款额度。

【解读】

2024年修订的《会计法》第四十条规定：违反本法规定，有（1）不依法设置会计账簿的；（2）私设会计账簿的；……（5）随意变更会计处理方法的；（6）向不同的会计资料使用者提供的财务会计报告编制依据不一致等10种行为之一的；由县级以上人民政府财政部门责令限期改正，给予警告、通报批评。

2024年修订的与2017年修订的《会计法》的比较如表6-1所示。

表6-1　2024年修订的与2017年修订的《会计法》的比较

项目		2024年修订的《会计法》	2017年修订的《会计法》
一般情形		对单位可以并处二十万元以下的罚款，对其直接负责的主管人员和其他直接责任人员可以处五万元以下的罚款	可以对单位处三千元以上五万元以下的罚款
情节严重	单位	可以并处二十万元以上一百万元以下的罚款	对其直接负责的主管人员和其他直接责任人员，可以处二千元以上二万元以下的罚款
	直接负责的主管人员和其他直接责任人员	可以处五万元以上五十万元以下的罚款	

通过上表不难看出，对单位罚款上限是从5万元提高到100万元，提高20倍；对主管人员和其他直接责任人员罚款上限是从2万元提高到50万元，提高25倍。

2. 提高"伪造、变造会计凭证、会计账簿，编制虚假财务会计报告等违法行为"的罚款额度。

【解读】

2024年修订的《会计法》第四十一条规定："伪造、变造会计凭证、会计账簿，编制虚假财务会计报告，隐匿或者故意销毁依法应当保存的会计凭证、会计账簿、财务会计报告的，由县级以上人民政府财政部门责令限期改正，给予警告、通报批评……"

2024年修订与2017年修订的《会计法》的比较如表6-2所示。

表6-2　2024年修订的与2017年修订的《会计法》的比较

项目	2024年修订的《会计法》	2017年修订的《会计法》
单位	没收违法所得，违法所得二十万元以上的，对单位可以并处违法所得一倍以上十倍以下的罚款,没有违法所得或者违法所得不足二十万元的,可以并处二十万元以上二百万元以下的罚款	可以对单位并处五千元以上十万元以下的罚款
主管人员和其他直接责任人员	对其直接负责的主管人员和其他直接责任人员可以处十万元以上五十万元以下的罚款，情节严重的，可以处五十万元以上二百万元以下的罚款	对其直接负责的主管人员和其他直接责任人员，可以处三千元以上五万元以下的罚款

通过上表不难看出，对单位罚款上限是从10万元提高到违法所得十倍且不封顶、"单位10万元顶格罚款"已成为历史；对主管人员和其他直接责任人员罚款上限是从5万元提高到200万元、提高40倍、"个人5万元顶格罚款"也已成为往昔。

3. 提高"授意、指使、强令会计机构、会计人员及其他人员伪造、变造会计凭证、会计账簿，编制虚假财务会计报告等违法行为"的罚款额度。

【解读】

2024年修订的《会计法》第四十二条规定：授意、指使、强令会计机构、会计人员及其他人员伪造、变造会计凭证、会计账簿，编制虚假财务会计报告或者隐匿、故意销毁依法应当保存的会计凭证、会计账簿、财务会计报告的，由县级以上人民政府财政部门给予警告、通报批评。

2024年修订与2017年修订的《会计法》的比较如表6-3所示。

表6-3　2024年修订的与2017年修订的《会计法》的比较

项目	2024年修订的《会计法》	2017年修订的《会计法》
一般情况	可以并处二十万元以上一百万元以下的罚款	可以处五千元以上五万元以下的罚款
情节严重	情节严重的，可以并处一百万元以上五百万元以下的罚款	

通过上表不难看出，对一般情形罚款上限5万元提高到100万元、提高20倍；对情节严重罚款上限5万元提高到500万元、提高100倍。

4. 违法信息记入个人信用记录2024年修订的《会计法》第四十七条增加一款："因违反本法规定受到处罚的，按照国家有关规定记入信用记录。"

【解读】

（1）本次会计法修改，首次将信用记录写入会计法律条文中，为推进会计诚信建设提供了法律保障。

（2）该规定将会对相关违法人员未来生活造成极大的不利影响：一是影响贷款，银行是贷不到款，甚至连信用卡也办不了；二是影响出行，比如无法乘坐飞机、火车等；三是影响就业，背景调查，如果查到不良征信记录，就无法办理入职；四是影响家庭，不良征信记录对家庭也是有一定影响的，如夫妻双方之间有一方信用记录不良，那么另一方想要贷款买房买车也会被拒绝。

（3）我们应按照党中央、国务院关于社会诚信建设的统一部署，构建诚信教育机制，强化会计诚信教育，加强会计诚信建设。

（三）强化会计监督，将内部会计监督制度纳入内部控制制度

2024年修订的《会计法》第二十五条在"各单位应当建立、健全本单位内部会计监督制度"后增加"并将其纳入本单位内部控制制度"。

【解读】

（1）首次将"内部控制"四个字写入《会计法》，并明确了单位内部会计监督是内部控制的组成部分；这突出了单位内部控制的重要性，将有助于各单位进一步强化内部控制建设。

（2）上述规定完善了会计监督与内部控制制度的关系，内部控制制度是各单

位全员控制，会计监督作为内部控制制度重要的一环，此次修法将其纳入本单位内部控制管理制度范围是有效防范会计信息虚假的重要工作。

（四）加强会计信息化建设和会计信息安全建设

2024年修订的《会计法》第八条增加一款："国家加强会计信息化建设，鼓励依法采用现代信息技术开展会计工作，具体办法由国务院财政部门会同有关部门制定。"

【解读】

（1）首次将会计信息化写入《会计法》，这是顺应数字经济发展的必然要求，既有利于加快推进会计工作数字化转型，支撑会计职能拓展，也为推进会计信息化高质量发展提供了坚实的法律基础。

（2）各单位应牢牢把握会计信息化发展脉搏，坚定不移推动会计工作数字化转型。加强会计信息化建设，推动会计工作数字化转型，提高会计数据的开放性与共享性，实现会计数据与政务数据、社会数据的融合共享。

（五）进一步细化了会计工作的组织保障形式

2024年修订的《会计法》第三十四条第一款修改为：各单位应当根据会计业务的需要，依法采取下列一种方式组织本单位的会计工作：

（1）设置会计机构；

（2）在有关机构中设置会计岗位并指定会计主管人员；

（3）委托经批准设立从事会计代理记账业务的中介机构代理记账；

（4）国务院财政部门规定的其他方式。

【解读】

（1）该条款强调了会计工作需要专业组织来管理，能够确保会计工作的专业性和系统性。

（2）针对不具备设立会计机构或配备专职会计人员的单位，可以选择委托专业的会计代理记账机构进行代理记账。这种方式能够确保会计工作的专业性和规范性，同时降低单位自身的运营成本和风险。

（3）单位所委托的代理记账机构必须是经过相关部门批准设立的，具备从事会计代理记账业务的资质。

（六）强化财务会计报告的一致性和审计要求

2024年修订的《会计法》第二十条第二款修改为："向不同的会计资料使用者提供的财务会计报告，其编制依据应当一致。有关法律、行政法规规定财务会计报告须经注册会计师审计的,注册会计师及其所在的会计师事务所出具的审计报告应当随同财务会计报告一并提供。"

【解读】

(1)修改后的第二十条强调向不同使用者提供的财务会计报告编制依据必须一致,并明确了注册会计师审计报告的提供要求,突出强化财务会计报告编制依据一致性。

(2)法条的目的是保证会计信息的真实性和公正性,防止因不同使用者而采用不同的计算口径、计算方法或计算依据导致信息失真或误导。一致性的编制依据有助于确保会计信息的可比性和可理解性,使得不同的会计资料使用者能够基于相同的信息进行决策。

(3)加强外部审计和监管的有效性,因为审计师可以基于统一的编制依据对财务会计报告进行审计和评估。两者同时构成了对财务会计报告编制和审计的严格要求,旨在确保财务会计报告的公正性、真实性和准确性;有利于保护投资者的利益,也有利于维护市场秩序和经济的健康发展。

(七)加强会计档案管理与监督

2024年修订的《会计法》第二十三条修改为:"各单位对会计凭证、会计账簿、财务会计报告和其他会计资料应当建立档案,妥善保管。会计档案的保管期限、销毁、安全保护等具体管理办法,由国务院财政部门会同有关部门制定。"

【解读】

(1)修改后的第二十三条强化了会计档案的保管和监督机制,确保会计资料的安全和真实性。

(2)该条规定在2017年修订的《会计法》基础上增加了"安全保护"的规定,对会计信息境内和跨境传输涉及国家安全问题在立法上有所回应,为下一步会计信息境内外传输立法提供了立法保障。在会计信息安全性上,为全方位保障我国企事业单位、军队组织及其他机构的信息安全,单位应致力于构建坚固的会计信息安全防护体系,通过事前防范与持续监督体系,确保数据的安全与稳定。

(八)强化会计人员和有关部门及其工作人员的保密责任

2024年修订的《会计法》第三十七条明确:"会计人员应当遵守职业道德,提高业务素质,严格遵守国家有关保密规定"。同时,2024年修订的《会计法》第三十二条强调:"依法对有关单位的会计资料实施监督检查的部门及其工作人员对在监督检查中知悉的国家秘密、工作秘密、商业秘密、个人隐私、个人信息负有保密义务"。

【解读】

（1）《中华人民共和国会计法》修订内容中增加了对会计人员遵守保密规定的要求和强化了对个人信息的保护，这表明对会计职业操守的重视。

（2）2017年修订的《会计法》中"国家有关部门及其工作人员对在查阅、利用会计资料的过程中知悉的国家秘密和商业秘密负有保密义务"，但商业秘密所指范围远不能涵盖企业会计信息中应保密的信息。2024年修订的《会计法》通过列举方式明确需要保密的会计主体商业信息，即将第三十四条改为第三十二条，其中的"国家秘密和商业秘密"修改为："国家秘密、工作秘密、商业秘密、个人隐私、个人信息"。

（九）强化了同位法之间相互补充与部门之间协调

（1）2024年修订的《会计法》增加第四十六条："违反本法规定，但具有《中华人民共和国行政处罚法》（以下简称《行政处罚法》）规定的从轻、减轻或者不予处罚情形的，依照其规定从轻、减轻或者不予处罚。"

【解读】

《行政处罚法》和《会计法》同为全国人民代表大会常务委员会修订，属于同位法具有同等法律效力，但此处明确规定以《中华人民共和国行政处罚法》规定的从轻、减轻或者不予处罚……体现了《会计法》的人情味。

（2）2024年修订的《会计法》第三十一条修改为："财政、审计、税务、金融管理等部门应当依照有关法律、行政法规规定的职责，对有关单位的会计资料实施监督检查，并出具检查结论。"

【解读】

财政、审计、税务、金融管理等部门应当加强监督检查协作，有关监督检查部门已经作出的检查结论能够满足其他监督检查部门履行本部门职责需要的，其他监督检查部门应当加以利用，避免重复查账。

（十）2024年修订的《会计法》的语言和表述更加规范化

2024年修订的《会计法》将相关条文中的"帐"修改为"账"等。

【解读】

修改中还统一了"账"字的使用，对部分条款进行了文字上的调整，以提升法律条文的严谨性和规范性。

总之，此次《会计法》的修改，在保持现行基本制度不变的同时，重点解决了会计工作中的突出问题，进一步加强了财会监督，加大了对会计违法行为的处罚力度。

三、《会计法》的实施意义

本次《会计法》的修订，不仅是对原有法律条文的完善和创新，更是对会计行业未来发展方向的指引和规范。它有利于推动会计工作的规范化、信息化和国际化进程，提高会计信息的质量和透明度，为经济社会的健康发展提供有力保障。本次修正进一步完善了我国会计法律体系，提升了会计法治化水平，为依法治国战略的实施提供了有力支持。同时，加强财会监督和处罚力度也有助于维护社会公共利益和市场经济秩序的稳定。

总体而言，2024年修订的《会计法》在保持现行基本制度不变的基础上，通过细化和完善相关条款进一步规范了会计行为，强化了法律责任，提升了会计信息质量，为维护市场经济秩序和促进经济社会发展提供了坚实的法治保障。

第二节　会计账簿的设置与管理

会计账簿的设置与管理是企业会计核算体系的重要组成部分，其目的是全面、系统地记录和监督企业的经济活动。

一、会计账簿的设置原则

会计账簿的设置应遵循图6-2所示原则。

全面性原则	账簿的设置应能全面反映企业的经济活动与财务状况，为经营管理者和决策者提供丰富的财务资料
实际需要原则	在设置会计账簿时，应当从实际出发，并根据自身企业的实际情况决定账户的数量与明细度

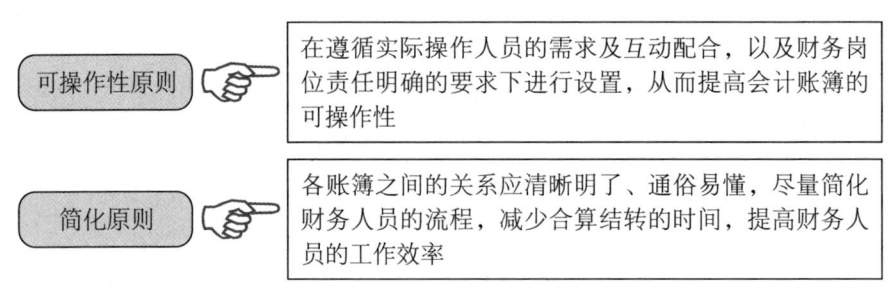

可操作性原则 ☞ 在遵循实际操作人员的需求及互动配合,以及财务岗位责任明确的要求下进行设置,从而提高会计账簿的可操作性

简化原则 ☞ 各账簿之间的关系应清晰明了、通俗易懂,尽量简化财务人员的流程,减少合算结转的时间,提高财务人员的工作效率

图6-2　会计账簿的设置原则

二、会计账簿的基本内容

会计账簿包括总账、明细账、日记账和其他辅助性账簿。每种账簿都有其特定的功能和格式设计,如表6-4所示。

表6-4　会计账簿的基本内容

序号	账簿类型	说明
1	总账	也称序时账簿,用于记录所有经济业务的借方和贷方发生额,是编制财务报表的基础
2	明细账	详细记录每一笔经济业务的具体情况,便于进一步分析和检查
3	日记账	按日登记每一笔经济业务,主要包括现金日记账和银行存款日记账,必须采用订本式账簿
4	其他辅助性账簿	如备查账簿等,用于补充记录一些不便于在总账或明细账中登记的经济业务

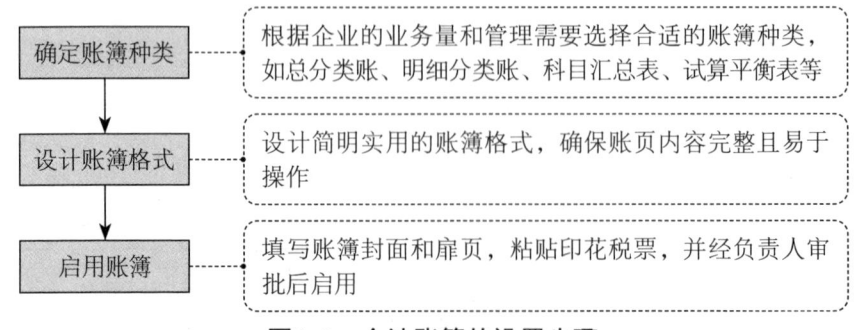

三、会计账簿的设置步骤

会计账簿的设置步骤如图6-3所示。

确定账簿种类 ⋯⋯ 根据企业的业务量和管理需要选择合适的账簿种类,如总分类账、明细分类账、科目汇总表、试算平衡表等

设计账簿格式 ⋯⋯ 设计简明实用的账簿格式,确保账页内容完整且易于操作

启用账簿 ⋯⋯ 填写账簿封面和扉页,粘贴印花税票,并经负责人审批后启用

图6-3　会计账簿的设置步骤

四、会计账簿的登记与管理

会计账簿的登记与管理要求如表6-5所示。

表6-5 会计账簿的登记与管理要点

序号	要点	操作说明
1	登记依据	会计账簿的登记必须以经过审核的会计凭证为依据,确保数据的真实性和准确性
2	连续编号	会计账簿应当按照连续编号的页码顺序登记,如出现隔页、缺号、跳行等情况,应按规定方法予以更正,并由会计人员和会计机构负责人在更正处盖章
3	电子化管理	实行会计电算化的单位,其会计账簿的登记和更正也应符合国家统一的会计制度规定
4	保管要求	妥善保存、定期清点、及时更新,以确保账簿的完整性和准确性

通过上表所述措施可以有效地设置和管理会计账簿,保证企业财务信息的准确性和完整性,从而为企业的经营决策提供可靠的数据支持。

第三节 会计核算制度与程序

企业会计核算是企业财务管理的重要组成部分,对于企业的健康发展和合法运营具有重要意义。企业应严格遵守相关法律法规和会计准则要求,加强内部控制和核算管理,提高会计核算的准确性和效率。

一、会计核算

企业会计核算是指以货币为主要计量单位,通过确认、计量、记录和报告等环节,对企业经济活动进行记账、算账和报账的会计活动。

(一)会计核算的目的

企业进行会计核算是要达到图6-4所示目的。

```
┌─────────────────────────┬─────────────────────────┐
│ 为企业管理层提供财务信   │ 协助管理层制定未来规划   │
│ 息，评估企业财务状况和   │ 和发展战略               │
│ 经营绩效                 │                         │
│ **核算企业利润和财务状况** │ **制定决策**             │
├─────────────────────────┼─────────────────────────┤
│ **满足法律法规要求**     │ **监控及控制**           │
│ 确保企业合法运营，遵守   │ 监控企业财务活动，确保   │
│ 会计准则和法规           │ 资金安全，及时发现并纠   │
│                         │ 正违规行为               │
└─────────────────────────┴─────────────────────────┘
```

图6-4　会计核算的目的

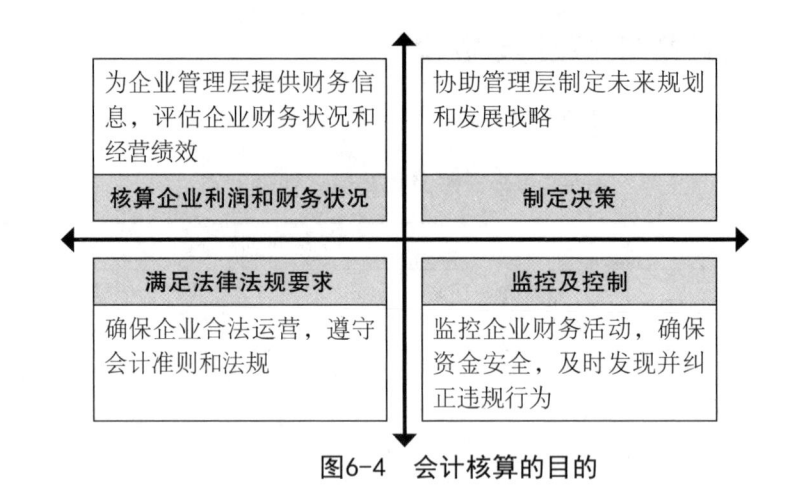

（二）企业会计核算的主要方法

企业会计核算方法多样，主要包括表6-6所示的几种。

表6-6　企业会计核算的主要方法

序号	项目	方法
1	设置会计科目和账户	对会计核算的具体内容进行分类核算，科学合理地设置会计科目和账户是完成会计核算任务的基础
2	复式记账	对每一项经济业务都以相等的金额在两个或两个以上相互联系的账户中进行登记，以反映经济业务的来龙去脉和相互关系
3	登记账簿	在会计账簿上连续、完整、系统地记录经济业务，为编制会计报表提供系统、完整的会计信息
4	成本计算	归集和分配生产经营各阶段所发生的各项费用，确定成本对象的总成本和单位成本
5	财产清查	通过盘点实物和核对账目，确保账实相符，保证会计核算指标的正确性和真实性
5	编制会计报表	根据账簿记录资料，采用一定的表格形式反映企业在一定时期内经济活动的过程和结果

二、会计核算制度

企业会计核算制度是指企业根据国家法律法规、财务会计准则及企业自身实际情况，制定的一系列有关财务会计管理、账务处理、报表编制等方面的规定、制度和程序。会计核算制度是企业内部治理结构的重要组成部分，体现了企业治理能力和财务责任制的有效运行。有利于企业的合规性运营，提高了企业的风险防范和管理水平。

（一）会计核算制度的特点

企业会计核算制度应具有图6-5所示特点。

```
会计核算制度的特点
├── 法制性 —— 会计核算制度必须符合国家法律法规和财务会计准则的规定，确保企业会计核算的合法性和规范性
├── 统一性 —— 会计核算制度是企业内部财务管理的统一规范和标准，确保各项财务事务的处理一致性和可比性
├── 稳定性 —— 会计核算制度要求稳定性，避免频繁更改，以保证数据的连续性和完整性
├── 灵活性 —— 会计核算制度也应具备一定的灵活性，可根据企业实际情况进行调整和改进，以适应经营管理的变化
└── 服务性 —— 会计核算制度涉及企业内部各个部门和环节，在充分发挥财务管理作用的同时，还要为公司经营决策提供及时准确的信息支持
```

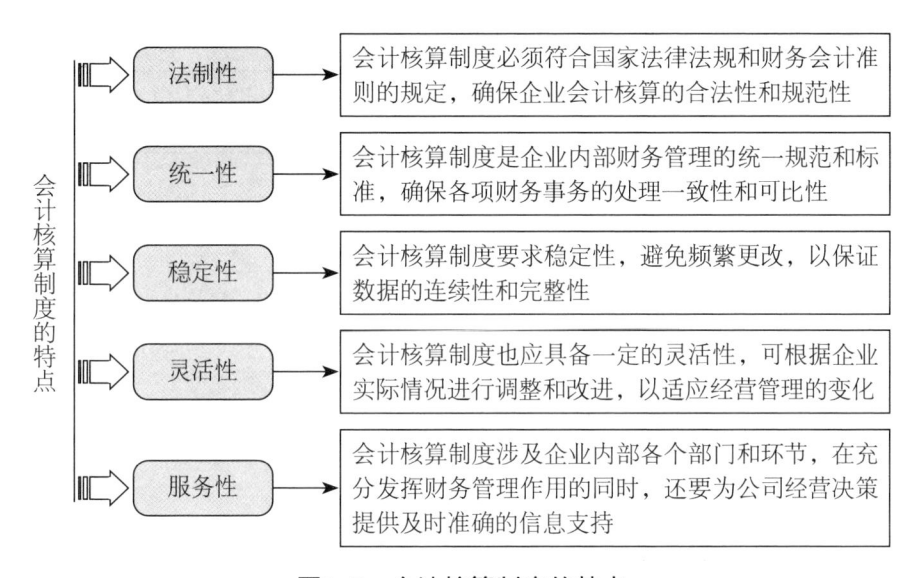

图6-5 会计核算制度的特点

（二）会计核算制度的主要内容

企业会计核算制度通常包括表6-7所示的几个方面的内容。

表6-7 会计核算制度的主要内容

序号	内容	说明
1	会计凭证的取得、填制、审核和错误更正的规定	确保会计凭证的真实、准确和完整，为后续的账务处理提供可靠的依据
2	会计科目（账户）的设置和运用的规定	根据企业的业务特点和管理需求，合理设置会计科目，确保会计核算的准确性和规范性
3	会计记账方法的规定	明确采用何种记账方法（如借贷记账法）进行账务处理，确保会计信息的连续性和系统性
4	会计记录文字、会计期间和记账本位币的规定	统一会计记录的文字、会计期间和记账本位币，确保会计信息的可比性和一致性

续表

序号	内容	说明
5	会计账簿的设置、登记、错误更正、对账和结账的规定	规范会计账簿的设置和管理,确保会计信息的准确性和完整性
5	会计处理方法的选择和运用的规定	明确各项经济业务的会计处理方法,确保会计核算的准确性和一致性
6	财务会计报告编制的规定	规范财务会计报告的编制内容和格式,确保财务报告的真实、准确和完整
7	会计档案管理的规定	加强会计档案的管理和保存工作,确保会计信息的可追溯性和安全性

三、会计核算程序

会计核算的程序设计是会计工作中的一项重要内容,它涉及会计凭证、会计账簿、会计报表及记账程序和记账方法的有机结合。

(一)会计核算程序设计的作用

会计核算程序设计可以达到图6-6所示作用。

保证会计核算的工作效率
通过科学合理的程序设计,可以提高会计工作的效率,减少不必要的人工操作和时间浪费

保证会计核算工作质量
规范的程序设计有助于减少错误和遗漏,提高会计信息的准确性和可靠性

节约核算费用
合理的程序设计可以简化核算流程,降低核算成本

有利于科学地、经济地提供会计信息
通过规范的程序设计,可以确保会计信息的及时、准确、全面,满足企业内外部利益相关者的需求

图6-6 会计核算程序设计的作用

（二）会计核算程序的种类

会计核算程序根据不同的分类标准可以划分为多种类型，但常见的主要包括以下几种：

1. 记账凭证核算程序

记账凭证核算程序是会计核算中最基本的一种账务处理程序，它直接根据各种记账凭证逐笔登记总分类账。表6-8是记账凭证核算程序的具体步骤。

表6-8　记账凭证核算程序的具体步骤

步骤	操作说明	目的
根据原始凭证编制记账凭证	会计人员需要根据企业日常经营活动中产生的各种原始凭证（如发票、收据、银行回单等）或原始凭证汇总表，编制记账凭证。记账凭证通常包括收款凭证、付款凭证和转账凭证三种类型，也可采用通用记账凭证格式	确保每一笔经济业务都能得到准确、完整的记录，并为后续的账务处理提供基础
根据收款凭证、付款凭证逐日逐笔登记现金日记账和银行存款日记账	在编制完记账凭证后，会计人员需要根据收款凭证和付款凭证，逐日逐笔地登记现金日记账和银行存款日记账。这两种日记账一般采用收、付、余三栏式账页格式，以便清晰地反映现金和银行存款的收支情况	确保现金和银行存款的收支情况得到及时、准确的记录，便于日常管理和监督
根据原始凭证和记账凭证登记各种明细分类账	除了现金日记账和银行存款日记账外，会计人员还需要根据原始凭证和记账凭证，登记各种明细分类账。明细账的格式可根据各单位的实际情况及管理的要求设置，分别采用三栏式、多栏式和数量金额式等不同的账页格式	通过明细分类账的登记，可以进一步细化经济业务的核算，为后续的财务分析和管理提供更为详细的数据支持
根据记账凭证逐笔登记总分类账	在登记完明细分类账后，会计人员需要根据记账凭证逐笔登记总分类账。总分类账的格式一般采用借、贷、余二栏式，以便清晰地反映各会计科目的余额和变动情况	通过总分类账的登记，可以汇总反映企业各项经济业务的总体情况，为编制财务报表提供基础数据
期末对账	在会计期末，会计人员需要将现金日记账、银行存款日记账和各种明细分类账的余额与总分类账的有关账户余额进行核对，确保账账相符	这是保证会计信息真实性和准确性的重要环节

续表

步骤	操作说明	目的
期末结账	对账无误后，会计人员需要进行结账处理，即将各账户的本期发生额和余额结转至下期或新的账簿中，以便开始下一会计期间的核算工作	
编制财务报表	会计人员需要根据总分类账和明细分类账的资料，编制财务报表（如资产负债表、利润表、现金流量表等）。财务报表是企业财务状况、经营成果和现金流量的综合反映，对于企业的经营管理和决策具有重要意义	通过编制财务报表，可以为企业内部管理层和外部利益相关者提供全面、准确的财务信息，帮助他们了解企业的运营状况、评估企业的价值和风险，并做出合理的决策

记账凭证核算程序是一个系统而严密的会计核算过程，它通过一系列规范的步骤和方法确保了企业经济业务的真实、准确和完整记录，为企业的经营管理提供了有力的支持。

2. 科目汇总表核算程序

科目汇总表核算程序也称为汇总记账核算程序，是一种定期将所有的记账凭证按相同会计科目归类汇总编制科目汇总表，再据以登记总分类账的核算组织程序。表6-9是该程序的详细步骤。

表6-9 记账凭证核算程序的具体步骤

序号	步骤	操作说明
1	根据原始凭证编制汇总原始凭证	企业日常发生的经济业务会产生各种原始凭证，会计人员需要根据这些原始凭证进行初步整理，必要时编制汇总原始凭证，以便后续处理
2	根据原始凭证或汇总原始凭证编制记账凭证	获取了原始凭证或汇总原始凭证后，会计人员需要据此编制记账凭证，包括收款凭证、付款凭证和转账凭证。这些凭证详细记录了经济业务的性质、金额、会计科目等信息
3	根据收款凭证、付款凭证逐笔登记现金日记账和银行存款日记账	会计人员需要根据收款凭证和付款凭证，逐笔登记现金日记账和银行存款日记账，以详细反映现金和银行存款的收支情况

续表

序号	步骤	操作说明
4	根据原始凭证、汇总原始凭证和记账凭证登记各种明细分类账	在登记完日记账后，会计人员还需要根据原始凭证、汇总原始凭证和记账凭证，登记各种明细分类账。明细分类账按照不同的会计科目进行分类，详细记录了各项经济业务的明细情况
5	根据各种记账凭证定期编制科目汇总表	在一定时期内（如五天、十天或一个月），会计人员需要将这一期间内的所有记账凭证进行归类汇总，编制科目汇总表。科目汇总表按照会计科目进行分类，汇总了各会计科目的借方和贷方本期发生额
6	根据科目汇总表定期登记总分类账	编制完科目汇总表后，会计人员需要根据科目汇总表上的数据，定期登记总分类账。总分类账按照会计科目进行分类，汇总了企业各项经济业务的总体情况
7	期末核对账簿余额	在会计期末，会计人员需要将现金日记账、银行存款日记账和明细分类账的余额与总分类账的有关账户余额进行核对，确保账账相符
8	编制财务报表	根据总分类账和明细分类账的记录，编制财务报表（如资产负债表、利润表、现金流量表等），以反映企业的财务状况、经营成果和现金流量情况

科目汇总表核算程序的核心是定期编制科目汇总表并据以登记总分类账。该程序简化了登记总分类账的手续，减少了工作量，提高了会计核算效率。科目汇总表可以作为登记总账的依据，使登记总账的工作更加简便快捷。可以利用科目汇总表进行发生额试算平衡，提高会计核算的准确性。但是科目汇总表不能反映科目之间的对应关系，不便于分析经济业务的来龙去脉，不便于查对账目，因为科目汇总表只反映了各会计科目的借贷方发生额，而没有反映具体的经济业务内容。

科目汇总表核算程序一般适用于中、小型企业和单位，因为这些企业的经济业务相对简单，不需要过于复杂的会计核算程序。同时，该程序也适用于业务量适中、会计人员配备相对较少的单位。对于大型企业或业务量特别繁重的单位，可能需要采用更为复杂的会计核算程序来满足其需求。

3. 汇总记账凭证核算程序

汇总记账凭证核算程序是一种在会计核算中广泛采用的程序，它根据原始凭证或汇总原始凭证编制记账凭证，并定期根据记账凭证分类编制汇总收款凭证、汇总付款凭证和汇总转账凭证，再根据汇总记账凭证登记总分类账的一种核算程序。表6-10是该程序的详细步骤及特点。

表6-10 汇总记账凭证核算程序的具体步骤

序号	步骤	操作说明
1	根据原始凭证或原始凭证汇总表编制记账凭证	这是会计核算的起点，会计人员需要根据企业日常经营活动中产生的各种原始凭证或原始凭证汇总表，编制相应的记账凭证
2	根据收款凭证、付款凭证逐笔登记现金日记账和银行存款日记账	现金和银行存款是企业日常经营活动中流动性最强的资产，因此需要逐笔、序时地登记其收支情况，以确保资金的安全和准确
3	根据原始凭证、汇总原始凭证或记账凭证登记各种明细分类账	明细分类账是按照不同会计科目设置的，用于详细记录每一项经济业务的发生情况。这一步骤有助于提供更为详细的会计信息，为管理层的决策提供支持
4	根据一定时期内的全部记账凭证，汇总编制汇总记账凭证	汇总记账凭证是汇总记账凭证核算程序的核心。在这一步骤中，会计人员需要按照一定的标准（如账户对应关系、经济业务性质等）将一定时期内的全部记账凭证进行汇总，编制成汇总收款凭证、汇总付款凭证和汇总转账凭证
5	根据汇总记账凭证登记总分类账	汇总记账凭证是登记总分类账的直接依据。在这一步骤中，会计人员需要根据汇总记账凭证上的数据，逐一登记总分类账的各账户余额和发生额
6	月末核对账簿余额	在月末，会计人员需要将现金日记账、银行存款日记账和各种明细分类账的余额与总分类账的有关账户余额进行核对，以确保账账相符
7	月末编制财务报表	根据总分类账和各种明细分类账的记录，编制财务报表（如资产负债表、利润表、现金流量表等），以反映企业的财务状况、经营成果和现金流量情况

汇总记账凭证核算程序具有图6-7所示特点。

1 简化总分类账的登记工作

通过定期汇总编制汇总记账凭证，并据此登记总分类账，大大简化了总分类账的登记工作，提高了会计核算的效率

2 便于了解与检查账户间的相互关系

汇总记账凭证都列有对应账户的发生额，且总分类账设有"对方科目"栏用以记录对应账户名称，这使得会计人员可以清晰地了解各账户之间的对应关系，便于进行财务分析和检查

3 适用于规模较大、业务繁多的企业

由于汇总记账凭证核算程序可以大大简化总分类账的登记工作，并且便于了解与检查账户间的相互关系，因此它特别适用于规模较大、业务繁多的企业

图6-7　汇总记账凭证核算程序的特点

（三）会计核算程序的设计步骤

会计核算程序的设计步骤如图6-8所示。

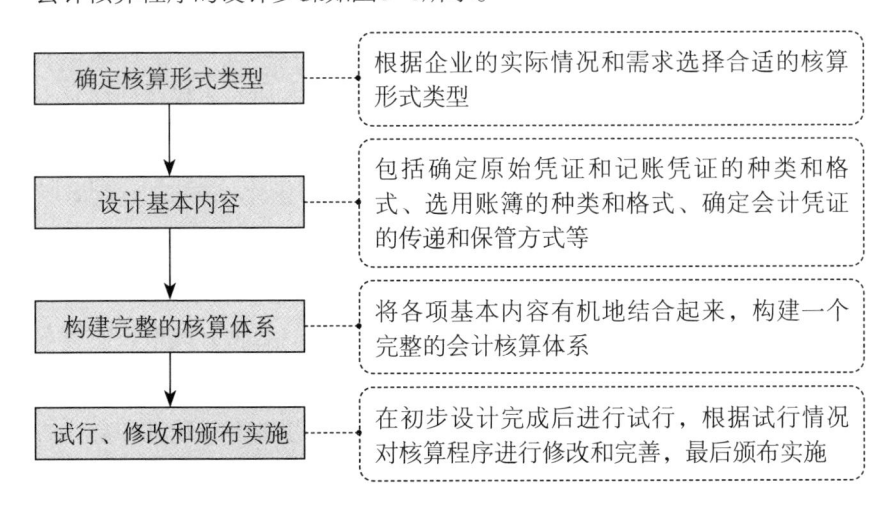

确定核算形式类型	根据企业的实际情况和需求选择合适的核算形式类型
设计基本内容	包括确定原始凭证和记账凭证的种类和格式、选用账簿的种类和格式、确定会计凭证的传递和保管方式等
构建完整的核算体系	将各项基本内容有机地结合起来，构建一个完整的会计核算体系
试行、修改和颁布实施	在初步设计完成后进行试行，根据试行情况对核算程序进行修改和完善，最后颁布实施

图6-8　会计核算程序的设计步骤

> **提醒您**
>
> 会计核算程序必须能够全面、系统地反映企业的财务状况、经营成果和现金流量。在设计会计核算程序时，必须遵循会计准则和会计制度的规定，不得随意增减会计核算的要素。为了提高工作效率和减少错误，应尽量避免会计信息的重复抄录。同时，企业在设计会计核算程序时，应结合自身的经营规模、业务特点和管理要求，制定符合企业实际情况的核算程序。

四、会计核算的最终成果及要求

财务报告是会计工作的最终成果展示，它是基于会计核算的数据和信息，按照规定的格式和要求编制而成的，用于反映企业一定时期财务状况、经营成果和现金流量的书面文件。财务报告主要包括财务报表和其他应当在财务报告中披露的相关信息和资料。

（一）财务报告的组成部分

财务报告是反映企业财务状况和经营成果的书面文件，主要包括以下几个部分：

1. 会计报表

会计报表是财务会计报告的主体和核心，是企业以一定的会计方法依据会计账簿的数据编制而成的，能够反映企业财务状况、经营成果和现金流量。主要包括资产负债表、利润表（或称损益表）、现金流量表和所有者权益变动表（或称股东权益变动表）。这些报表分别从不同角度展示了企业的资产、负债、所有者权益、收入、费用和现金流量等关键财务信息。相关附表，如利润分配表以及国家统一会计制度规定的其他附表，则是对主报表的补充说明。

2. 会计报表附注

会计报表附注是对会计报表起到解释说明的作用，方便会计报表使用者理解会计报表。

附注内容通常包括不符合会计核算前提的说明、重要会计政策和会计估计的说明、重要会计政策和会计估计变更的说明、或有事项的说明、资产负债表日后事项的说明、企业合并与分立的说明以及会计报表重要项目的说明等。

3. 财务情况说明书

财务情况说明书是企业分析总结对一定时期（通常为一年）的财务、成本等情况的说明。

它通常讲述过去一年企业的财务、预算、成本的情况以及存在的问题，包括企业资产、现金的使用情况及增减变化的原因，并为企业改善经营管理、提高经济效益等方面提供建议。

此外，对于上市公司而言，其财务报告还包括注册会计师出具的审计报告，以增加财务报告的可信性。审计报告是对企业财务报告的真实性和公允性进行独立鉴证的一种书面文件。

综上所述，财务报告是一个综合性的财务信息披露体系，通过会计报表、会计报表附注和财务情况说明书等组成部分，全面、系统地向信息使用者提供企业的财务状况、经营成果和现金流量等信息。

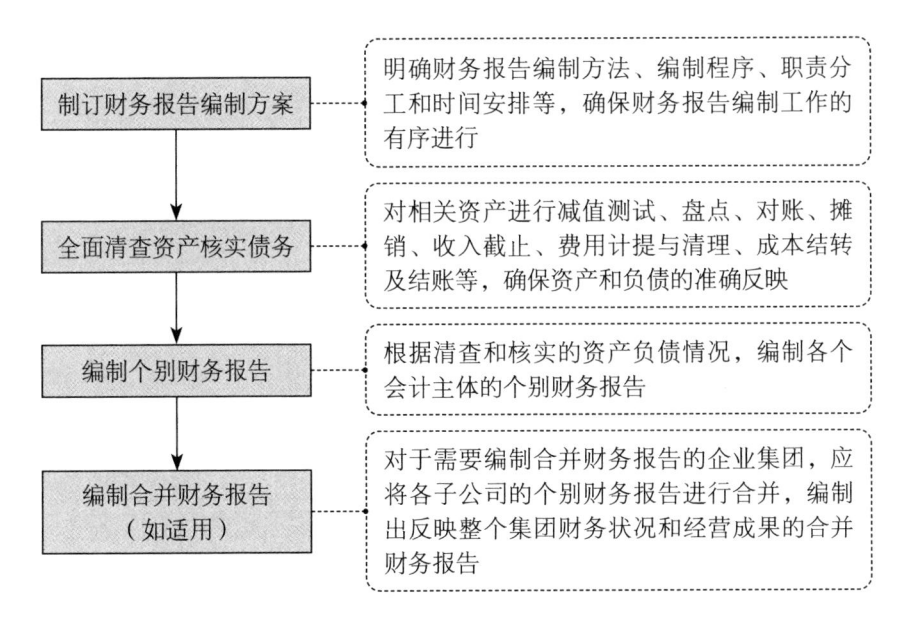

（二）财务报告编制过程

财务报告编制是一个系统而复杂的过程，它涉及多个环节和步骤，以确保财务报告的准确性、完整性和合规性。图6-9为财务报告编制的主要环节。

环节	说明
制订财务报告编制方案	明确财务报告编制方法、编制程序、职责分工和时间安排等，确保财务报告编制工作的有序进行
全面清查资产核实债务	对相关资产进行减值测试、盘点、对账、摊销、收入截止、费用计提与清理、成本结转及结账等，确保资产和负债的准确反映
编制个别财务报告	根据清查和核实的资产负债情况，编制各个会计主体的个别财务报告
编制合并财务报告（如适用）	对于需要编制合并财务报告的企业集团，应将各子公司的个别财务报告进行合并，编制出反映整个集团财务状况和经营成果的合并财务报告

图6-9　财务报告编制过程

（三）财务报告的审核、报送和保管

1. 审核

财务报告编制完成后，应经过严格的审核程序，确保报表数据的真实性和准确性。审核内容包括报表数据的完整性、勾稽关系的正确性、抵销调整事项的合理性等。

2. 报送

经审核无误的财务报告应及时报送相关部门和人员，以便他们了解企业的财务状况和经营成果。

3. 保管

财务报告应妥善保管，以便日后查阅和审计。保管期限应符合国家有关规定。

> **提醒您**
>
> 根据《会计法》等法律法规的规定，编制虚假财务会计报告将承担相应的法律责任。因此，在财务报告编制过程中应严格遵守相关法律法规和会计准则的规定，确保财务报告的真实性和准确性。

第四节　会计资料的真实性与完整性保障

会计资料的真实性与完整性是会计工作的核心要求，对于确保企业财务信息的准确反映、维护经济秩序具有重要意义。图6-10是从多个方面来阐述如何保障会计资料的真实性与完整性的措施。

法律法规与制度保障　　　企业内部控制与管理

会计人员队伍建设　　　审计与监督

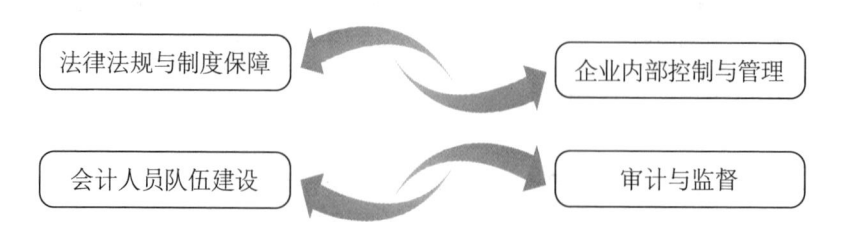

图6-10　会计资料的真实性与完整性保障措施

一、法律法规与制度保障

（一）完善会计法律法规

企业应建立健全财务会计法规和其他相关法规，确保法规的全面性、配套性、具体性、及时性和可操作性，堵住会计信息失真的漏洞。

会计法律法规的制定应尽可能与国际会计惯例接轨，避免主观随意性，缩小会计信息与客观现实的差距。同时，应协调相关利益群体在法律法规制定和实施过程中的相互制约关系，使各方利益在相关法律法规中得到充分体现。

（二）严格执行会计准则

会计准则是会计工作的规范，是会计业务处理的准绳。在会计准则的制定中，要对由于会计反映方法而导致信息模糊和失真的处理做出限定，尽可能减少会计人员人为估计、判断的范围，使其判断、估计有章可循。

二、企业内部控制与管理

（一）建立健全内部控制制度

内部控制制度是维护单位财产完整无缺和提高经济效益的最有效的手段。内部控制制度的存在和有效实施，可减少会计工作的差错，保证会计信息的真实性。

企业应建立以加强内部管理为中心的会计管理制度，加强内部控制，制定财务监督和内部审计制度，建立总会计师制度，从组织角度为会计反映和控制创造条件。

（二）明确职责与权限

企业应明确企业法人及其负责人的法律责任，使其对本单位的会计工作和会计资料的真实性、完整性负责。保障会计人员的合法权益，提高会计人员的地位，增强其责任心和使命感。

三、会计人员队伍建设

（一）提高会计人员素质

企业应加强对会计人员的职业道德教育和业务培训，提高其业务素质和遵纪守法意识，依法规范会计行为。要求从事会计工作的人员必须取得会计从业资格证书，并遵守职业道德，提高业务素质。

（二）建立高素质会计人员队伍

企业应建设一支高素质、高水准的会计人员队伍，这是解决会计信息失真问题的关键。会计人员应能够准确理解和执行会计准则，确保会计信息的真实性和完整性。

四、审计与监督

（一）加强内部审计

企业应建立健全内部审计制度，对企业的经济活动进行定期或不定期的审计，确保会计信息的真实性和准确性。内部审计机构应充分发挥其监督作用，特别留意会计人员是否遵循会计准则和法规进行账务处理。

（二）强化外部审计

企业应充分利用社会审计力量，加强对会计信息质量的审计、鉴证和监督。会计师事务所等社会中介机构应站在第三者的客观公正的立场上，对会计报表是否真实公允地反映企业财务状况、经营成果及财务状况变动发表审计意见。

政府职能部门（如财政、税收、物价、工商行政管理等）也应加强对企业的依法监督，提高监督检查质量。

五、技术手段与信息安全

（一）采用先进技术手段

企业可利用现代信息技术手段（如财务软件、ERP系统等）进行会计核算和管理，提高会计信息的准确性和及时性。

（二）确保信息安全

企业应建立会计信息安全管理体系，通过多种手段加强会计数据的安全，如设置安全的备份系统、建立可靠的权限分配机制、确保数据接入权限的安全性等。

第五节　开展会计信息化建设

会计信息化建设与电子化管理是会计行业在数字化时代的重要发展方向，两者是相辅相成的。会计信息化建设为电子化管理提供了技术基础和信息平台，而电子化管理则是会计信息化建设的重要应用方向之一。通过会计信息化建设，企业可以建立高效的会计信息系统，实现会计信息的自动化处理和数字化管理；而电子化管理则能够进一步提升会计信息的存储、检索和利用效率，确保会计资料的安全性和完整性。

一、会计信息化建设的作用

会计信息化建设是指利用现代信息技术对传统的会计模型进行重整，并在重整的现代会计基础上，通过信息资源的开发利用，建立信息技术与会计学科高度融合的、充分开放的现代会计信息系统。这种系统能够运用计算机、网络通信等信息技术对会计信息进行获取、加工、传输、应用等处理，为企业经营管理、决策分析、市场趋势预测等提供充足与适用的信息支持。

企业会计信息化建设在企业的财务管理和整体运营中发挥着至关重要的作用。图6-11是企业会计信息化建设的主要作用。

1　提高工作效率与准确性

自动化处理：会计信息化系统能够自动完成日常财务处理任务，如账目录入、凭证生成、报表制作等，大大节约了时间和人力成本，提高了工作效率。同时，自动化处理也减少了人为因素导致的错误和遗漏，提高了财务数据的准确性。

数据存储与管理：信息化系统可以集中存储和管理大量的财务数据，包括账务记录、报表、合同和票据等，确保数据的安全性和完整性。这使得数据的查找和分析更加高效，进一步提升了工作效率。

2 提升决策支持能力

实时财务报告：会计信息化系统可以提供实时的财务数据和报表，使管理层能够及时了解企业的财务状况和经营情况。这有助于管理层做出更加准确和及时的决策。

分析工具：系统通常配备丰富的财务报告和分析工具，可以对数据进行深度挖掘和分析，为管理层提供战略决策支持。通过对数据进行分析和比较，管理层可以评估企业的财务状况和业绩，并制定相应的决策措施。

3 增强内部控制与合规性

内部控制：会计信息化系统可以帮助企业建立健全的内部控制机制，确保财务数据的安全和可靠性。例如，系统可以设置访问权限、审计追踪功能等，减少数据泄露和操纵的风险。

合规性管理：系统能够自动进行账务核对、税务申报和审计追踪等工作，确保财务报表的准确性和合规性。这有助于企业遵守相关的法规和会计准则，降低违规风险。

4 促进信息共享与沟通

部门间信息共享：会计信息化系统能够实现部门间的信息共享和沟通，提高工作效率。不同部门可以通过系统共享相关的财务信息，避免了信息的重复录入和传递的过程。

客户沟通：系统还能实现与客户之间的在线交流和数据共享，提高了客户满意度和服务水平。客户可以通过系统获得实时的财务信息和报表，减少了传统邮寄和传真的时间成本。

5 推动数字化转型与智能化发展

数字化转型：加强会计信息化建设是数字化转型的重要组成部分。通过引入现代信息技术，企业可以推动财务工作的数字化转型，提高财务数据的开放性和共享性，实现与其他业务系统的互联互通。

智能化发展：随着人工智能、大数据等技术的不断发展，会计信息化系统可以逐渐实现智能化升级。例如，利用智能算法进行财务预测和分析，提高决策的智能化水平；利用财务机器人进行自动化处理，进一步降低人力成本和提高效率。

图6-11 企业行会计信息化建设的作用

二、推进会计信息化建设的措施

开展企业会计信息化建设是一个系统性工程,需要企业从多个方面入手,确保信息化建设的顺利进行和有效实施。图6-12是一些关键步骤和策略。

加强顶层设计：制定科学的会计信息化发展规划和实施方案,明确发展目标、任务和时间表,确保会计信息化建设有序推进

完善基础设施：加强硬件设施和软件设施建设,包括计算机、服务器、网络设备等硬件设施的投入和更新,以及操作系统、数据库管理系统、信息安全防护系统等软件设施的完善

强化人才培养：加强会计人员的信息技术培训,提高其信息技术应用能力和业务处理能力。同时,培养一批既懂会计又懂信息技术的复合型人才,为会计信息化建设提供有力的人才保障

加强安全管理：建立健全会计信息安全管理制度和技术防护措施,确保会计信息的安全性和完整性。加强对会计信息系统的日常运行监控和维护管理,及时发现和解决潜在的安全隐患

推动业财融合：加强会计信息系统与业务信息系统的融合,打破信息孤岛,促进业务与财务的协同作业和高效管理。通过业财融合,实现会计信息的实时共享和深度应用,为企业决策提供更加有力的支持

图6-12 推进会计信息化建设与电子化管理的措施

第七章
税务筹划

　　企业税务筹划是企业为了降低税负、提高经济效益而采取的一系列合法、合理的税务规划和管理活动。企业税务筹划是一个复杂而系统的过程，需要企业全面考虑自身的实际情况和税收政策，并选择合适的方法来进行税务筹划。同时，企业还需要加强内部控制和管理，确保税务筹划的合法合规性和有效性。

第一节　企业常见的税种

税法是一个复杂的体系，涉及多个税种和众多政策规定。以下介绍个人所得税、企业所得税、增值税等税种和最新政策要点，具体执行时还需参考相关法律法规和政策文件。同时，随着经济发展和税收政策调整，税法也会不断更新和完善。因此，建议企业在实际操作中及时关注最新政策动态并咨询专业税务人士的意见。

一、个人所得税

（一）征税范围与税率

个人所得税的征税范围包括工资薪金所得、劳务报酬所得、稿酬所得、特许权使用费所得、经营所得、利息股息红利所得、财产租赁所得、财产转让所得等。

综合所得（工资薪金、劳务报酬、稿酬、特许权使用费）适用3%至45%的超额累进税率；经营所得适用5%至35%的超额累进税率；劳务报酬所得税率为20%至40%。

（二）最新政策

1. 彩票中奖收入

彩票中奖收入属于偶然所得，以每次收入额为应纳税所得额，计算缴纳个人所得税。但根据相关政策规定，彩票一次中奖收入不超过10 000元的暂免征收个人所得税。

2. 税收优惠政策

自2023年1月1日至2027年12月31日，对个体工商户年应纳税所得额不超过200万元的部分，减半征收个人所得税。此外，个人所得税专项附加扣除标准也有所提高，如3岁以下婴幼儿照护、子女教育专项附加扣除标准从每个子女每月1 000元提高至2 000元。

(三)年度汇算

年度汇算是指纳税人在纳税年度终了后,汇总全年收入额,减去全年费用和扣除,计算全年应纳个人所得税,再减去年度内已经预缴的税款,向税务机关办理年度纳税申报并结清应退或应补税款的过程。居民个人应在次年3月1日至6月30日内办理年度汇算。

二、企业所得税

企业所得税是指对中华人民共和国境内的企业(居民企业及非居民企业)和其他取得收入的组织以其生产经营所得为课税对象所征收的一种所得税。它是国家参与企业利润分配,处理国家与企业分配关系的一个重要税种。

(一)定义与范围

企业所得税的纳税人包括各类企业、事业单位、社会团体、民办非企业单位和从事经营活动的其他组织。但个人独资企业及合伙企业除外。

居民企业是指依法在中国境内成立,或者依照外国(地区)法律成立但实际管理机构在中国境内的企业。这类企业应就其来源于中国境内、境外的所得缴纳企业所得税。

非居民企业则是指依照外国(地区)法律成立且实际管理机构不在中国境内,但在中国境内设立机构、场所的,或者在中国境内未设立机构、场所但有来源于中国境内所得的企业。对于在中国境内设立机构、场所的非居民企业,应就其所设机构、场所取得的来源于中国境内的所得以及发生在中国境外但与其所设机构、场所有实际联系的所得缴纳企业所得税;对于在中国境内未设立机构、场所的,或者虽设立机构、场所但取得的所得与其所设机构、场所没有实际联系的,应就其来源于中国境内的所得缴纳企业所得税。

(二)税收政策与优惠

企业所得税的征税对象为应纳税所得额,即企业每一纳税年度的收入总额减去不征税收入、免税收入、各项扣除以及允许弥补的以前年度亏损后的余额。

为了鼓励企业发展和科技创新,国家制定了一系列的企业所得税优惠政策。例如,企业从事国家重点扶持的公共基础设施项目投资经营所得、从事符合条件的环境保护、节能节水项目所得等,可以享受一定的税收减免或优惠。

此外，对于小型微利企业和高新技术企业，国家也给予了税率上的优惠，以减轻这些企业的税收负担。

（三）税率

企业所得税的税率根据企业类型和应纳税所得额的不同而有所差异，一般企业所得税税率为25%，但小微企业等可能有税收优惠。

（四）征收管理

企业所得税实行按年计算、分月或者分季预缴、年终汇算清缴的征收方式。纳税人需要在月份或者季度终了后十五日内预缴税款，年度终了后五个月内进行汇算清缴。

在征收管理上，税务机关会加强对企业所得税的监管和稽查力度，确保税款的及时足额入库。同时，也会积极为企业提供纳税服务和辅导支持，帮助企业更好地理解和遵守税法规定。

综上所述，企业所得税是对企业生产经营所得进行征税的一种税收制度。其通过合理的税收政策设计和征收管理手段，实现了国家与企业之间的利益分配和调节功能，同时，也为企业的发展和科技创新提供了有力的支持和保障。

> **提醒您**
>
> 在2024年1月1日至2027年12月31日期间，新购进的设备、器具单位价值不超过500万元的，允许一次性计入当期成本费用在计算应纳税所得额时扣除。
>
> 研发费用加计扣除政策有所调整，具体政策细节需根据最新文件执行。

三、增值税

增值税是以商品（含应税劳务）在流转过程中产生的增值额作为计税依据而征收的一种流转税。从计税原理上说，增值税是对商品生产、流通、劳务服务中多个环节的新增价值或商品的附加值征收的一种流转税。它实行价外税，即由消费者负担，有增值才征税，没增值不征税。

（一）增值税的特点

增值税具有图7-1所示特点。

价外税
增值税是价外税，即商品或服务的售价中已经包含了增值税额，消费者在购买时需要支付这个税额

多环节征收
增值税在商品生产、流通、劳务服务的多个环节中征收，体现了税收的普遍性和连续性

税负转嫁
增值税的税负最终会转嫁到消费者身上，因为商品或服务的售价中已经包含了增值税额

图7-1　增值税的特点

（二）增值税的税率

增值税一般纳税人和小规模纳税人的税率和征收率有所不同。一般纳税人适用不同税率的货物和劳务，如销售货物一般税率为13%、9%、6%等；小规模纳税人则适用简易计税方法，征收率一般为3%（部分特殊项目可能有不同规定）。

（三）增值税的计算

增值税的计算一般涉及销售额、含税销售收入、销项税额等概念。其中，销售额是指不含税的销售收入，含税销售收入则是销售额加上销项税额。销项税额则是根据销售额和税率计算得出的增值税额。具体的计算公式为：

销售额 = 含税销售收入 ÷ （1 + 税率）

销项税额 = 销售额 × 税率

（四）增值税的征收方式

增值税的征收方式有多种，包括分期核实征收方法、定率征收、年终结算征收方法、单台（机）定率征收方法以及定期定率征收方法等。这些征收方式根据纳税人的具体情况和税务机关的核定进行选择和适用。

（五）免税政策

个人和个体户发生应税行为的销售额未达到增值税起征点的，免征增值税。小规模纳税人月销售额不超过10万元（按季纳税30万元）的，免征增值税。

四、其他税种

除了上述主要税种外，还有房产税、契税、印花税、车辆购置税等多种税种，其政策也随时间和经济发展而调整，企业应随时给予关注。

第二节　税收筹划原则与策略

税收筹划的原则与策略是企业在合法合规的前提下，通过合理安排经营活动和投资理财活动，以减轻税收负担、提高经济效益的重要手段。

一、税收筹划的原则

企业税收筹划应遵循图7-2所示原则，以确保筹划活动的合法性、有效性和可持续性。

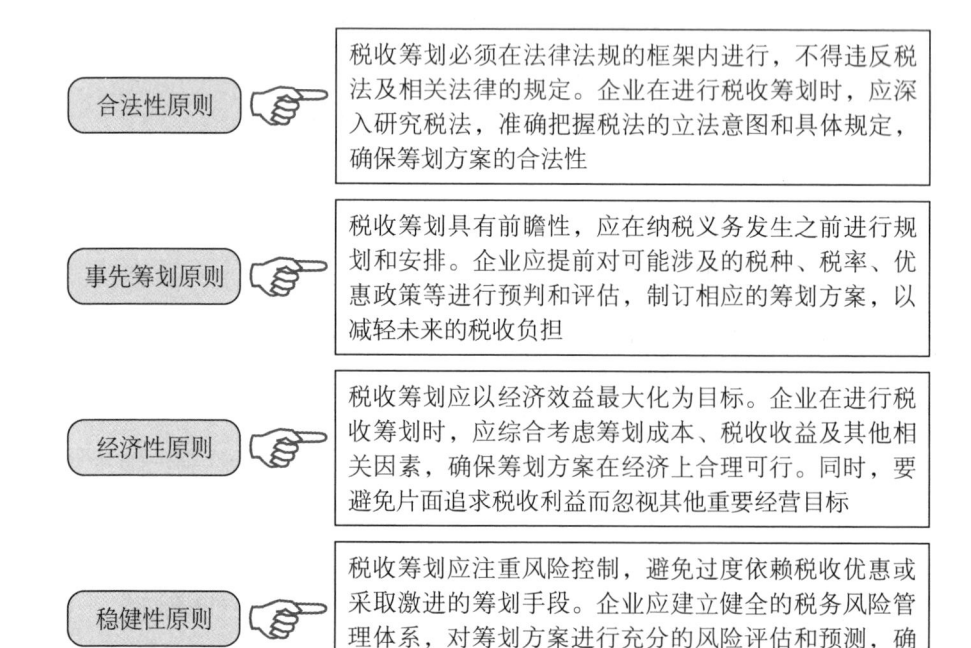

合法性原则	税收筹划必须在法律法规的框架内进行，不得违反税法及相关法律的规定。企业在进行税收筹划时，应深入研究税法，准确把握税法的立法意图和具体规定，确保筹划方案的合法性
事先筹划原则	税收筹划具有前瞻性，应在纳税义务发生之前进行规划和安排。企业应提前对可能涉及的税种、税率、优惠政策等进行预判和评估，制订相应的筹划方案，以减轻未来的税收负担
经济性原则	税收筹划应以经济效益最大化为目标。企业在进行税收筹划时，应综合考虑筹划成本、税收收益及其他相关因素，确保筹划方案在经济上合理可行。同时，要避免片面追求税收利益而忽视其他重要经营目标
稳健性原则	税收筹划应注重风险控制，避免过度依赖税收优惠或采取激进的筹划手段。企业应建立健全的税务风险管理体系，对筹划方案进行充分的风险评估和预测，确保筹划活动的稳健性和可持续性

第七章　税务筹划

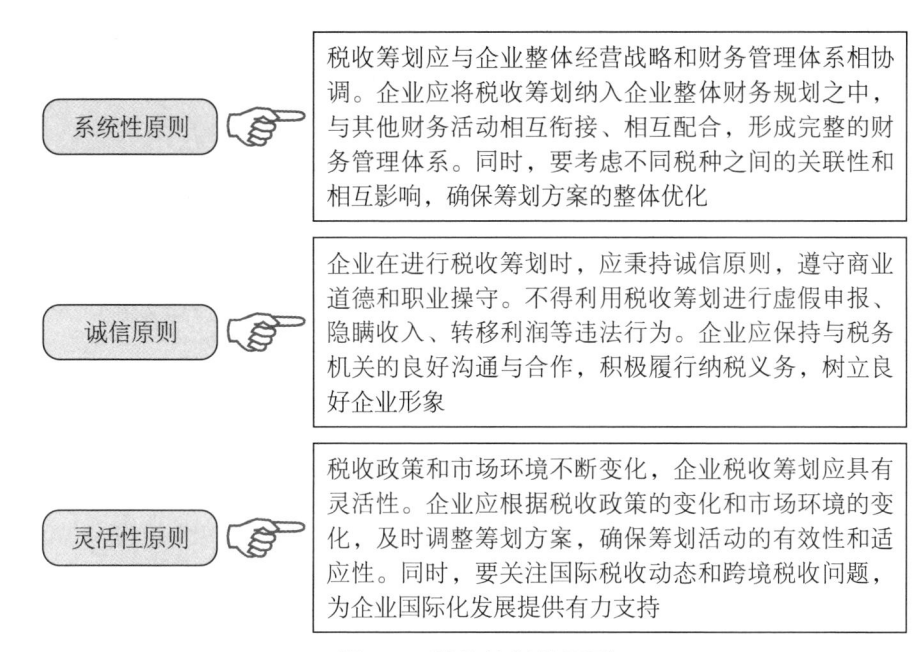

系统性原则	税收筹划应与企业整体经营战略和财务管理体系相协调。企业应将税收筹划纳入企业整体财务规划之中，与其他财务活动相互衔接、相互配合，形成完整的财务管理体系。同时，要考虑不同税种之间的关联性和相互影响，确保筹划方案的整体优化
诚信原则	企业在进行税收筹划时，应秉持诚信原则，遵守商业道德和职业操守。不得利用税收筹划进行虚假申报、隐瞒收入、转移利润等违法行为。企业应保持与税务机关的良好沟通与合作，积极履行纳税义务，树立良好企业形象
灵活性原则	税收政策和市场环境不断变化，企业税收筹划应具有灵活性。企业应根据税收政策的变化和市场环境的变化，及时调整筹划方案，确保筹划活动的有效性和适应性。同时，要关注国际税收动态和跨境税收问题，为企业国际化发展提供有力支持

图7-2　税收筹划的原则

二、税收筹划的策略

企业税收筹划的策略多种多样，旨在合法合规地降低税负、提高经济效益。以下是一些常见的企业税收筹划策略。

（一）利用税收优惠政策

企业应深入研究并充分利用国家及地方政府出台的各项税收优惠政策。例如，高新技术企业可以享受减按15%的税率征收企业所得税，研发费用可以加计扣除等。通过合理规划，使企业符合优惠政策的条件，从而降低税负。

（二）选择合适的组织形式

企业可以通过选择不同的组织形式（如有限公司、合伙企业、个体工商户等）来影响税收负担。不同的组织形式在税法上的处理方式不同，企业应根据自身业务特点和税收政策选择最优的组织形式。

（三）合理安排收入与费用

企业可以通过合理安排收入和费用的确认时间，以达到延期纳税或减轻税负的目的。例如，在销售商品或提供服务时，合理安排发票开具时间，控制增值税的纳税义务发生时间；在确认费用和损失时，合理利用会计政策，提前或推迟费用的确认。

（四）合理调整定价策略

在关联交易中，企业可以通过合理调整定价策略，利用转让定价的方式在不同实体之间分配利润，从而降低整体税负。但需要注意的是，转让定价必须符合市场规律和税务机关的认可，否则可能引发税务风险。

（五）优化资本结构

企业可以通过优化资本结构，如调整债务与股权的比例，来影响企业的融资成本和税负。债务融资的利息支出可以在税前扣除，从而降低企业所得税负担；而股权融资则不涉及利息支出的问题，但可能会影响企业的分红政策。

（六）合理利用税收递延政策

对于一些具有长期投资价值的项目或资产，企业可以合理利用税收递延政策，将纳税义务推迟到未来年份。这有助于企业更好地安排资金流，提高资金使用效率。

（七）关注税收政策变化

企业应密切关注国家税收政策的变化，及时调整税收筹划策略。税收政策的变化可能会对企业的税负产生重大影响，因此企业需要保持敏锐的洞察力，及时调整经营策略和税务安排。

（八）寻求专业税务咨询

对于复杂的税收筹划问题，企业应寻求专业的税务咨询机构或税务专家的帮助。他们可以根据企业的实际情况和税收政策的变化，提供科学合理的税收筹划方案，帮助企业降低税负、提高经济效益。

> **提醒您**
>
> 税收筹划必须在合法合规的前提下进行。任何以逃避税收为目的的税收筹划都是不可取的，不仅会损害企业的声誉和利益，还可能面临法律的严惩。

第三节 税收筹划经典案例

一、企业投资决策税收筹划经典案例

【案例01】

法人与非法人型企业的选择

【税收筹划思路】

根据现行的个人所得税和企业所得税政策，个人独资企业和合伙企业等非法人企业不征收企业所得税，仅对投资者个人征收个人所得税。2019年1月1日后，经营所得适用的个人所得税税率如下表所示。公司需要缴纳25%的企业所得税，投资者个人从公司获得股息时还需要缴纳20%的个人所得税。由于个人投资公司需要缴纳两次所得税，因此，对于个人投资者准备设立不享受税收优惠的企业而言，最好设立个人独资企业或者合伙企业，而设立公司的税收负担比较重。需要注意的是，由于小型微利企业可以享受诸多税收优惠，对于规模较小的企业而言，设立公司的税负可能更轻。

表 个人所得税税率表（经营所得适用）

级数	全年应纳税所得额	税率	速算扣除数
1	不超过30 000元的	5%	0
2	超过30 000元至90 000元的部分	10%	1 500
3	超过90 000元至300 000元的部分	20%	10 500
4	超过300 000元至500 000元的部分	30%	40 500
5	超过500 000元的部分	35%	65 500

【税收筹划经典案例】

李先生原计划创办一家有限责任公司，预计该公司年盈利500万元，公司的税后利润全部分配给股东。请对此提出税收筹划方案。

如果设立有限责任公司，该公司需要缴纳企业所得税125万元（500×25%），税后利润为375万元（500-125）。如果税后利润全部分配，李先生需要缴纳个人所得税75万元（375×20%），获得税后利润300万元（375-75），综合税负为40%［（125＋75）÷500×100%］。

李先生可以考虑设立个人独资企业，该企业本身不需要缴纳企业所得税，李先生需要缴纳个人所得税168.45万元（500×35%-6.55），税后利润为331.55万元（500-168.45），综合税负为33.69%（168.45÷500×100%）。通过税收筹划，李先生企业的综合税负下降了6.31%（40%-33.69%）。

【法律法规依据】

（1）《中华人民共和国企业所得税法》（2007年3月16日第十届全国人民代表大会第五次会议通过，2017年2月24日第十二届全国人民代表大会常务委员会第二十六次会议修改，2018年12月29日第十三届全国人民代表大会常务委员会第七次会议第二次修正）。

（2）《中华人民共和国企业所得税法实施条例》（2007年12月6日中华人民共和国国务院令第512号公布，根据2019年4月23日《国务院关于修改部分行政法规的决定》修订）。

（3）《中华人民共和国个人所得税法》（1980年9月10日第五届全国人民代表大会第三次会议通过，2018年8月31日第十三届全国人民代表大会常务委员会第五次会议第七次修正）。

（4）《中华人民共和国个人所得税法实施条例》（1994年1月28日中华人民共和国国务院令第142号发布，2018年12月18日中华人民共和国国务院令第707号第四次修订）。

【案例02】▶▶▶

以公司的名义进行投资

【税收筹划思路】

根据现行个人所得税政策，个人从投资公司获得的股息要缴纳20%的个人所得税。根据现行企业所得税政策，企业从其投资的公司中获得的股息通常不需要纳税。如果个人投资者从公司取得的股息仍然用于投资，则可以考虑以成立公司的方式来减轻税收负担。通过成立公司，可以将各类股息汇总到该公司。由于此时公司并不需要缴纳企业所得税，该公司就可以将免税所得用于各项投资。而如果由个人取得该股息，则首先需要缴纳20%的个人所得税，之后才能将税后利润用于投资，这样就大大增加了投资的税收成本。

【税收筹划经典案例】

李先生拥有甲公司40%的股份，每年可以从该公司获得500万元的股息，根据我国现行个人所得税制度，李先生每年需要缴纳100万元的个人所得税。李先生所获得的股息全部用于股票投资或者直接投资于其他企业。李先生应当如何进行税收筹划？

李先生可以用该股权以及部分现金投资设立一家一人有限责任公司——李氏投资公司，由李氏投资公司持有甲公司40%的股权。李先生也可以先设立李氏投资公司，再由李氏投资公司从李先生手中收购甲公司40%的股权。这样，李氏投资公司每年从甲公司获得的500万元股息就不需要缴纳企业所得税。李先生原定的用股息投资于股票或者其他的投资计划可以由李氏投资公司来进行，李氏投资公司投资于其他企业所获得的股息同样不需要缴纳企业所得税，这样就免除了李先生每次获得股息所得所应当承担的个人所得税纳税义务。

【法律法规依据】

（1）《中华人民共和国企业所得税法》（2007年3月16日第十届全国人民代表大会第五次会议通过，2017年2月24日第十二届全国人民代表大会常务委员会第二十六次会议修改，2018年12月29日第十三届全国人民代表大会常务委员会第七次会议第二次修正）。

（2）《中华人民共和国企业所得税法实施条例》（2007年12月6日中华人民共和国国务院令第512号公布，根据2019年4月23日《国务院关于修改部分行政法规的决定》修订）。

（3）《中华人民共和国个人所得税法》（1980年9月10日第五届全国人民代表大会第三次会议通过，2018年8月31日第十三届全国人民代表大会常务委员会第五次会议第七次修正）。

（4）《中华人民共和国个人所得税法实施条例》（1994年1月28日中华人民共和国国务院令第142号发布，2018年12月18日中华人民共和国国务院令第707号第四次修订）。

【案例03】▶▶▶

恰当选择享受税收优惠的起始年度

【税收筹划思路】

根据现行的税收政策，企业所得税按纳税年度计算。纳税年度自公历1月1日起至12月31日止。企业在一个纳税年度中间开业，或者终止经营活动，使该纳税年度的实际经营期不足12个月的，应当以其实际经营期为一个纳税年度。

企业从事国家重点扶持的公共基础设施项目的投资经营的所得，自项目取得第一笔生产经营收入所属纳税年度起，第一年至第三年免征企业所得税，第四年至第六年减半征收企业所得税。企业从事符合条件的环境保护、节能节水项目的所得，自项目取得第一笔生产经营收入所属纳税年度起，第一年至第三年免征企业所得税，第四年至第六年减半征收企业所得税。

对经济特区和上海浦东新区内在2008年1月1日（含）之后完成登记注册的国家需要重点扶持的高新技术企业，在经济特区和上海浦东新区内取得的所得，自取得第一笔生产经营收入所属纳税年度起，第一年至第二年免征企业所得税，第三年至第五年按照25%的法定税率减半征收企业所得税。

企业所得税的一些定期优惠政策是从企业取得生产经营所得的年度开始计算的，如果企业从年度中间甚至年底开始生产经营，该年度将作为企业享受税收优惠政策的第一年。由于该年度的生产经营所得非常少，因此，企业是否享受减免税优惠意义并不是很大，此时，企业就应当恰当选择享受税收优惠的第一个年度，适当提前或者推迟进行生产经营活动的日期。原则上，企业应当在年底或年初成立，在年初取得第一笔生产经营收入。

【税收筹划经典案例】

某公司根据税法规定，可以享受自项目取得第一笔生产经营收入的纳税年度起，第一年至第三年免征企业所得税，第四年至第六年减半征收企业所得税的优惠政策。该公司原计划于2024年12月开始该项目的生产经营，当年预计会有亏损，从2025年度至2030年度，每年预计应纳税所得额分别为100万元、500万元、800万元、1 000万元、1 500万元和2 000万元。请计算从2024年度到2030年度，该公司应当缴纳多少企业所得税并提出税收筹划方案。

该公司从2024年度开始生产经营，应当计算享受税收优惠的期限。该公司2024年度至2026年度可以享受免税待遇，不需要缴纳企业所得税。2027年度至2029年度可以享受减半征税的待遇，因此，需要缴纳企业所得税412.5万元[（800+1 000+1 500）×25%×50%]。2030年度不享受税收优惠，需要缴纳企业所得税500万元（2 000×25%）。因此，该公司从2024年度至2030年度合计需要缴纳企业所得税912.5万元（412.5+500）。

如果该公司将该项目的生产经营日期推迟到2025年1月1日，2025年度就是该公司享受税收优惠的第一年，2024年度至2027年度，该公司可以享受免税待遇，不需要缴纳企业所得税。2028年度至2030年度，该公司可以享受减半征收企业所得税的优惠待遇，需要缴纳企业所得税562.5万元[（1 000+1 500+2 000）×25%×50%]。经过税收筹划，可减轻税收负担350万元（912.5-562.5）。

【法律法规依据】

（1）《中华人民共和国企业所得税法》（2007年3月16日第十届全国人民代表大会第五次会议通过，2017年2月24日第十二届全国人民代表大会常务委员会第二十六次会议修改，2018年12月29日第十三届全国人民代表大会常务委员会第七次会议第二次修正）第五十三条。

（2）《中华人民共和国企业所得税法实施条例》（2007年12月6日中华人民共和国国务院令第512号公布，根据2019年4月23日《国务院关于修改部分行政法规的决定》修订）第八十七条、第八十八条。

（3）《国务院关于经济特区和上海浦东新区新设立高新技术企业实行过渡性税收优惠的通知》（国务院2007年12月26日发布，国发〔2007〕40号）。

【案例04】▶▶▶

充分利用创业投资优惠政策

【税收筹划思路】

自2015年10月1日起，全国范围内的有限合伙制创业投资企业采取股权投资方式投资于未上市的中小高新技术企业满2年（24个月）的，该有限合伙制创业投资企业的法人合伙人可按照其对未上市中小高新技术企业投资额的70%抵扣该法人合伙人从该有限合伙制创业投资企业分得的应纳税所得额，当年不足抵扣的，可以在以后纳税年度结转抵扣。有限合伙制创业投资企业的法人合伙人对未上市中小高新技术企业的投资额，按照有限合伙制创业投资企业对中小高新技术企业的投资额和合伙协议约定的法人合伙人占有限合伙制创业投资企业的出资比例计算确定。

公司制创业投资企业采取股权投资方式直接投资于种子期、初创期科技型企业（以下简称初创科技型企业）满2年（24个月，下同）的，可以按照投资额的70%在股权持有满2年的当年抵扣该公司制创业投资企业的应纳税所得额；当年不足抵扣的，可以在以后纳税年度结转抵扣。

有限合伙制创业投资企业（以下简称合伙创投企业）采取股权投资方式直接投资于初创科技型企业满2年的，该合伙创投企业的合伙人分别按以下方式处理：①法人合伙人可以按照对初创科技型企业投资额的70%抵扣法人合伙人从合伙创投企业分得的所得；当年不足抵扣的，可以在以后纳税年度结转抵扣；②个人合伙人可以按照对初创科技型企业投资额的70%抵扣个人合伙人从合伙创投企业分得的经营所得；当年不足抵扣的，可以在以后纳税年度结转抵扣。

天使投资个人采取股权投资方式直接投资于初创科技型企业满2年的，可以按照投资额的70%抵扣转让该初创科技型企业股权取得的应纳税所得额；当期不足抵扣的，可以在以后取得转让该初创科技型企业股权的应纳税所得额时结转抵扣。

天使投资个人投资多个初创科技型企业的，对其中办理注销清算的初创科技型企业，天使投资个人对其投资额的70%尚未抵扣完的，可自注销清算之日起36个月内抵扣天使投资个人转让其他初创科技型企业股权取得的应纳税所得额。

上述所称初创科技型企业，应同时符合以下条件：①在中国境内（不包括港、澳、台地区）注册成立、实行查账征收的居民企业；②接受投资时，从业人数不超过200人，其中具有大学本科以上学历的从业人数不低于30%；资产总额和年销售收入均不超过3 000万元；③接受投资时设立时间不超过5年（60个月）；④接受投资时以及接受投资后2年内未在境内外证券交易所上市；⑤接受投资当年及下一纳税年度，研发费用总额占成本费用支出的比例不低于20%。

享受上述规定税收政策的创业投资企业，应同时符合以下条件：①在中国境内（不含港、澳、台地区）注册成立、实行查账征收的居民企业或合伙创投企业，且不属于被投资初创科技型企业的发起人；②符合《创业投资企业管理暂行办法》（发展改革委等10部门令第39号）规定或者《私募投资基金监督管理暂行办法》（证监会令第105号）关于创业投资基金的特别规定，按照上述规定完成备案且规范运作；③投资后2年内，创业投资企业及其关联方持有被投资初创科技型企业的股权比例合计应低于50%。

享受上述规定的税收政策的天使投资个人，应同时符合以下条件：①不属于被投资初创科技型企业的发起人、雇员或其亲属（包括配偶、父母、子女、祖父母、外祖父母、孙子女、外孙子女、兄弟姐妹，下同），且与被投资初创科技型企业不存在劳务派遣等关系；②投资后2年内，本人及其亲属持有被投资初创科技型企业股权比例合计应低于50%。

享受上述规定的税收政策的投资，仅限于通过向被投资初创科技型企业直接支付现金方式取得的股权投资，不包括受让其他股东的存量股权。

上述所称研发费用口径，按照《财政部 国家税务总局 科技部关于完善研究开发费用税前加计扣除政策的通知》（财税〔2015〕119号）等规定执行。

上述所称从业人数，包括与企业建立劳动关系的职工人员及企业接受的劳务派遣人员。从业人数和资产总额指标，按照企业接受投资前连续12个月的平均数计算，不足12个月的，按实际月数平均计算。

上述所称销售收入，包括主营业务收入与其他业务收入；年销售收入指标，按照企业接受投资前连续12个月的累计数计算，不足12个月的，按实际月数累计计算。

上述所称成本费用，包括主营业务成本、其他业务成本、销售费用、管理费用、财务费用。

上述所称投资额，按照创业投资企业或天使投资个人对初创科技型企业的实缴投资额确定。合伙创投企业的合伙人对初创科技型企业的投资额，按照合伙创投企业对初创科技型企业的实缴投资额和合伙协议约定的合伙人占合伙创投企业的出资比例计算确定。合伙人从合伙创投企业分得的所得，按照《财政部 国家税务总局关于合伙企业合伙人所得税问题的通知》（财税〔2008〕159号）规定计算。

天使投资个人、公司制创业投资企业、合伙创投企业、合伙创投企业法人合伙人、被投资初创科技型企业应按规定办理优惠手续。初创科技型企业接受天使投资个人投资满2年，在上海证券交易所、深圳证券交易所上市的，天使投资个人转让该企业股票时，按照现行限售股有关规定执行，其尚未抵扣的投资额，在税款清算时一并计算抵扣。

享受上述规定的税收政策的纳税人，其主管税务机关对被投资企业是否符合初创科技型企业条件有异议的，可以转请被投资企业主管税务机关提供相关材料。对纳税人提供虚假资料，违规享受税收政策的，应按《税收征收管理法》相关规定处理，并将其列入失信纳税人名单，按规定实施联合惩戒措施。

上述规定的天使投资个人所得税政策自2018年7月1日起执行,其他各项政策自2018年1月1日起执行。执行日期前2年内发生的投资,在执行日期后投资满2年,且符合上述规定的其他条件的,可以适用上述规定的税收政策。

企业在基本具备上述条件时,可以充分利用上述创业投资税收优惠政策进行税收筹划。

【税收筹划经典案例】

甲公司为创业投资企业,适用25%的企业所得税税率,计划在2025年1月底前对外股权投资10亿元,相关部门提出两种方案:方案一是投资一家成熟的大型高新技术企业,方案二是投资一家初创期中型科技型企业。两种方案的投资收益率大体相当,请为甲公司提出税收筹划方案。

建议甲公司选择第二种方案,该种方案可以为甲公司创造可抵扣应纳税所得额7亿元(10×70%),未来可以减少应纳税额1.75亿元。同时建议甲公司在2024年12月31日前完成相关投资,这样可以在2026年度享受该项优惠,如果在2025年1月1日以后投资,则需推迟至2027年度才能开始享受该项优惠。

甲公司投资满2年后即可撤出,再选择其他初创期中型科技型企业进行投资,这样,该10亿元的投资可以每2年为企业创造7亿元的抵扣额,相当于每年3.5亿元的抵扣额,即每年节税8 750万元,相当于8.75%的年化收益率。

【法律法规依据】

(1)《中华人民共和国企业所得税法》(2007年3月16日第十届全国人民代表大会第五次会议通过,2017年2月24日第十二届全国人民代表大会常务委员会第二十六次会议修改,2018年12月29日第十三届全国人民代表大会常务委员会第七次会议第二次修正)第三十条。

(2)《中华人民共和国企业所得税法实施条例》(2007年12月6日中华人民共和国国务院令第512号公布,根据2019年4月23日《国务院关于修改部分行政法规的决定》修订)。

(3)财政部、国家税务总局《关于将国家自主创新示范区有关税收试点政策推广到全国范围实施的通知》（财税〔2015〕116号）。

（4）财政部、国家税务总局《关于创业投资企业和天使投资个人有关税收政策的通知》（财税〔2018〕55号）。

二、企业经营决策税收筹划经典案例

【案例05】▶▶▶

充分利用小型微利企业税收优惠

【税收筹划思路】

根据现行企业所得税政策，符合条件的小型微利企业，减按20%的税率征收企业所得税。符合条件的小型微利企业是指从事国家非限制和禁止行业，并符合下列条件的企业：①工业企业，年度应纳税所得额不超过30万元，从业人数不超过100人，资产总额不超过3 000万元；②其他企业，年度应纳税所得额不超过30万元，从业人数不超过80人，资产总额不超过1 000万元。

如果企业规模超过了上述标准，但企业各个机构之间可以相对独立地开展业务，则可以考虑采取分立企业的方式来享受小型微利企业的税收优惠政策。

小型微利企业的税收优惠政策有一个循序渐进的变化过程，近10年的变化如下：

2011年1月1日至2011年12月31日，对年应纳税所得额低于3万元（含3万元）的小型微利企业，其所得减按50%计入应纳税所得额，按20%的税率缴纳企业所得税。

2012年1月1日至2013年12月31日，对年应纳税所得额低于6万元（含6万元）的小型微利企业，其所得减按50%计入应纳税所得额，按20%的税率缴纳企业所得税。

2014年1月1日至2016年12月31日，对年应纳税所得额低于10万元（含10万元）的小型微利企业，其所得减按50%计入应纳税所得额，按20%的税率缴纳企业所得税。

2017年1月1日至2018年12月31日，将小型微利企业的年应纳税所得额上限由30万元提高至50万元，对年应纳税所得额低于50万元（含50万元）的小型微利企业，其所得减按50%计入应纳税所得额，按20%的税率缴纳企业所得税。

2019年1月1日至2021年12月31日，对小型微利企业年应纳税所得额不超过100万元的部分，减按25%计入应纳税所得额，按20%的税率缴纳企业所得税；对年应纳税所得额超过100万元但不超过300万元的部分，减按50%计入应纳税所得额，按20%的税率缴纳企业所得税。

2021年1月1日至2022年12月31日，对小型微利企业年应纳税所得额不超过100万元的部分，减按12.5%计入应纳税所得额，按20%的税率缴纳企业所得税。

自2023年1月1日至2027年12月31日，对小型微利企业年应纳税所得额不超过300万元的部分，减按25%计入应纳税所得额，按20%的税率缴纳企业所得税。

最新的小型微利企业标准是从事国家非限制和禁止行业，且同时符合年度应纳税所得额不超过300万元、从业人数不超过300人、资产总额不超过5 000万元等三个条件的企业。

从业人数，包括与企业建立劳动关系的职工人数和企业接受的劳务派遣用工人数。从业人数和资产总额指标，应按企业全年的季度平均值确定。具体计算公式如下：

季度平均值=（季初值+季末值）÷2

全年季度平均值=全年各季度平均值之和÷4

年度中间开业或者终止经营活动的，以其实际经营期作为一个纳税年度确定上述相关指标。

【税收筹划经典案例】

某运输公司共有3个运输车队，每个运输车队有员工10人，资产总额为1 000万元，每个车队年均盈利300万元，整个运输公司年盈利900万元。请对该运输公司提出税收筹划方案。

该运输公司可以将3个运输车队分别注册为独立的子公司，这样，每个子公司都符合小型微利企业的标准，可以享受小微企业的优惠税率。如果不进行税收筹划，该运输公司需要缴纳企业所得税225万元（900×25%）。税收筹划后，该运输公司集团需要缴纳企业所得税45万元（300×25%×20%×3），减轻税收负担180万元（225-45）。如果某车队的盈利能力超过了小型微利企业的标准，该运输公司可以考虑设立更多的子公司，从而继续享受小型微利企业的税收优惠政策。

【法律法规依据】

（1）《中华人民共和国企业所得税法》（2007年3月16日第十届全国人民代表大会第五次会议通过，2017年2月24日第十二届全国人民代表大会常务委员会第二十六次会议修改，2018年12月29日第十三届全国人民代表大会常务委员会第七次会议第二次修正）第二十八条。

（2）《中华人民共和国企业所得税法实施条例》（2007年12月6日中华人民共和国国务院令第512号公布，根据2019年4月23日《国务院关于修改部分行政法规的决定》修订）第九十二条。

（3）财政部　国家税务总局《关于执行企业所得税优惠政策若干问题的通知》（财税〔2009〕69号）。

（4）财政部、国家税务总局《关于继续实施小型微利企业所得税优惠政策的通知》（财税〔2011〕4号）。

（5）财政部、国家税务总局《关于小型微利企业所得税优惠政策有关问题的通知》（财税〔2011〕117号）。

（6）财政部、国家税务总局《关于扩大小型微利企业所得税优惠政策范围的通知》（财税〔2017〕43号）。

（7）财政部、国家税务总局《关于实施小微企业普惠性税收减免政策的通知》（财税〔2019〕13号）。

（8）财政部、国家税务总局《关于实施小微企业和个体工商户所得税优惠政策的公告》（财政部　税务总局公告2021年第12号）。

（9）财政部、国家税务总局《关于进一步实施小微企业所得税优惠政策的公告》（财政部　国家税务总局公告2022年第13号）。

（10）财政部、国家税务总局《关于进一步支持小微企业和个体工商户发展有关税费政策的公告》（财政部　国家税务总局公告2023年第12号）。

【案例06】

充分利用研发费用加计扣除税收优惠

【税收筹划思路】

企业为开发新技术、新产品、新工艺发生的研究开发费用，适用税前加计扣除政策。

研究开发活动（以下简称研发活动），是指企业为获得科学与技术新知识，创造性运用科学技术新知识，或实质性改进技术、产品（服务）、工艺而持续进行的具有明确目标的系统性活动。研发费用的具体范围包括：

（1）人员人工费用。直接从事研发活动人员的工资薪金、基本养老保险费、基本医疗保险费、失业保险费、工伤保险费、生育保险费和住房公积金，以及外聘研发人员的劳务费用。

（2）直接投入费用。研发活动直接消耗的材料、燃料和动力费用；用于中间试验和产品试制的模具、工艺装备开发及制造费，不构成固定资产的样品、样机及一般测试手段购置费，试制产品的检验费；用于研发活动的仪器、设备的运行维护、调整、检验、维修等费用，以及通过经营租赁方式租入的用于研发活动的仪器、设备租赁费。

（3）折旧费用。用于研发活动的仪器、设备的折旧费。

（4）无形资产摊销。用于研发活动的软件、专利权、非专利技术（包括许可证、专有技术、设计和计算方法等）的摊销费用。

（5）新产品设计费、新工艺规程制定费、新药研制的临床试验费、勘探开发技术的现场试验费。

（6）其他相关费用。与研发活动直接相关的其他费用，如技术图书资料费、资料翻译费、专家咨询费、高新科技研发保险费，研发成果的检索、分析、评议、论证、鉴定、评审、评估、验收费用，知识产权的申请费、注册费、代理费，差旅费、会议费等。此项费用总额不得超过可加计扣除研发费用总额的10%。

（7）财政部和国家税务总局规定的其他费用。

下列活动不适用税前加计扣除政策：

（1）企业产品（服务）的常规性升级。

（2）对某项科研成果的直接应用，如直接采用公开的新工艺、材料、装置、产品、服务或知识等。

（3）企业在商品化后为顾客提供的技术支持活动。

（4）对现存产品、服务、技术、材料或工艺流程进行的重复或简单改变。

（5）市场调查研究、效率调查或管理研究。

（6）作为工业（服务）流程环节或常规的质量控制、测试分析、维修维护。

（7）社会科学、艺术或人文学方面的研究。

不适用税前加计扣除政策的行业如下：

（1）烟草制造业；

（2）住宿和餐饮业；

（3）批发和零售业；

（4）房地产业；

（5）租赁和商务服务业；

（6）娱乐业；

（7）财政部和国家税务总局规定的其他行业。

上述行业以《国民经济行业分类与代码（GB/T 4754—2011）》为准，并随之更新。

委托境外进行研发活动所发生的费用，按照费用实际发生额的80%计入委托方的委托境外研发费用。委托境外研发费用不超过境内符合条件的研发费用2/3的部分，可以按规定在企业所得税前加计扣除。上述费用实际发生额应按照独立交易原则确定。委托方与受托方存在关联关系的，受托方应向委托方提供研发项目费用支出明细情况。委托境外进行研发活动应签订技术开发合同，并由委托方到科技行政主管部门进行登记。相关事项按《技术合同认定登记管理办法》及技术合同认定规则执行。

企业开展研发活动中实际发生的研发费用，未形成无形资产计入当期损益的，在按规定据实扣除的基础上，自2023年1月1日起，再按照实际发生额的100%在税前加计扣除；形成无形资产的，自2023年1月1日起，按照无形资产成本的200%在税前摊销。

集成电路企业和工业母机企业开展研发活动中实际发生的研发费用，未形成无形资产计入当期损益的，在按规定据实扣除的基础上，自2023年1月1日至2027年12月31日期间，再按照实际发生额的120%在税前加计扣除；形成无形资产的，在上述期间按照无形资产成本的220%在税前摊销。

企业可以充分利用上述加计扣除的税收优惠来降低应纳税所得额。

【税收筹划经典案例】

甲公司为科技型中小企业，适用15%的企业所得税税率，2023年度计划增加支出1 000万元用于新产品开发，增加职工工资支出500万元，请为甲公司提出税收筹划方案。

如果甲公司能将1 000万元支出核算为研究开发费用，将500万元工资支出用于残疾职工，则可以加计扣除1 500万元（1 000×100%+500×100%）。如果甲公司2023年度不考虑上述加计扣除的应纳税所得额超过1 500万元，则上述支出为甲公司节省企业所得税225万元（1 500×15%）。

【法律法规依据】

（1）《中华人民共和国企业所得税法》（2007年3月16日第十届全国人民代表大会第五次会议通过，2017年2月24日第十二届全国人民代表大会常务委员会第二十六次会议修改，2018年12月29日第十三届全国人民代表大会常务委员会第七次会议第二次修正）第五十六条。

（2）《中华人民共和国企业所得税法实施条例》（2007年12月6日中华人民共和国国务院令第512号公布，根据2019年4月23日《国务院关于修改部分行政法规的决定》修订）第一百三十条。

（3）财政部、国家税务总局、科技部《关于完善研究开发费用税前加计扣除政策的通知》（财税〔2015〕119号）。

（4）财政部、国家税务总局、科技部《关于企业委托境外研究开发费用税前加计扣除有关政策问题的通知》（财税〔2018〕64号）。

（5）财政部、国家税务总局、科技部《关于提高研究开发费用税前加计扣除比例的通知》（财税〔2018〕99号）。

（6）财政部、国家税务总局《关于进一步完善研发费用税前加计扣除政策的公告》（财政部 税务总局公告2023年第7号）。

（7）财政部、国家税务总局、国家发展改革委、工业和信息化部《关于提高集成电路和工业母机企业研发费用加计扣除比例的公告》（财政部 税务总局 国家发展改革委 工业和信息化部公告2023年第44号）。

【案例07】▶▶▶

充分利用残疾人工资加计扣除税收优惠

【税收筹划思路】

根据现行企业所得税政策，企业的下列支出，可以在计算应纳税所得额时加计扣除：①开发新技术、新产品、新工艺发生的研究开发费用；②安置残疾人员及国家鼓励安置的其他就业人员所支付的工资。

企业安置残疾人员所支付的工资的加计扣除，是指企业安置残疾人员的，在按照支付给残疾职工工资据实扣除的基础上，按照支付给残疾职工工资的100%加计扣除。残疾人员的范围适用《中华人民共和国残疾人保障法》的有关规定。企业安置国家鼓励安置的其他就业人员所支付的工资的加计扣除办法，由国务院另行规定。

由于企业雇用国家鼓励安置的残疾人员可以享受工资支出加计扣除100%的优惠政策，因此，如果企业的部分生产经营活动可以通过残疾人员来完成，则可以通过雇用残疾人员来进行税收筹划。

企业安置残疾人员的，按实际支付给残疾职工工资的100%加计扣除。残疾人员的范围适用《中华人民共和国残疾人保障法》的有关规定。根据《中华人民共和国残疾人保障法》第二条的规定，残疾人是指在心理、生理、人体结构上，某种组织、功能丧失或者不正常，全部或者部分丧失以正常方式从事某种活动能力的人。残疾人包括视力残疾、听力残疾、言语残疾、肢体残疾、智力残疾、精神残疾、多重残疾和其他残疾的人。残疾标准由国务院规定。一般而言，残疾人员包括经认定的视力、听力、言语、肢体、智力和精神残疾人员。从程序的角度来讲，残疾人员必须持有《中华人民共和国残疾人证》或者《中华人民共和国残疾军人证》（1至8级）。

根据国家税务总局、民政部、中国残疾人联合会《关于促进残疾人就业税收优惠政策征管办法的通知》（国税发〔2007〕67号）的规定，申请享受财政部、国家税务总局《关于促进残疾人就业税收优惠政策的通知》（财税〔2007〕92号）规定的税收优惠政策的符合福利企业条件的用人单位，安置残疾人超过25%（含25%），且残疾职工人数不少于10人的，在向税务机关申请减免税前，应当先向当地县级以上地方人民政府民政部门提出福利企业的认定申请。盲人按摩机构、工疗机构等集中安置残疾人的用人单位，在向税务机关申请享受财政部、国家税务总局《关于促进残疾人就业税收优惠政策的通知》（财税〔2007〕92号）第一条、第二条规定的税收优惠政策前，应当先向当地县级残疾人联合会提出认定申请。申请享受财政部、国家税务总局《关于促进残疾人就业税收优惠政策的通知》（财税〔2007〕92号）规定的税收优惠政策的其他单位，可直接向税务机关提出申请。民政部门、残疾人联合会应当按照财政部、国家税务总局《关于促进残疾人就业税收优惠政策的通知》（财税〔2007〕92号）第五条规定的条件，对前项所述单位安置残疾人的比例和是否具备安置残疾人的条件进行审核认定，并向申请人出具书面审核认定意见。《中华人民共和国残疾人证》和《中华人民共和国残疾军人证》的真伪，分别由残疾人联合会、民政部门进行审核。各地民政部门、残疾人联合会在认定工作中不得直接或间接向申请认定的单位收取任何费用。如果认定部门向申请认定的单位收取费用，则上述单位可不经认定，直接向主管税务机关提出减免税申请。取得民政部门或残疾人联合会认定的单位（以下简称"纳税人"），可向主管税务机关提出减免税申请，并提交以下材料：①经民政部门或残疾人联合会认定的纳税人，出具上述部门的书面审核认定意见；②纳税人与残疾人签订的劳动合同或服务协议（副本）；③纳税人为残疾人缴纳社会保险费缴费记录；④纳税人向残疾人通过银行等金融机构实际支付工资凭证；⑤主管税务机关要求提供的其他材料。

不需要经民政部门或残疾人联合会认定的单位（以下简称纳税人），可向主管税务机关提出减免税申请，并提交以下材料：①纳税人与残疾人签订的劳动合同或服务协议（副本）；②纳税人为残疾人缴纳社会保险费缴费记录；③纳税人向残疾人通过银行等金融机构实际支付工资凭证；④主管税务机关要求提供的其他材料。

残疾人就业保障金（以下简称保障金）是为保障残疾人权益，由未按规定安排残疾人就业的机关、团体、企业、事业单位和民办非企业单位（以下简称用人单位）缴纳的资金。用人单位安排残疾人就业的比例不得低于本单位在职职工总数的1.5%。具体比例由各省、自治区、直辖市人民政府根据本地区的实际情况规定。用人单位安排残疾人就业达不到其所在地省、自治区、直辖市人民政府规定比例的，应当缴纳保障金。用人单位将残疾人录用为在编人员或依法与就业年龄段内的残疾人签订1年以上（含1年）劳动合同（服务协议），且实际支付的工资不低于当地最低工资标准，并足额缴纳社会保险费的，方可计入用人单位所安排的残疾人就业人数。用人单位安排1名持有《中华人民共和国残疾人证》（1至2级）或《中华人民共和国残疾军人证》（1至3级）的人员就业的，按照安排2名残疾人就业计算。保障金按上年用人单位安排残疾人就业未达到规定比例的差额人数和本单位在职职工年平均工资之积计算缴纳。计算公式如下：

$$保障金年缴纳额 = \left(上年用人单位在职职工人数 \times 所在地省、自治区、直辖市人民政府规定的安排残疾人就业比例 - 上年用人单位实际安排的残疾人就业人数\right) \times 上年用人单位在职职工年平均工资$$

用人单位在职职工，是指用人单位在编人员或依法与用人单位签订1年以上（含1年）劳动合同（服务协议）的人员。季节性用工应当折算为年平均用工人数。以劳务派遣用工的，计入派遣单位在职职工人数。用人单位安排残疾人就业未达到规定比例的差额人数，以公式计算结果为准，可以不是整数。上年用人单位在职职工年平均工资，按用人单位上年在职职工工资总额除以用人单位在职职工人数计算。

自2020年1月1日起至2027年12月31日，在职职工人数在30人以下的企业，暂免征收残疾人就业保障金。

【税收筹划经典案例】

某公司因生产经营需要准备招用100名普通职工。由于该项工作不需要职工具备特殊技能而且是坐在椅子上从事工作，具有一定腿部残疾的人员也可以完成。该公司原计划招收非残疾人员，人均月工资为0.4万元，合同期限为3年。请对该公司的招用计划进行税收筹划。

由于该项工作残疾人员也可以胜任，因此，该公司可以通过招用残疾人来进行税收筹划。根据税法的规定，该公司可以享受按实际支付给残疾职工工资的100%加计扣除的优惠政策。3年内，支付给残疾职工的工资可以为企业节约企业所得税360万元（$0.4\times100\times12\times3\times25\%$）。

除此以外，雇佣残疾人还可以为企业节约残保金的支出。假设该公司共有员工5 000人，按1.5%的标准应当雇佣残疾人75人。如果不雇佣上述100名残疾人，假设该公司人均年工资为6万元，该公司每年应当缴纳残保金450万元（75×6）。

【法律法规依据】

（1）《中华人民共和国企业所得税法》（2007年3月16日第十届全国人民代表大会第五次会议通过，2017年2月24日第十二届全国人民代表大会常务委员会第二十六次会议修改，2018年12月29日第十三届全国人民代表大会常务委员会第七次会议第二次修正）第三十条。

（2）《中华人民共和国企业所得税法实施条例》（2007年12月6日中华人民共和国国务院令第512号公布，根据2019年4月23日《国务院关于修改部分行政法规的决定》修订）第九十六条。

（3）《中华人民共和国残疾人保障法》（1990年12月28日第七届全国人民代表大会常务委员会第十七次会议通过，2008年4月24日第十一届全国人民代表大会常务委员会第二次会议修订，根据2018年10月26日第十三届全国人民代表大会常务委员会第六次会议《关于修改〈中华人民共和国野生动物保护法〉等十五部法律的决定》修正）第二条。

（4）国家税务总局、民政部、中国残疾人联合会《关于促进残疾人就业税收优惠政策征管办法的通知》（国税发〔2007〕67号）。

（5）财政部、国家税务总局、中国残疾人联合会《关于印发〈残疾人就业保障金征收使用管理办法〉的通知》（财税〔2015〕72号）。

（6）财政部《关于调整残疾人就业保障金征收政策的公告》（财政部公告2019年第98号）。

（7）财政部《关于延续实施残疾人就业保障金优惠政策的公告》（财政部公告2023年第8号）。

【案例08】

充分利用固定资产加速折旧税收优惠

【税收筹划思路】

《中华人民共和国企业所得税法》第十一条规定:"在计算应纳税所得额时,企业按照规定计算的固定资产折旧,准予扣除。"固定资产,是指企业为生产产品、提供劳务、出租或者经营管理而持有的、使用时间超过1年的非货币性资产,包括房屋、建筑物、机器、机械、运输工具以及其他与生产经营活动有关的设备、器具、工具等。固定资产按照直线法计算的折旧,准予扣除。企业应当自固定资产投入使用月份的次月起计算折旧;停止使用的固定资产,应当自停止使用月份的次月起停止计算折旧。企业应当根据固定资产的性质和使用情况,合理确定固定资产的预计净残值。固定资产的预计净残值一经确定,不得变更。

除国务院财政、税务主管部门另有规定外,固定资产计算折旧的最低年限如下:①房屋、建筑物,为20年;②飞机、火车、轮船、机器、机械和其他生产设备,为10年;③与生产经营活动有关的器具、工具、家具等,为5年;④飞机、火车、轮船以外的运输工具,为4年;⑤电子设备,为3年。

可以采取缩短折旧年限或者采取加速折旧方法的固定资产,包括:①由于技术进步,产品更新换代较快的固定资产;②常年处于强震动、高腐蚀状态的固定资产。

企业拥有并使用的固定资产符合上述规定的,可按以下情况分别处理:

(1)企业过去没有使用过与该项固定资产功能相同或类似的固定资产,但有充分的证据证明该固定资产的预计使用年限短于《企业所得税法实施条例》规定的计算折旧最低年限的,企业可根据该固定资产的预计使用年限和相关规定,对该固定资产采取缩短折旧年限或者加速折旧的方法。

(2)企业在原有固定资产未达到《企业所得税法实施条例》规定的最低折旧年限前,使用功能相同或类似的新固定资产替代旧固定资产的,企业可根据原有固定资产的实际使用年限和相关规定，对新替代的固定资产采取缩短折旧年限或者加速折旧的方法。

企业采取缩短折旧年限方法的，对其购置的新固定资产，最低折旧年限不得低于《企业所得税法实施条例》第六十条规定的折旧年限的60%；若为购置已使用过的固定资产，其最低折旧年限不得低于《企业所得税法实施条例》规定的最低折旧年限减去已使用年限后剩余年限的60%。最低折旧年限一经确定，一般不得变更。

企业拥有并使用符合上述规定条件的固定资产采取加速折旧方法的，可以采用双倍余额递减法或者年数总和法。加速折旧方法一经确定，一般不得变更。

双倍余额递减法，是指在不考虑固定资产预计净残值的情况下，根据每期期初固定资产原值减去累计折旧后的金额和双倍的直线法折旧率计算固定资产折旧的一种方法。应用这种方法计算折旧额时，由于每年年初固定资产净值没有减去预计净残值，所以在计算固定资产折旧额时，应在其折旧年限到期前的两年期间，将固定资产净值减去预计净残值后的余额平均摊销。计算公式如下：

$$年折旧率 = 2 \div 预计使用寿命（年）\times 100\%$$

$$月折旧率 = 年折旧率 \div 12$$

$$月折旧额 = 月初固定资产账面净值 \times 月折旧率$$

年数总和法，又称年限合计法，是指将固定资产的原值减去预计净残值后的余额，乘以一个以固定资产尚可使用寿命为分子、以预计使用寿命逐年数字之和为分母的逐年递减的分数计算每年的折旧额。计算公式如下：

$$年折旧率 = 尚可使用年限 \div 预计使用寿命的年数总和 \times 100\%$$

$$月折旧率 = 年折旧率 \div 12$$

$$月折旧额 =（固定资产原值 - 预计净残值）\times 月折旧率$$

无论采用哪种折旧提取方法，对于某一特定固定资产而言，企业所提取的折旧总额是相同的，同一固定资产所抵扣的应税所得额并由此所抵扣的所得税额也是相同的，所不同的只是企业在固定资产使用年限内每年所抵扣的应税所得额是不同的，由此导致每年所抵扣的所得税额也是不同的。在具备采取固定资产加速折旧条件的情况下，企业应当尽量选择固定资产的加速折旧，具体方法的选择可以根据企业实际情况在法律允许的三种方法中任选一种。

自2014年1月1日起，对生物药品制造业，专用设备制造业，铁路、船舶、航空航天和其他运输设备制造业，计算机、通信和其他电子设备制造业，仪器仪表制造业，信息传输、软件和信息技术服务业6个行业的企业2014年1月1日后新购进的固定资产，可缩短折旧年限或采取加速折旧的方法。对上述6个行业的小型微利企业2014年1月1日后新购进的研发和生产经营共用的仪器、设备，单位价值不超过100万元的，允许一次性计入当期成本费用在计算应纳税所得额时扣除，不再分年度计算折旧；单位价值超过100万元的，可缩短折旧年限或采取加速折旧的方法。

对所有行业企业2014年1月1日后新购进的专门用于研发的仪器、设备，单位价值不超过100万元的，允许一次性计入当期成本费用在计算应纳税所得额时扣除，不再分年度计算折旧；单位价值超过100万元的，可缩短折旧年限或采取加速折旧的方法。

自2014年1月1日起，对所有行业企业持有的单位价值不超过5 000元的固定资产，允许一次性计入当期成本费用在计算应纳税所得额时扣除，不再分年度计算折旧。

自2015年1月1日起，对轻工、纺织、机械、汽车等4个领域重点行业的企业2015年1月1日后新购进的固定资产，可由企业选择缩短折旧年限或采取加速折旧的方法。对上述行业的小型微利企业2015年1月1日后新购进的研发和生产经营共用的仪器、设备，单位价值不超过100万元的，允许一次性计入当期成本费用在计算应纳税所得额时扣除，不再分年度计算折旧；单位价值超过100万元的，可由企业选择缩短折旧年限或采取加速折旧的方法。企业按上述规定缩短折旧年限的，最低折旧年限不得低于《企业所得税法实施条例》第六十条规定折旧年限的60%；采取加速折旧方法的，可采取双倍余额递减法或者年数总和法。按照《企业所得税法》及其实施条例有关规定，企业根据自身生产经营需要，也可选择不实行加速折旧政策。

企业在2024年1月1日至2027年12月31日新购进的设备、器具，单位价值不超过500万元的，允许一次性计入当期成本费用在计算应纳税所得额时扣除，不再分年度计算折旧；单位价值超过500万元的，仍按《企业所得税法实施条例》《关于完善固定资产加速折旧企业所得税政策的通知》（财税〔2014〕75号）、《关于进一步完善固定资产加速折旧企业所得税政策的通知》（财税〔2015〕106号）等相关规定执行。上述所称设备、器具，是指除房屋、建筑物以外的固定资产。

自2019年1月1日起，适用财政部、国家税务总局《关于完善固定资产加速折旧企业所得税政策的通知》（财税〔2014〕75号）和财政部、国家税务总局《关于进一步完善固定资产加速折旧企业所得税政策的通知》（财税〔2015〕106号）规定固定资产加速折旧优惠的行业范围，扩大至全部制造业领域。制造业按照国家统计局《国民经济行业分类和代码（GB/T 4754—2017）》确定。今后国家有关部门更新国民经济行业分类和代码，从其规定。

上述与固定资产相关的税收优惠政策，大多数企业均可以享受，企业应充分利用上述优惠政策进行税收筹划。

【税收筹划经典案例】

甲公司新购进一台机器设备，原值为40万元，预计残值率为3%，经税务机关核定，该设备的折旧年限为5年。请比较各种不同折旧方法的异同，并提出税收筹划方案。

（1）直线法：

年折旧率＝（1－3%）÷5＝19.4%

月折旧率＝19.4%÷12＝1.617%

预计净残值＝400 000×3%＝12 000（元）

每年折旧额＝（400 000－12 000）÷5＝77 600（元）

或　　　　＝400 000×19.4%＝77 600（元）

（2）缩短折旧年限：

该设备最短的折旧年限为正常折旧年限的60%，即3年。

年折旧率＝（1－3%）÷3＝32.33%

月折旧率＝32.33%÷12＝2.69%

预计净残值＝400 000×3%＝12 000（元）

每年折旧额=（400 000-12 000）÷3=129 333（元）

或　　　　=400 000×（1-3%）÷3=129 333（元）

（3）双倍余额递减法：

年折旧率=（2÷5）×100%=40%

采用双倍余额递减法，每年提取折旧额如表1所示。

表1　双倍余额递减法下每年提取折旧额

年份	折旧率	年折旧额	账面净值
第一年	40%	160 000元（400 000×40%）	240 000元
第二年	40%	96 000元（240 000×40%）	144 000元
第三年	40%	57 600元（144 000×40%）	86 400元
第四年	50%	37 200元（74 400×50%）	49 200元
第五年	50%	37 200元（74 400×50%）	12 000元

注：86 400-400 000×3%=74 400（元）。

（4）年数总和法：

年折旧率=尚可使用年数÷预计使用年限的年数总和

采用年数总和法，每年提取折旧额如表2所示。

表2　年数总和法下每年提取折旧额

年份	折旧率	年折旧额	账面净值
第一年	5/15	129 333元（388 000×5÷15）	270 667元
第二年	4/15	103 467元（388 000×4÷15）	167 200元
第三年	3/15	77 600元（388 000×3÷15）	89 600元
第四年	2/15	51 733元（388 000×2÷15）	37 867元
第五年	1/15	25 867元（388 000×1÷15）	12 000元

注：400 000×（1-3%）=388 000（元）。

假设在提取折旧之前，企业每年的税前利润均为1 077 600元。企业所得税税率为25%。那么，采用不同方法计算出的折旧额和所得税额如表3所示。

表3 不同折旧方法的比较

单位：元

年份	直线法			缩短折旧年限			双倍余额递减法			年数总和法		
	折旧额	税前利润	所得税额	折旧额	税前利润	所得税额	折旧额	税前利润	所得税额	折旧额	税前利润	所得税额
第一年	77 600	1 000 000	250 000	129 333	948 267	237 066.75	160 000	917 600	229 400	129 333	948 267	237 066.75
第二年	77 600	1 000 000	250 000	129 333	948 267	237 066.75	96 000	981 600	245 400	103 467	974 133	243 533.25
第三年	77 600	1 000 000	250 000	129 334*	948 266	237 066.50	57 600	1 020 000	255 000	77 600	1 000 000	250 000.00
第四年	77 600	1 000 000	250 000	0	1 077 600	269 400	37 200	1 040 400	260 100	51 733	1 025 867	256 466.75
第五年	77 600	1 000 000	250 000	0	1 077 600	269 400	37 200	1 040 400	260 100	25 867	1 051 733	262 933.25
合计	388 000	5 000 000	1 250 000	388 000	5 000 000	1 250 000	388 000	5 000 000	1 250 000	388 000	5 000 000	1 250 000

*尾数调整：400 000−12 000−129 333×2＝129 334（元）。

由以上计算结果可以看出，无论采用哪种折旧提取方法，对于某一特定固定资产而言，企业所提取的折旧总额是相同的，同一固定资产所抵扣的应税所得额并由此所抵扣的所得税额也是相同的，所不同的只是企业在固定资产使用年限内每年所抵扣的应税所得额是不同的，由此导致每年所抵扣的所得税额也是不同的。具体到本案例，在第一年年末，采用直线法、缩短折旧年限、双倍余额递减法和年数总和法提取折旧，所应当缴纳的所得税额分别为250 000元、237 066.75元、229 400元和237 066.75元。由此可见，采用双倍余额递减法提取折旧所获得的税收利益最大，其次是年数总和法和缩短折旧年限，最次的是直线法。

上述顺序是在一般情况下企业的最佳选择，但在某些特殊情况下，企业的选择也会不同。比如，如果本案例中的企业前两年免税，以后年度按25%的税率缴纳企业所得税。那么，采用直线法、缩短折旧年限、双倍余额递减法和年数总和法提取折旧，5年总共所应当缴纳的所得税额分别为750 000元、775 866.50元、775 200元和769 400元，由此可见，最优的方法应当为直线法，其次为年数总和法，再次为双倍余额递减法，最次为缩短折旧年限。当然，这是从企业5年总共所应当缴纳的企业所得税的角度，也就是从企业所有者的角度而言的最优结果。从企业每年所缴纳的企业所得税角度，也就是从企业经营者的角度而言，则不一定是这样。因为就第四年而言，四种方法所应当缴纳的企业所得税额分别为250 000元、269 400元、260 100元和256 466.75元，可见，三种加速折旧的方法使得企业每年所缴纳的企业所得税都超过了采用非加速折旧方法所应缴纳的税收，但加速折旧也为企业经营者提供了一项秘密资金，即已经提足折旧的固定资产仍然在为企业服务，却没有另外挤占企业的资金。这些固定资产的存在为企业将来的经营亏损提供了弥补的途径，因此，为了有一个较为宽松的财务环境，即使在减免税期间，许多企业的经营者也愿意采用加速折旧的方法。

【法律法规依据】

（1）《中华人民共和国企业所得税法》（2007年3月16日第十届全国人民代表大会第五次会议通过，2017年2月24日第十二届全国人民代表大会常务委员会第二十六次会议修改，2018年12月29日第十三届全国人民代表大会常务委员会第七次会议第二次修正）第十一条。

（2）《中华人民共和国企业所得税法实施条例》（2007年12月6日中华人民共和国国务院令第512号公布，根据2019年4月23日《国务院关于修改部分行政法规的决定》修订）第五十七条、第五十九条、第九十八条。

（3）国家税务总局《关于企业固定资产加速折旧所得税处理有关问题的通知》（国家税务总局2009年4月16日发布，国税发〔2009〕81号）。

（4）财政部、国家税务总局《关于完善固定资产加速折旧企业所得税政策的通知》（财税〔2014〕75号）。

（5）财政部、国家税务总局《关于进一步完善固定资产加速折旧企业所得税政策的通知》（财税〔2015〕106号）。

（6）财政部、税务总局《关于扩大固定资产加速折旧优惠政策适用范围的公告》（财政部、税务总局公告2019年第66号）。

（7）财政部、税务总局《关于设备、器具扣除有关企业所得税政策的公告》（财政部 税务总局公告2023年第37号）。

【案例09】▶▶▶

充分利用亏损结转税收政策

【税收筹划思路】

根据《企业所得税法》第十八条的规定，企业纳税年度发生的亏损，准予向以后年度结转，用以后年度的所得弥补，但结转年限最长不得超过5年。弥补亏损期限，是指纳税人某一纳税年度发生亏损，准予用以后年度的应纳税所得弥补，1年弥补不足的，可以逐年连续弥补，弥补期最长不得超过5年，5年内不论是盈利还是亏损，都作为实际弥补年限计算。这一规定为纳税人进行税收筹划提供了空间，纳税人可以通过对本企业投资和收益的控制来充分利用亏损结转的规定，将能够弥补的亏损尽量弥补。

这里有两种方法可以采用：一是如果某年度发生了亏损，企业应当尽量使得邻近的纳税年度获得较多的收益，也就是尽可能早地将亏损予以弥补；二是如果企业已经没有需要弥补的亏损或企业刚刚组建，而亏损在最近几年又是不可避免的，那么，应该尽量先安排企业亏损，然后再安排企业盈利。

自2018年1月1日起，当年具备高新技术企业或科技型中小企业资格（以下统称资格）的企业，其具备资格年度之前5个年度发生的尚未弥补完的亏损，准予结转以后年度弥补，最长结转年限由5年延长至10年。上述所称高新技术企业，是指按照科技部、财政部、国家税务总局《关于修订印发〈高新技术企业认定管理办法〉的通知》（国科发火〔2016〕32号）规定认定的高新技术企业；上述所称科技型中小企业，是指按照科技部、财政部、国家税务总局《关于印发〈科技型中小企业评价办法〉的通知》（国科发政〔2017〕115号）规定取得科技型中小企业登记编号的企业。

当年具备高新技术企业或科技型中小企业资格（以下统称资格）的企业，其具备资格年度之前5个年度发生的尚未弥补完的亏损，是指当年具备资格的企业，其前5个年度无论是否具备资格，所发生的尚未弥补完的亏损。2018年具备资格的企业，无论2013年至2017年是否具备资格，其2013年至2017年发生的尚未弥补完的亏损均准予结转以后年度弥补，最长结转年限为10年。2018年以后年度具备资格的企业，依此类推，进行亏损结转弥补税务处理。

高新技术企业按照其取得的高新技术企业证书注明的有效期所属年度，确定其具备资格的年度。科技型中小企业按照其取得的科技型中小企业入库登记编号注明的年度，确定其具备资格的年度。

企业发生符合特殊性税务处理规定的合并或分立重组事项的，其尚未弥补完的亏损，按照财政部、国家税务总局《关于企业重组业务企业所得税处理若干问题的通知》（财税〔2009〕59号）和国家税务总局《关于延长高新技术企业和科技型中小企业亏损结转弥补年限有关企业所得税处理问题的公告》（国家税务总局公告2018年第45号）有关规定进行税务处理：①合并企业承继被合并企业尚未弥补完的亏损的结转年限，按照被合并企业的亏损结转年限确定；②分立企业承继被分立企业尚未弥补完的亏损的结转年限，按照被分立企业的亏损结转年限确定；③合并企业或分立企业具备资格的，其承继被合并企业或被分立企业尚未弥补完的亏损的结转年限,按照上述规定处理。

符合规定延长亏损结转弥补年限条件的企业,在企业所得税预缴和汇算清缴时,自行计算亏损结转弥补年限,并填写相关纳税申报表。

【税收筹划经典案例】

某企业2018年度发生年度亏损100万元,假设该企业2018—2024年各纳税年度应纳税所得额如下表所示。

表 某企业2018—2024年各纳税年度应纳税所得额

单位:万元

年份	2018	2019	2020	2021	2022	2023	2024
应纳税所得额	-100	10	10	20	30	10	600

请计算该企业2024年应当缴纳的企业所得税,并提出税收筹划方案。

根据税法关于亏损结转的规定,该企业2018年的100万元亏损,可分别用2019—2023年的所得来弥补。由于2019—2023年的总计应纳税所得额为80万元,低于2018年度的亏损额,这样,从2018年到2023年,该企业都不需要缴纳企业所得税。那么,2024年度的应纳税所得额只能弥补5年以内的亏损,也就是说,不能弥补2018年度的亏损。由于2019年以来该企业一直没有亏损,因此,2024年度应当缴纳企业所得税150万元(600×25%)。

从该企业各年度的应纳税所得额来看,该企业的生产经营一直是朝好的方向发展,2023年度之所以应纳税所得额比较少,可能主要因为增加了投资,或者增加了各项费用的支出,或者进行了公益捐赠等。由于2018年度仍有未弥补完的亏损,因此,如果该企业能够在2023年度进行税收筹划,压缩成本和支出,尽量增加企业的收入,将2023年度应纳税所得额提高到30万元,同时,2023年度压缩的成本和支出可以在2024年度予以开支,这样,2023年度的应纳税所得额为30万元,2024年度的应纳税所得额为580万元。

根据税法亏损弥补的相关规定,该企业在2023年度的应纳税所得额可以用来弥补2018年度的亏损,而2024年度的应纳税所得额则要全部计算缴纳企业所得税。这样，该企业在2024年度应当缴纳企业所得税145万元（580×25%），可节税5万元（150-145）。

【法律法规依据】

（1）《中华人民共和国企业所得税法》（2007年3月16日第十届全国人民代表大会第五次会议通过，2017年2月24日第十二届全国人民代表大会常务委员会第二十六次会议修改，2018年12月29日第十三届全国人民代表大会常务委员会第七次会议第二次修正）第十八条。

（2）《中华人民共和国企业所得税法实施条例》（2007年12月6日中华人民共和国国务院令第512号公布，根据2019年4月23日《国务院关于修改部分行政法规的决定》修订）。

（3）财政部、税务总局《关于延长高新技术企业和科技型中小企业亏损结转年限的通知》（财税〔2018〕76号）。

（4）国家税务总局《关于延长高新技术企业和科技型中小企业亏损结转弥补年限有关企业所得税处理问题的公告》（国家税务总局公告2018年第45号）。

【案例10】▶▶▶

恰当选择企业所得税预缴方法

【税收筹划思路】

《企业所得税法》第五十四条规定："企业所得税分月或者分季预缴。企业应当自月份或者季度终了之日起15日内，向税务机关报送预缴企业所得税纳税申报表，预缴税款。企业应当自年度终了之日起5个月内，向税务机关报送年度企业所得税纳税申报表，并汇算清缴，结清应缴应退税款。"企业根据上述规定分月或者分季预缴企业所得税时，应当按照月度或者季度的实际利润额预缴；按照月度或者季度的实际利润额预缴有困难的，可以按照上一纳税年度应纳税所得额的月度或者季度平均额预缴，或者按照经税务机关认可的其他方法预缴。预缴方法一经确定，该纳税年度内不得随意变更。

根据税法的上述规定，企业可以通过选择适当的预缴企业所得税办法进行税收筹划。当企业预计当年的应纳税所得额比上一纳税年度低时，可以选择按纳税期限的实际数预缴，当企业预计当年的应纳税所得额比上一纳税年度高时，可以选择按上一年度应税所得额的1/12或1/4的方法分期预缴所得税。

根据国家税务总局的规定，为确保税款足额及时入库，各级税务机关对纳入当地重点税源管理的企业，原则上应按照实际利润额预缴方法征收企业所得税。各级税务机关根据企业上年度企业所得税预缴和汇算清缴情况，对全年企业所得税预缴税款占企业所得税应缴税款比例明显偏低的，要及时查明原因，调整预缴方法或预缴税额。各级税务机关要处理好企业所得税预缴和汇算清缴税款入库的关系，原则上各地企业所得税年度预缴税款占当年企业所得税入库税款（预缴数+汇算清缴数）应不少于70%。

【税收筹划经典案例】

某企业2023纳税年度缴纳企业所得税1 200万元，企业预计2024纳税年度应纳税所得额会有一个比较大的增长，每季度实际的应纳税所得额分别为1 500万元、1 600万元、1 400万元和1 700万元。企业选择按照纳税期限的实际数额来预缴企业所得税。请计算该企业每季度预缴企业所得税的数额，并提出税收筹划方案。

按照25%的企业所得税税率计算，该企业需要在每季度预缴企业所得税分别为375万元、400万元、350万元和425万元。

由于企业2024年度的实际应纳税所得额比2023年度高很多，而且在企业的预料之中，因此，企业可以选择按上一年度应税所得额的1/4的方法按季度分期预缴所得税。这样，该企业在每季度只需要预缴企业所得税300万元。

假设资金成本为10%，则该企业可以获得利息收入11.875万元［（375-300）×10%×9÷12+（400-300）×10%×6÷12+（350-300）×10%×3÷12］。

【法律法规依据】

（1）《中华人民共和国企业所得税法》（2007年3月16日第十届全国人民代表大会第五次会议通过，2017年2月24日第十二届全国人民代表大会常务委员会第二十六次会议修改，2018年12月29日第十三届全国人民代表大会常务委员会第七次会议第二次修正）第五十四条。

（2）《中华人民共和国企业所得税法实施条例》（2007年12月6日中华人民共和国国务院令第512号公布，根据2019年4月23日《国务院关于修改部分行政法规的决定》修订）第一百二十八条。

（3）国家税务总局《关于加强企业所得税预缴工作的通知》（国家税务总局2009年1月20日发布，国税函〔2009〕34号）。

三、企业融资决策税收筹划经典案例

【案例11】

巧用个人接受捐赠免税政策

【税收筹划思路】

根据我国现行的个人所得税政策，个人接受货币捐赠不需要缴纳个人所得税。根据我国现行的企业所得税政策，企业接受捐赠的财产也要缴纳企业所得税。企业以货币形式和非货币形式从各种来源取得的收入，为收入总额，其中包括接受捐赠收入。接受捐赠收入，是指企业接受的来自其他企业、组织或者个人无偿给予的货币性资产、非货币性资产。接受捐赠收入，按照实际收到捐赠资产的日期确认收入的实现。

因此，某主体如果向企业捐赠，则接受捐赠的企业需要缴纳企业所得税，如果捐赠人向企业的股东个人捐赠，则股东个人不需要缴纳个人所得税。股东再将该捐赠款出资到该企业中，相当于捐赠人直接向企业捐赠。

需要注意的是，目前个人向个人捐赠住房，如果不符合免税条件，接受住房者需要缴纳20%的个人所得税。

【税收筹划经典案例】

赵先生生前立了一份遗嘱，将500万元在死亡以后赠与甲公司，甲公司是有限责任公司，有三位股东。赵先生如何进行税收筹划可以避免缴纳企业所得税？

按照我国《企业所得税法》的规定，甲公司需要缴纳25%的企业所得税，即125万元（500×25%）。根据我国《个人所得税法》的规定，个人向个人捐赠货币是不需要缴纳个人所得税的。因此，赵先生可以修改遗嘱，将500万元赠与甲公司的三位股东，同时要求该股东将该500万元作为出资增加甲公司的注册资本。

【法律法规依据】

（1）《中华人民共和国企业所得税法》（2007年3月16日第十届全国人民代表大会第五次会议通过，2017年2月24日第十二届全国人民代表大会常务委员会第二十六次会议修改，2018年12月29日第十三届全国人民代表大会常务委员会第七次会议第二次修正）第六条。

（2）《中华人民共和国企业所得税法实施条例》（2007年12月6日中华人民共和国国务院令第512号公布，根据2019年4月23日《国务院关于修改部分行政法规的决定》修订）第二十一条。

（3）《中华人民共和国个人所得税法》（1980年9月10日第五届全国人民代表大会第三次会议通过，2018年8月31日第十三届全国人民代表大会常务委员会第五次会议第七次修正）。

【案例12】▶▶▶

利用银行理财产品进行融资

【税收筹划思路】

企业之间直接融资会面临很多困难：一是有可能违反金融法的相关规定，导致融资合同无效，产生纠纷；二是企业之间直接融资在部分地方无法开出利息发票，由此导致支付利息的企业无法在企业所得税税前扣除。通过银行发行的理财产品可以解决上述难题。

【税收筹划经典案例】

甲公司有5 000万元闲置资金，乙公司缺少短期资金5 000万元。甲公司与乙公司计划签订借款协议，借款期限1年，年利率为10%。已知银行同期同类贷款利率为6%。甲、乙公司面临以下风险：第一，如果甲公司无法开出利息发票，乙公司支付的利息将无法在企业所得税税前扣除，由此导致多缴纳企业所得税125万元（5 000×10%×25%）；第二，即使甲公司可以开出利息发票，乙公司支付的利息也无法全部在企业所得税税前扣除，由此导致多缴纳企业所得税50万元［5 000×（10%-6%）×25%］。请提出税收筹划方案。

甲、乙公司可以和丙银行合作。甲公司将5 000万元委托丙银行发行理财产品，丙银行将该5 000万元发放给乙公司。丙银行按照年收益率10%向甲公司支付理财收益，乙公司按照年收益率11%向丙银行支付理财收益。在这一方案下，乙公司支付的成本增加了1%，即50万元，但乙公司向丙银行支付的融资成本可以在企业所得税税前扣除，由此避免多缴企业所得税50万元或者125万元，仍是值得的。

【法律法规依据】

（1）《中华人民共和国企业所得税法》（2007年3月16日第十届全国人民代表大会第五次会议通过，2017年2月24日第十二届全国人民代表大会常务委员会第二十六次会议修改，2018年12月29日第十三届全国人民代表大会常务委员会第七次会议第二次修正）。

（2）《中华人民共和国企业所得税法实施条例》（2007年12月6日中华人民共和国国务院令第512号公布，根据2019年4月23日《国务院关于修改部分行政法规的决定》修订）。

（3）《企业所得税税前扣除凭证管理办法》（国家税务总局公告2018年第28号）。

【案例13】▶▶▶

利用股权投资进行融资

【税收筹划思路】

通过企业之间的股权投资运作也可以破解企业之间融资难的问题。通过适当的税收筹划，可以将利息转化为股权转让所得，也可以将利息转化为股息所得，或者将利息转化为股权转让与股息的混合所得。

【税收筹划经典案例】

甲公司有5 000万元闲置资金，乙公司缺少短期资金5 000万元。甲公司与乙公司计划签订借款协议，借款期限1年，年利率为10%。已知银行同期同类贷款利率为6%。甲、乙公司面临以下风险：第一，如果甲公司无法开出利息发票，乙公司支付的利息将无法在企业所得税税前扣除，由此导致多缴纳企业所得税125万元（5 000×10%×25%）；第二，即使甲公司可以开出利息发票，乙公司支付的利息也无法全部在企业所得税税前扣除，由此导致多缴纳企业所得税50万元［5 000×（10%-6%）×25%］。请提出税收筹划方案。

甲公司可以将5 000万元投资乙公司，持有乙公司3%（或其他适当比例）的股权。持股期间，乙公司向甲公司分红100万元。持股满1年后，甲公司将乙公司股权转让给乙公司其他股东或者以减资的方式退出，取得股权转让所得370万元。甲公司取得净利润377.5万元［100+370×（1-25%）］。在税收筹划前，甲公司可以取得净利润375万元［500×（1-25%）］。甲公司取得的净利润、乙公司支付的成本在税收筹划前后并无明显变化，但乙公司避免了多缴企业所得税25万元或者125万元的风险，税收筹划的收益很明显。

【法律法规依据】

（1）《中华人民共和国企业所得税法》（2007年3月16日第十届全国人民代表大会第五次会议通过，2017年2月24日第十二届全国人民代表大会常务委员会第二十六次会议修改，2018年12月29日第十三届全国人民代表大会常务委员会第七次会议第二次修正）。

（2）《中华人民共和国企业所得税法实施条例》（2007年12月6日中华人民共和国国务院令第512号公布，根据2019年4月23日《国务院关于修改部分行政法规的决定》修订）。

（3）《企业所得税税前扣除凭证管理办法》（国家税务总局公告2018年第28号）。

四、个人综合所得税收筹划经典案例

【案例14】

充分利用企业年金与职业年金

【税收筹划思路】

根据《个人所得税法》第三条的规定，综合所得（包括工资薪金所得、劳务报酬所得、稿酬所得和特许权使用费所得），适用3%~45%的超额累进税率，具体税率如下表所示。该表所称全年应纳税所得额是指依照《个人所得税法》第六条的规定，居民个人取得综合所得以每一纳税年度收入额减除费用六万元以及专项扣除、专项附加扣除和依法确定的其他扣除后的余额。

表 综合所得个人所得税税率表

级数	全年应纳税所得额	税率	速算扣除数
1	不超过36 000元的	3%	0
2	超过36 000元至144 000元的部分	10%	2520
3	超过14 4000元至300 000元的部分	20%	16 920
4	超过300 000元至420 000元的部分	25%	31 920
5	超过420 000元至660 000元的部分	30%	52 920
6	超过660 000元至960 000元的部分	35%	85 920
7	超过960 000元的部分	45%	181 920

企业和事业单位根据国家有关政策规定的办法和标准，为在本单位任职或者受雇的全体职工缴付的企业年金或职业年金单位缴费部分，在计入个人账户时，个人暂不缴纳个人所得税。个人根据国家有关政策规定缴付的年金个人缴费部分，在不超过本人缴费工资计税基数的4%标准内的部分，暂从个人当期的应纳税所得额中扣除。由于目前事业单位强制设立职业年金，而企业年金的设立是自愿的，广大企业可以充分利用这一优惠，

帮助员工减轻个人所得税负担。

【税收筹划经典案例】

甲公司共有员工10 000余人，人均年薪为200 000元，人均年个人所得税税前扣除标准为12万元，人均年应纳税所得额为80 000元，人均年应纳个人所得税5 480元（80 000×10%-2 520）。

如甲公司为全体员工设立企业年金，员工人均年缴费8 000元（200 000×4%），符合税法规定，可以税前扣除。由此，人均年应纳个人所得税4 680元［（80 000-8 000）×10%-2 520］，人均节税800元（5 480-4 680），甲公司全体员工年节税8 000 000元（800×10 000）。

【法律法规依据】

（1）《中华人民共和国个人所得税法》（1980年9月10日第五届全国人民代表大会第三次会议通过，2018年8月31日第十三届全国人民代表大会常务委员会第五次会议第七次修正）。

（2）《中华人民共和国个人所得税法实施条例》（1994年1月28日中华人民共和国国务院令第142号发布，2018年12月18日中华人民共和国国务院令第707号第四次修订）。

（3）财政部、人力资源社会保障部、国家税务总局《关于企业年金职业年金个人所得税有关问题的通知》（财税〔2013〕103号）。

（4）财政部、国家税务总局《关于个人所得税法修改后有关优惠政策衔接问题的通知》（财税〔2018〕164号）。

【案例15】

充分利用享受优惠的商业健康保险

【税收筹划思路】

自2017年7月1日起，对个人购买符合规定的商业健康保险产品的支出，允许在当年（月）计算应纳税所得额时予以税前扣除，扣除限额为2 400元/年（200元/月）。单位统一为员工购买符合规定的商业健康保险产品的支出，应分别计入员工个人工资薪金，视同个人购买，按上述限额予以扣除。2 400元/年（200元/月）的限额扣除为个人所得税法规定减除费用标准之外的扣除。企业为员工统一购买商业健康保险既是为员工提供的福利，也可以起到节税的作用。

【税收筹划经典案例】

甲公司共有员工10 000余人，人均年薪200 000元，人均年个人所得税税前扣除标准为12万元，人均年应纳税所得额为80 000元，人均年应纳个人所得税5 480元（80 000×10%-2 520）。

如甲公司从员工的应发工资中为全体员工统一购买符合税法规定的商业健康保险，员工人均年缴费2 400元，可以税前扣除。由此，人均年应纳个人所得税5 240元［（80 000-2 400）×10%-2 520］。人均节税240元（5 480-5 240）。甲公司全体员工年节税2 400 000元（240×10 000）。

【法律法规依据】

（1）《中华人民共和国个人所得税法》（1980年9月10日第五届全国人民代表大会第三次会议通过，2018年8月31日第十三届全国人民代表大会常务委员会第五次会议第七次修正）。

（2）《中华人民共和国个人所得税法实施条例》（1994年1月28日中华人民共和国国务院令第142号发布，2018年12月18日中华人民共和国国务院令第707号第四次修订）。

（3）财政部、税务总局、保监会《关于将商业健康保险个人所得税试点政策推广到全国范围实施的通知》（财税〔2017〕39号）。

【案例16】

充分利用税收递延型商业养老保险和个人养老金

【税收筹划思路】

自2018年5月1日起，在上海市、福建省（含厦门市）和苏州工业园区实施个人税收递延型商业养老保险试点。对试点地区个人通过个人商业养老资金账户购买符合规定的商业养老保险产品的支出，允许在一定标准内税前扣除；计入个人商业养老资金账户的投资收益，暂不征收个人所得税；个人领取商业养老金时再征收个人所得税。取得工资薪金、连续性劳务报酬所得的个人，其缴纳的保费准予在申报扣除当月计算应纳税所得额时予以限额据实扣除，扣除限额按照当月工资薪金、连续性劳务报酬收入的6%和1 000元孰低办法确定。位于试点地区的企业可以为员工统一购买税收递延型养老保险，在当期降低个人所得税负担。

自2022年1月1日起，对个人养老金实施递延纳税优惠政策。在缴费环节，个人向个人养老金资金账户的缴费，按照12 000元/年的限额标准，在综合所得或经营所得中据实扣除；在投资环节，计入个人养老金资金账户的投资收益暂不征收个人所得税；在领取环节，个人领取的个人养老金，不并入综合所得，单独按照3%的税率计算缴纳个人所得税，其缴纳的税款计入"工资、薪金所得"项目。

个人缴费享受税前扣除优惠时，以个人养老金信息管理服务平台出具的扣除凭证为扣税凭据。取得工资薪金所得、按累计预扣法预扣预缴个人所得税劳务报酬所得的，其缴费可以选择在当年预扣预缴或次年汇算清缴时在限额标准内据实扣除。选择在当年预扣预缴的，应及时将相关凭证提供给扣缴单位。扣缴单位应按照财政部、国家税务总局《关于个人养老金有关个人所得税政策的公告》（财政部　税务总局公告2022年第34号）有关要求，为纳税人办理税前扣除有关事项。取得其他劳务报酬、稿酬、特许权使用费等所得或经营所得的，其缴费在次年汇算清缴时在限额标准内据实扣除。个人按规定领取个人养老金时，由开立个人养老金资金账户所在市的商业银行机构代扣代缴其应缴的个人所得税。

人力资源和社会保障部门与税务部门应建立信息交换机制，通过个人养老金信息管理服务平台将个人养老金涉税信息交换至税务部门，并配合税务部门做好相关税收征管工作。

商业银行有关分支机构应及时对在该行开立个人养老金资金账户纳税人的纳税情况进行全员全额明细申报，保证信息真实准确。

各级财政、人力资源和社会保障、税务、金融监管等部门应密切配合，认真做好组织落实，对实施过程中遇到的困难和问题，及时向上级主管部门反映。

上述税收政策自2022年1月1日起在个人养老金先行城市实施。个人养老金先行城市名单由人力资源社会保障部会同财政部、税务总局另行发布。上海市、福建省、苏州工业园区等已实施个人税收递延型商业养老保险试点的地区,自2022年1月1日起统一按照上述税收政策执行。

根据《人力资源社会保障部办公厅 财政部办公厅 国家税务总局办公厅关于公布个人养老金先行城市(地区)的通知》(人社厅函〔2022〕169号)的规定,为贯彻落实《国务院办公厅关于推动个人养老金发展的意见》(国办发〔2022〕7号),根据《人力资源社会保障部 财政部 国家税务总局关于报送个人养老金先行城市的通知》(人社部函〔2022〕62号)的要求,在各省(自治区、直辖市)申报的基础上,经研究,确定了个人养老金先行城市(地区)名单(见下表)。自2022年11月17日起,在先行城市(地区)所在地参加职工基本养老保险或城乡居民基本养老保险的劳动者,可参加个人养老金。

表 个人养老金先行城市(地区)名单

序号	省(自治区、直辖市)	先行城市(地区)
1	北京市	北京市
2	天津市	天津市
3	河北省	石家庄市、雄安新区
4	山西省	晋城市
5	内蒙古自治区	呼和浩特市
6	辽宁省	沈阳市、大连市
7	吉林省	长春市
8	黑龙江省	哈尔滨市
9	上海市	上海市
10	江苏省	苏州市
11	浙江省	杭州市、宁波市
12	安徽省	合肥市
13	福建省	福建省
14	江西省	南昌市
15	山东省	青岛市、东营市

续表

序号	省（自治区、直辖市）	先行城市（地区）
16	河南省	郑州市
17	湖北省	武汉市
18	湖南省	长沙市
19	广东省	广州市、深圳市
20	广西壮族自治区	南宁市
21	海南省	海口市
22	重庆市	重庆市
23	四川省	成都市
24	贵州省	贵阳市
25	云南省	玉溪市
26	西藏自治区	拉萨市
27	陕西省	西安市
28	甘肃省	庆阳市
29	青海省	西宁市
30	宁夏回族自治区	银川市
31	新疆维吾尔自治区	乌鲁木齐市

【税收筹划经典案例】

位于上海的甲公司共有员工10 000余人，人均年薪200 000元，人均年个人所得税税前扣除标准为120 000元，人均年应纳税所得额为80 000元，人均年应纳个人所得税5 480元（80 000×10%-2 520）。

如甲公司从员工的应发工资中为全体员工统一购买符合税法规定的税收递延型商业养老保险，员工人均年缴费12 000元，可以税前扣除。由此，人均年应纳个人所得税4 280元〔（80 000-12 000）×10%-2 520〕。人均节税1 200元（5 480-4 280）。甲公司全体员工在当期年节税12 000 000元（1 200×10 000）。

国家出台个人养老金个人所得税优惠政策后，李女士一直犹豫是否应当参加个人养老金。在满足什么条件时，李女士参加个人养老金是有利的？

假设李女士2024年度个人所得税应纳税所得额为12 000元，李女士应当缴纳个人所得税360元（12 000×3%）。如果李女士参加个人养老金，则2024年度可以扣除12 000元，不需要缴纳个人所得税。未来李女士领取该12 000元及其收益时，李女士应当缴纳个人所得税360元（12 000×3%）。由于李女士参与个人养老金并未起到节税作用，李女士参与个人养老金的意义不大。

假设李女士2024年度个人所得税应纳税所得额为48 000元，李女士应当缴纳个人所得税2 280元（48 000×10%−2 520）。如果李女士参加个人养老金，则2024年度可以扣除12 000元，仅需要缴纳个人所得税1 080元〔（48 000−12 000）×3%〕。2024年度少缴纳个人所得税1 200元（2 280−1 080）。未来领取该12 000元及其收益时，李女士应当缴纳个人所得税360元（12 000×3%）。李女士参加个人养老金，合计可少缴纳所得税840元（1 200−360）。如果李女士2024年度的应纳税所得额更高，则其参加个人养老金的节税效果就更加明显。

【法律法规依据】

（1）《中华人民共和国个人所得税法》（1980年9月10日第五届全国人民代表大会第三次会议通过，2018年8月31日第十三届全国人民代表大会常务委员会第五次会议第七次修正）。

（2）《中华人民共和国个人所得税法实施条例》（1994年1月28日中华人民共和国国务院令第142号发布，2018年12月18日中华人民共和国国务院令第707号第四次修订）。

（3）财政部、国家税务总局、人力资源社会保障部、银保监、证监会《关于开展个人税收递延型商业养老保险试点的通知》（财税〔2018〕22号）。

（4）财政部、国家税务总局《关于个人养老金有关个人所得税政策的公告》（财政部　税务总局公告2022年第34号）。

（5）《人力资源社会保障部办公厅　财政部办公厅　国家税务总局办公厅关于公布个人养老金先行城市（地区）的通知》（人社厅函〔2022〕169号）。

【案例17】▶▶▶

灵活运用子女教育专项附加扣除

【税收筹划思路】

根据税法规定，纳税人的子女接受全日制学历教育的相关支出，按照每个子女每月1 000元的标准定额扣除。学历教育包括义务教育（小学、初中教育）、高中阶段教育（普通高中、中等职业、技工教育）、高等教育（大学专科、大学本科、硕士研究生、博士研究生教育）。年满3岁至小学入学前处于学前教育阶段的子女，按上述规定执行。父母可以选择由其中一方按扣除标准的100%扣除，也可以选择由双方分别按扣除标准的50%扣除，具体扣除方式在一个纳税年度内不能变更。凡是家庭中有3岁至28岁接受教育的子女，应积极申报。如果夫妻二人均需要缴纳个人所得税，子女教育扣除应由税率高的一方全额申报，税率低的一方不申报。

自2023年1月1日起，3岁以下婴幼儿照护专项附加扣除标准，由每个婴幼儿每月1 000元提高到2 000元。子女教育专项附加扣除标准，由每个子女每月1 000元提高到2 000元。

【税收筹划经典案例】

张先生和张太太有一儿一女，儿子读小学一年级，女儿读小学六年级。2024年度，张先生的应纳税所得额预计为100 000元（尚未考虑子女教育专项附加扣除），张太太的应纳税所得额预计为30 000元（尚未考虑子女教育专项附加扣除）。

如果张先生与张太太因疏忽而忘记申报子女教育专项附加扣除，则2024年度，张先生应纳个人所得税7 480元（100 000×10%-2 520）；张太太应纳个人所得税900元（30 000×3%）。

如果由张太太申报两个子女的教育专项附加扣除48 000元，则2024年度，张先生应纳个人所得税7 480元（100 000×10%-2520）；张太太应纳个人所得税为0。节税900元。

如果由张先生和张太太各申报一个子女的教育专项附加扣除24 000元，2024年度，张先生应纳个人所得税5 080元［（100 000-24 000）×10%-2 520］；张太太应纳个人所得税180元［（30 000-24 000）×

3%〕。节税3 120元（7 480-5 080+900-180）。

如果由张先生申报两个子女的教育专项附加扣除48 000元，则2024年度，张先生应纳个人所得税2 680元〔（100 000-48 000）×10%-2 520〕；张太太应纳个人所得税900元（30 000×3%）。节税4 800元（7 480-2 680）。

对张先生夫妇而言，48 000元的子女教育专项附加扣除抵税的最大额度就是4 800元。

【法律法规依据】

（1）《中华人民共和国个人所得税法》（1980年9月10日第五届全国人民代表大会第三次会议通过，2018年8月31日第十三届全国人民代表大会常务委员会第五次会议第七次修正）。

（2）《中华人民共和国个人所得税法实施条例》（1994年1月28日中华人民共和国国务院令第142号发布，2018年12月18日中华人民共和国国务院令第707号第四次修订）。

（3）《个人所得税专项附加扣除暂行办法》（2018年12月13日国务院印发，国发〔2018〕41号）。

（4）国务院《关于提高个人所得税有关专项附加扣除标准的通知》（国发〔2023〕13号）。

五、企业消费税税收筹划经典案例

【案例18】

巧用消费税征税范围

【税收筹划思路】

根据《中华人民共和国消费税暂行条例》附录"消费税税目税率表"中规定的征收范围，我国目前对消费税的征收范围仅局限于15类商品，分别是烟、酒、高档化妆品、贵重首饰及珠宝玉石、鞭炮及烟火、成品油、摩托车、小汽车、高尔夫球及球具、高档手表、游艇、木制一次性筷子、实木地板税目、电池和涂料。即使在上述15类消费品的范围内,也有一些免税的消费品。如无汞原电池、金属氢化物镍蓄电池(又称"氢镍蓄电池"或"镍氢蓄电池")、锂原电池、锂离子蓄电池、太阳能电池、燃料电池和全钒液流电池免征消费税,电动汽车不征消费税等。

如果企业希望从源头上节税,不妨在投资决策的时候就避开上述消费品,而选择其他符合国家产业政策、在流转税及所得税方面有优惠措施的产品进行投资,如高档摄像机、高档组合音响、裘皮制品、移动电话、装饰材料。在市场前景看好的情况下,企业选择这类项目投资,也可以达到减轻消费税税收负担的目的。

消费税的具体税目及税率,参见消费税税目税率表的规定。

表 消费税税目税率表

税目	税率(税额)
一、烟	
1. 甲类卷烟	56%加每支0.003元(生产环节)
2. 乙类卷烟	36%加每支0.003元(生产环节)
3. 卷烟批发	11%加每支0.005元
4. 雪茄烟	36%
5. 烟丝	30%
二、酒	
1. 白酒	20%加0.5元/斤或500毫升
2. 黄酒	240元/吨
3. 甲类啤酒	250元/吨
4. 乙类啤酒	220元/吨
5. 其他酒	10%
三、高档化妆品	15%
四、贵重首饰及珠宝玉石	10%
1. 金银首饰、铂金首饰,钻石及钻石饰品	5%
2. 其他贵重首饰、珠宝玉石	10%
五、鞭炮、焰火	15%

续表

税目	税率（税额）
六、成品油	
1. 汽油	1.52元/升
2. 柴油	1.20元/升
3. 石脑油	1.52元/升
4. 溶剂油	1.52元/升
5. 润滑油	1.52元/升
6. 燃料油	1.20元/升
7. 航空煤油	1.20元/升
七、摩托车	
1. 气缸容量（排气量，下同）为250毫升的	3%
2. 气缸容量为250毫升以上的	10%
八、小汽车	
1. 乘用车	
气缸容量在1.0升（含1.0升）以下的	1%
气缸容量在1.0升以上至1.5升（含1.5升）的	3%
气缸容量在1.5升以上至2.0升（含2.0升）的	5%

【法律法规依据】

（1）《中华人民共和国消费税暂行条例》（1993年12月13日中华人民共和国国务院令第135号公布，2008年11月5日国务院第34次常务会议修订通过）。

（2）《中华人民共和国消费税暂行条例实施细则》（财政部 国家税务总局2008年第51号令）。

（3）《财政部 国家税务总局关于调整消费税政策的通知》（财税〔2014〕93号）。

（4）《财政部 国家税务总局关于对电池 涂料征收消费税的通知》（财税〔2015〕16号）。

（5）《财政部 国家税务总局关于调整卷烟消费税的通知》（财税

〔2015〕60号）。

（6）《财政部　国家税务总局关于调整化妆品消费税政策的通知》（财税〔2016〕103号）。

【案例19】

巧用生产制作环节纳税的规定

【税收筹划思路】

我国税法规定，生产应税消费品的，于销售时纳税，但企业可以通过降低商品价值，通过"物物交换"进行税收筹划，也可以改变和选择某种对企业有利的结算方式推迟纳税时间，获得资金使用利益。

我国的消费税除金银首饰改在零售环节课税，烟在批发环节额外征收一道消费税，超豪华小汽车在零售环节加征一道消费税以外，其他应税消费都在生产制作环节或者委托加工环节课税。这样的规定主要是从方便征管的角度考虑的，因为在生产制作环节纳税人数量较少，征管对象明确，便于控制税源，降低征管成本。由于生产制作环节不是商品实现消费以前的最后一个流转环节，在这个环节之后还存在批发、零售等若干个流转环节，这就为纳税人进行税收筹划提供了空间。纳税人可以用分设独立核算的经销部、销售公司，以较低的价格向它们供货，再以正常价格对外销售，由于消费税主要在生产制作环节征收，纳税人的税收负担会因此减轻许多。

以较低的销售价格将应税消费品销售给其独立核算的销售分公司，由于处在销售环节，只缴纳增值税不缴纳消费税，可使纳税人的整体消费税税负下降，但这种方法并不影响纳税人的增值税税负。目前，这种在纳税环节进行的税收筹划在生产化妆品、烟、酒、摩托车、小汽车的行业里得到了较为普遍的应用。但是，应当指出的是，首先，根据《中华人民共和国消费税暂行条例》第十条的规定，纳税人应税消费品的计税价格明显偏低并无正当理由的，由主管税务机关核定其计税价格。因此，生产厂家向销售分公司出售应税消费品时，只能适度压低价格，如果压低的幅度过大，就构成了《中华人民共和国消费税暂行条例》所称"计税价格明显偏低"的情况,税务机关可以行使价格调整权。其次,这种行为有税收筹划的嫌疑,国家有可能出台相关的税收法规来防止纳税人采用这种方式进行税收筹划。

另外还需要注意的是,2009年7月17日,国家税务总局发布了《关于加强白酒消费税征收管理的通知》(国税函〔2009〕380号),规定了白酒消费税最低计税价格核定管理的最新政策。白酒生产企业销售给销售单位的白酒,生产企业消费税计税价格低于销售单位对外销售价格(不含增值税,下同)70%以下的,税务机关应核定消费税最低计税价格。因此,白酒生产企业采取这种方式节税应当注意节税的空间。

【税收筹划经典案例】

某化妆品生产企业生产的高档化妆品,假设正常生产环节的不含税售价为每件400元,适用消费税税率为15%,则该企业应纳消费税60元(400×15%)。请提出该企业的税收筹划方案。

倘若该企业经过税收筹划,设立一个独立核算的子公司负责对外销售,向该子公司供货时不含税价格定为每套200元,则该企业在转移产品时须缴纳消费税30元(200×15%)。该子公司对外零售商品时不需要缴纳消费税,没有消费税负担。通过这种税收筹划,该企业每套商品可少纳消费税30元。

可见,以较低的销售价格将应税消费品销售给其独立核算的销售子公司,由于处在销售环节,只缴纳增值税不缴纳消费税,可使纳税人的整体消费税税负下降,但这种方法并不影响纳税人的增值税税负。

【法律法规依据】

(1)《中华人民共和国消费税暂行条例》(1993年12月13日中华人民共和国国务院令第135号公布,2008年11月5日国务院第34次常务会议修订通过)。

(2)《中华人民共和国消费税暂行条例实施细则》(财政部 国家税务总局2008年第51号令)。

(3)《国家税务总局关于加强白酒消费税征收管理的通知》(国家税务总局2009年7月17日发布,国税函〔2009〕380号)。

【案例20】▶▶▶

兼营行为应分别核算

【税收筹划思路】

根据《中华人民共和国消费税暂行条例》第三条的规定，纳税人兼营不同税率的应当缴纳消费税的消费品（简称应税消费品），应当分别核算不同税率应税消费品的销售额、销售数量；未分别核算销售额、销售数量，或者将不同税率的应税消费品组成成套消费品销售的，从高适用税率。税法的上述规定要求纳税人必须注意分别核算不同税率的应税消费品的生产情况，这一税收筹划方法看似简单，但如果纳税人不了解税法的这一规定，而没有分别核算的话，在缴纳消费税的时候就会吃亏。因此，纳税人在进行纳税申报的时候，必须要注意消费品的组合问题，没有必要成套销售的，就不宜采用这种销售方式。

【税收筹划经典案例】

某公司既生产经营普通化妆品，又生产经营高档化妆品，高档化妆品的消费税税率为15%，普通化妆品不征收消费税。2024年度，该公司高档化妆品的不含税销售额预计为2 000万元，普通化妆品的不含税销售额预计为1 000万元，如果该公司没有分别核算或者将高档化妆品与普通化妆品组成成套商品销售。请计算该公司应当缴纳的消费税，并提出税收筹划方案。

由于该公司不分别核算销售额，应当一律按高档化妆品的税率15%征收消费税。如果该公司将高档化妆品与普通化妆品组成成套消费品销售，全部销售额也要适用15%的税率，这两种做法显然都会加重普通化妆品的税收负担。2024年度该公司应纳消费税额450万元〔（2 000+1 000）×15%〕。如果该公司事先进行税收筹划，分别核算两种经营项目，则该公司2024年度应纳消费税额300万元（2 000×15%），减轻税收负担150万元（450-300）。同时，纳税人在进行纳税申报的时候，必须注意消费品的组合问题，没有必要成套销售的，就不宜采用这种销售方式。

【法律法规依据】

（1）《中华人民共和国消费税暂行条例》（1993年12月13日中华人民共和国国务院令第135号公布，2008年11月5日国务院第34次常务会议修订通过）第三条。

（2）《中华人民共和国消费税暂行条例实施细则》（财政部 国家税务总局2008年第51号令）。

（3）《财政部 国家税务总局关于调整化妆品消费税政策的通知》（财税〔2016〕103号）。

【案例21】▶▶▶

消费品包装物的核算技巧

【税收筹划思路】

根据《中华人民共和国消费税暂行条例实施细则》第十三条的规定，应税消费品连同包装物销售的，无论包装物是否单独计价及在会计上如何核算，均应并入应税消费品的销售额中缴纳消费税。如果包装物不作价随同产品销售，而是收取押金，此项押金则不应并入应税消费品的销售额中征税。但对因逾期未收回的包装物不再退还的或者已收取的时间超过12个月的押金，应并入应税消费品的销售额，按照应税消费品的适用税率缴纳消费税。对既作价随同应税消费品销售，又另外收取押金的包装物的押金，凡纳税人在规定的期限内没有退还的，均应并入应税消费品的销售额，按照应税消费品的适用税率缴纳消费税。因此，企业如果想在包装物上节省消费税，关键是包装物不能作价随同产品出售，而应采取收取"押金"的形式，这样"押金"就不并入销售额计算消费税税额。即使在经过1年以后，需要将押金并入应税消费品的销售额，按照应税消费品的适用税率征收消费税，也使企业获得了该笔消费税的1年的免费使用权。

值得注意的是，根据《财政部 国家税务总局关于酒类产品包装物押金征税问题的通知》（财税〔1995〕53号）及《国家税务总局关于印发〈消费税问题解答〉的通知》（国税函发〔1997〕306号）的规定，从1995年6月1日起，对销售除啤酒、黄酒外的其他酒类产品而收取的包装物押金，无论是否返还以及会计上如何核算，均应并入当期销售额征税（之所以将啤酒和黄酒除外,是因为对酒类包装物押金征税的规定只适用于实行从价定率办法征收消费税的酒类,而啤酒和黄酒产品是实行从量定额办法征收消费税的,因此,无法适用这一规定)。这在一定程度上限制了经营酒类产品的企业利用包装物税收筹划的可能性。同时,财政部和税务总局的上述规定也从反面说明了企业大量使用这种税收筹划方法,导致企业节约了大量税款,相应导致国家税款流失。

根据《财政部 国家税务总局关于调整金银首饰消费税纳税环节有关问题的通知》(财税〔1994〕95号)的规定,金银首饰连同包装物销售的,无论包装是否单独计价,也无论会计上如何核算,均应并入金银首饰的销售额,计征消费税。根据这一规定,金银首饰生产企业仍然可以通过把包装物变成押金的方式进行税收筹划。

【税收筹划经典案例】

某焰火厂生产一批焰火共10 000箱,每箱不含税价格为0.02万元,其中包含包装物价值15元,该月销售额200万元(0.02×10 000),焰火的消费税税率为15%。请计算该厂该月应当缴纳的消费税,并提出税收筹划方案。

根据《消费税暂行条例实施细则》第十三条的规定,该月应纳消费税税额30万元(200×15%)。

根据《消费税暂行条例实施细则》第十三条的规定,如果包装物不作价随同产品销售,而是收取押金,此项押金则不应并入应税消费品的销售额中征税。但对因逾期未收回的包装物不再退还的和已收取1年以上的押金,应并入应税消费品的销售额,按照应税消费品的适用税率征收消费税。

通过税收筹划,该焰火厂以每箱0.018 5万元的价格销售,并收取0.001 5万元押金,并规定,包装物如有损坏则从押金中扣除相应修理费用直至全部扣除押金(这种规定与直接销售包装物大体相当),这样,该厂应纳消费税降低27.75万元(1×185×15%)。一年以后,如果该批包装物的押金没有退回,则该企业应当补缴消费税2.25万元(1×15×15%)。对于企业来讲,相当于获得了2.25万元的一年无息贷款。

【法律法规依据】

（1）《中华人民共和国消费税暂行条例》（1993年12月13日中华人民共和国国务院令第135号公布，2008年11月5日国务院第34次常务会议修订通过）。

（2）《中华人民共和国消费税暂行条例实施细则》（财政部 国家税务总局2008年第51号令）第十三条。

（3）《财政部 国家税务总局关于酒类产品包装物押金征税问题的通知》（财政部 国家税务总局1995年6月9日发布，财税〔1995〕53号）。

（4）《国家税务总局关于印发〈消费税问题解答〉的通知》（国家税务总局1997年5月21日发布，国税函发〔1997〕306号）。

（5）《财政部 国家税务总局关于调整金银首饰消费税纳税环节有关问题的通知》（财政部 国家税务总局1994年12月24日发布，财税〔1994〕95号）。

【案例22】▶▶▶

自产自用消费品的税收筹划方案

【税收筹划思路】

根据《中华人民共和国消费税暂行条例》第七条的规定，纳税人自产自用的应税消费品，按照纳税人生产的同类消费品的销售价格计算纳税；没有同类消费品销售价格的，按照组成计税价格计算纳税。实行从价定率办法计算纳税的组成计税价格计算公式：

$$组成计税价格 = （成本 + 利润）÷（1 - 比例税率）$$

实行复合计税办法计算纳税的组成计税价格计算公式：

$$组成计税价格 = \frac{成本 + 利润 + 自产自用数量 \times 定额税率}{1 - 比例税率}$$

应税消费品的全国平均成本利润率如下：①甲类卷烟为10%；②乙类卷烟为5%；③雪茄烟为5%；④烟丝为5%；⑤粮食白酒为10%；⑥薯类白

酒为5%；⑦其他酒为5%；⑧高档化妆品为5%；⑨鞭炮、焰火为5%；⑩贵重首饰及珠宝玉石为6%；⑪摩托车为6%；⑫高尔夫球及球具为10%；⑬高档手表为20%；⑭游艇为10%；⑮木制一次性筷子为5%；⑯实木地板为5%；⑰乘用车为8%；⑱中轻型商用客车为5%；⑲电池为4%；⑳涂料为7%。

根据《中华人民共和国消费税暂行条例实施细则》第十五条的规定，同类消费品的销售价格，是指纳税人或者代收代缴义务人当月销售的同类消费品的销售价格，如果当月同类消费品各期销售价格高低不同，应按销售数量加权平均计算。但销售的应税消费品有下列情况之一的，不得列入加权平均计算：①销售价格明显偏低并无正当理由的；②无销售价格的。

如果当月无销售或者当月未完结，应按照同类消费品上月或最近月份的销售价格计算纳税。纳税人可以通过自产自用消费品计价方式的不同来选择税负最轻的纳税方式。

【税收筹划经典案例】

某摩托车生产企业只生产一种品牌的摩托车，某月将100辆摩托车作为职工年终奖发放给职工，当月生产的摩托车的销售价格为5 000元，当月，该企业按照5 000元的价格销售了400辆，按照5 500元的价格销售了400辆，已知该摩托车消费税税率为10%。请计算100辆摩托车应当缴纳多少消费税，并给出税收筹划方案。

如果该企业能够准确提供该批摩托车的销售价格，则按照销售价格确定消费税的税基，应纳消费税50 000元（5 000×100×10%）。如果不能准确提供该批摩托车的销售价格，即该批摩托车有两种销售价格，则应按销售数量加权平均计算，应纳消费税52 500元［（400×5 000+400×5 500）÷800×100×10%］。如果没有"同类消费品的销售价格"，则应当按照组成计税价格计算纳税，应纳消费税53 000元［4 500×（1+6%）÷（1-10%）×100×10%］。由此可以看出，按照同类商品的销售价格计算税负最轻，这就要求该企业健全会计核算制度，可以准确计算该批摩托车的销售价格。

【法律法规依据】

（1）《中华人民共和国消费税暂行条例》（1993年12月13日中华人民共和国国务院令第135号公布，2008年11月5日国务院第34次常务会议修订通过）第四条、第七条。

（2）《中华人民共和国消费税暂行条例实施细则》（财政部 国家税务总局2008年第51号令）第十五条。

（3）《财政部 国家税务总局关于调整和完善消费税政策的通知》（财政部 国家税务总局2006年3月20日发布，财税〔2006〕33号）。

（4）《财政部 国家税务总局关于对电池 涂料征收消费税的通知》（财税〔2015〕16号）。

【案例23】▶▶▶

包装礼盒的税收筹划

【税收筹划思路】

根据《消费税暂行条例》第三条的规定，纳税人兼营不同税率的应税消费品，应当分别核算不同税率应税消费品的销售额、销售数量。未分别核算销售额、销售数量，或者将不同税率的应税消费品组成成套消费品销售的，从高适用税率。如果纳税人需要将不同税率的商品组成套装进行销售时应当尽量采取先销售后包装的方式进行核算，而不要采取先包装后销售的方式进行核算。

【税收筹划经典案例】

某酒厂生产各种类型的酒，以适应不同消费者需求。春节来临，大部分消费者都以酒作为馈赠亲朋好友的礼品，针对这种市场情况，公司于一月初推出"组合装礼品酒"的促销活动，将白酒、白兰地酒和葡萄酒各一瓶组成价值0.023万元的成套礼品酒进行销售，三种酒的出厂价分别为0.005万元/瓶、0.01万元/瓶、0.008万元/瓶，白酒消费税税率是0.00005万元/500克+出厂价的20%、白兰地酒和葡萄酒消费税税率是销售额的10%。假设这三种酒每瓶均为500克装，该月共销售1万套礼品酒。该酒厂采取先包装后销售的方式促销。请计算该酒厂应当缴纳的消费税，并提出税收筹划方案。

由于该酒厂采取先包装后销售的方式促销，属于混合销售行为，应当按照较高的税率计算消费税额，应纳消费税额为47.5万元［1×（3×0.5+230×20%）］。由于三种酒的税率不同，因此，采取混合销售的方式增加了该酒厂的税收负担。该酒厂可以采取先销售后包装的方式进行促销，应纳消费税额为28.5万元［1×（1×0.5+50×20%）+100×1×10%+80×1×10%］，减轻该酒厂税收负担19万元（47.5-28.5）。

【法律法规依据】

（1）《中华人民共和国消费税暂行条例》（1993年12月13日中华人民共和国国务院令第135号公布，2008年11月5日国务院第34次常务会议修订通过）第三条。

（2）《中华人民共和国消费税暂行条例实施细则》（财政部　国家税务总局2008年第51号令）。

六、公司股权架构税收筹划经典案例

【案例24】▶▶▶

个人非货币性资产投资的税收筹划

【税收筹划思路】

个人以非货币性资产投资，属于个人转让非货币性资产和投资同时发生。对个人转让非货币性资产的所得，应按照"财产转让所得"项目，依法计算缴纳个人所得税。非货币性资产投资个人所得税以发生非货币性资产投资行为并取得被投资企业股权的个人为纳税人。

个人以非货币性资产投资，应按评估后的公允价值确认非货币性资产转让收入。非货币性资产转让收入减除该资产原值及合理税费后的余额为应纳税所得额。个人以非货币性资产投资，应于非货币性资产转让、取得被投资企业股权时，确认非货币性资产转让收入的实现。

个人应在发生上述应税行为的次月15日内向主管税务机关申报纳税。

纳税人一次性缴税有困难的，可合理确定分期缴纳计划并报主管税务机关备案后，自发生上述应税行为之日起不超过5个公历年度内（含）分期缴纳个人所得税。

个人以非货币性资产投资交易过程中取得现金补价的，现金部分应优先用于缴税；现金不足以缴纳的部分，可分期缴纳。个人在分期缴税期间转让其持有的上述全部或部分股权，并取得现金收入的，该现金收入应优先用于缴纳尚未缴清的税款。

非货币性资产是指现金、银行存款等货币性资产以外的资产，包括股权、不动产、技术发明成果以及其他形式的非货币性资产。非货币性资产投资，包括以非货币性资产出资设立新的企业，以及以非货币性资产出资参与企业增资扩股、定向增发股票、股权置换、重组改制等投资行为。

【税收筹划经典案例】

张先生将自己名下的一处不动产投资一人有限责任公司甲公司，该不动产的原值及合理税费为1 000万元，评估后的公允价值为5 000万元，请为张先生提出税收筹划方案。

如不进行税收筹划，张先生需要在不动产转让、取得甲公司股权时计算缴纳个人所得税800万元［（5 000-1 000）×20%］。

如张先生合理确定分期缴纳计划并报主管税务机关备案后，则可以在不超过5个公历年度内分期缴纳个人所得税。例如，前4年每年缴纳个人所得税1万元，第5年缴纳个人所得税796万元。

【法律法规依据】

（1）《中华人民共和国个人所得税法》（1980年9月10日第五届全国人民代表大会第三次会议通过，2018年8月31日第十三届全国人民代表大会常务委员会第五次会议第七次修正）。

（2）《财政部 国家税务总局关于个人非货币性资产投资有关个人所得税政策的通知》（财税〔2015〕41号）。

（3）《国家税务总局关于个人非货币性资产投资有关个人所得税征管问题的公告》（国家税务总局公告2015年第20号）。

【案例25】

个人技术成果出资的税收筹划

【税收筹划思路】

企业或个人以技术成果投资入股到境内居民企业，被投资企业支付的对价全部为股票（权）的，企业或个人可选择继续按现行有关税收政策执行，也可选择适用递延纳税优惠政策。选择技术成果投资入股递延纳税政策的，经向主管税务机关备案，投资入股当期可暂不纳税，允许递延至转让股权时，按股权转让收入减去技术成果原值和合理税费后的差额计算缴纳所得税。

企业或个人选择适用上述任一项政策，均允许被投资企业按技术成果投资入股时的评估值入账并在企业所得税前摊销扣除。

技术成果是指专利技术（含国防专利）、计算机软件著作权、集成电路布图设计专有权、植物新品种权、生物医药新品种，以及科技部、财政部、国家税务总局确定的其他技术成果。技术成果投资入股，是指纳税人将技术成果所有权让渡给被投资企业、取得该企业股票（权）的行为。

【税收筹划经典案例】

李先生自创或者购置一项专利，成本为100万元，现将该专利投资成立李先生一人有限责任公司甲公司，评估值为1 000万元，请为李先生进行税收筹划。

如李先生不进行税收筹划，李先生应当在取得甲公司股权之时计算并缴纳个人所得税180万元[（1 000-100）×20%]。

如李先生向主管税务机关备案，选择递延纳税优惠政策。则李先生在投资入股时不需要缴纳个人所得税，同时，甲公司还可以每年提取该项专利的摊销100万元，10年期间合计抵扣企业所得税250万元（1 000×25%）。李先生可以选择在第10年解散甲公司，假设甲公司清算时并无资本利得，则该项专利在出资时潜在的180万元个人所得税就免除了。就该项专利技术而言，李先生付出的成本为100万元，10年间该项技术为李先生实现节税250万元。如李先生在投资入股时能将该项专利的评估值进一步提高为2 000万元，则节税额可以达到500万元。

【法律法规依据】

（1）《中华人民共和国个人所得税法》（1980年9月10日第五届全国人民代表大会第三次会议通过，2018年8月31日第十三届全国人民代表大会常务委员会第五次会议第七次修正）。

（2）《财政部　国家税务总局关于完善股权激励和技术入股有关所得税政策的通知》（财税〔2016〕101号）。

【案例26】

将公司股权转让转变为个人股权转让

【税收筹划思路】

一般情形下，以公司进行股权转让需要缴纳25%的企业所得税，而以个人进行股权转让仅需要缴纳20%的个人所得税。因此，在公司不享受税收优惠以及公司没有可以弥补的亏损的情形下，可以通过将公司转让股权转变为个人转让股权，从而降低股权转让所得的税负。将公司转让股权转变为个人转让股权的核心在于通过不公允增资将个人增加为公司股东。

【税收筹划经典案例】

王先生夫妇持有甲公司100%的股权，甲公司持有乙公司100%的股权，现甲公司准备将乙公司40%的股权转让给孙先生，股权转让价为2 000万元，已知乙公司注册资本为1 000万元，当前公允价值为5 000万元，该笔股权的成本为400万元，请为该笔交易进行税收筹划。

如果不进行税收筹划，甲公司需要缴纳企业所得税400万元〔（2 000-400）×25%〕。

如果王先生向乙公司增加出资666.67万元，持有乙公司40%的股权，转让价为2 266.67万元〔（5 000+666.67）×40%〕，则王先生需要缴纳个人所得税320万元〔（2 266.67-666.67）×20%〕，节税80万元（400-320）。

【法律法规依据】

（1）《中华人民共和国企业所得税法》（2007年3月16日第十届全国人民代表大会第五次会议通过，2017年2月24日第十二届全国人民代表大会常务委员会第二十六次会议修改，2018年12月29日第十三届全国人民代表大会常务委员会第七次会议第二次修正）。

（2）《中华人民共和国个人所得税法》（1980年9月10日第五届全国人民代表大会第三次会议通过，2018年8月31日第十三届全国人民代表大会常务委员会第五次会议第七次修正）。

【案例27】▶▶▶

通过撤资实现股权转让的目的

【税收筹划思路】

企业转让股权收入应于转让协议生效且完成股权变更手续时确认收入的实现。转让股权收入扣除为取得该股权所发生的成本后，为股权转让所得。企业在计算股权转让所得时，不得扣除被投资企业未分配利润等股东留存收益中按该项股权所可能分配的金额。

投资企业从被投资企业撤回或减少投资，其取得的资产中，相当于初始出资的部分应确认为投资收回；相当于被投资企业累计未分配利润和累计盈余公积按减少实收资本比例计算的部分应确认为股息所得；其余部分确认为投资资产转让所得。

通过将股权转让巧妙地转化为撤资，可以实现节税的效果。

【税收筹划经典案例】

王先生夫妇持有甲公司100%的股权，甲公司持有乙公司40%的股权，现甲公司准备将乙公司40%的股权转让给孙先生，股权转让价为2 000万元，已知乙公司注册资本为1 000万元，当前公允价值为5 000万元，该笔股权的成本为400万元，该笔股权对应的未分配利润和盈余公积金为1 100万元，请为该笔交易进行税收筹划。

如果不进行税收筹划，甲公司需要缴纳企业所得税400万元〔（2 000-400）×25%〕。

如果甲公司从乙公司撤资，可以从甲公司取得2 000万元，其中，400万元为投资收回，不缴纳企业所得税，其中1 100万元为未分配利润和盈余公积金，确认为股息所得，也不缴纳企业所得税，剩余500万元为投资资产转让所得，需要缴纳企业所得税125万元（500×25%）。甲公司撤资后，由孙先生出资2 000万元投资乙公司，并持有乙公司40%的股权。最终实现与股权转让相同的效果，实现节税275万元（400-125）。

【法律法规依据】

（1）《中华人民共和国企业所得税法》（2007年3月16日第十届全国人民代表大会第五次会议通过，2017年2月24日第十二届全国人民代表大会常务委员会第二十六次会议修改，2018年12月29日第十三届全国人民代表大会常务委员会第七次会议第二次修正）。

（2）《国家税务总局关于贯彻落实企业所得税法若干税收问题的通知》（国税函〔2010〕79号）。

（3）《国家税务总局关于企业所得税若干问题的公告》（国家税务总局公告2011年第34号）。

【案例28】▶▶

将资产转让转化为股权转让

【税收筹划思路】

资产转让的税负比较重，一般情形下，资产转让方需要缴纳增值税及其附加、土地增值税、所得税和印花税，资产受让方需要缴纳契税和印花税。而股权转让一般情形下，资产转让方仅需缴纳所得税和印花税，资产受让方仅需要缴纳印花税。因此，企业与个人在投资之初就应当采取由公司持有资产的方式进行投资。

【税收筹划经典案例】

甲公司准备购置几处写字楼，持有若干年，待增值后再转让。假设上述写字楼的购置成本为10 000万元，转让价款为20 000万元，请为甲公司提供税收筹划方案。

如果不进行税收筹划，甲公司需要缴纳增值税476.19万元［（20 000-10 000）÷（1+5%）×5%］。需要缴纳城市维护建设税、教育费附加和地方教育附加57.14万元［476.19×（7%+3%+2%）］，需要缴纳土地增值税（暂按交易额的3%核定）600万元（20 000×3%）。需要缴纳印花税10万元（20 000×0.05%），需要缴纳企业所得税2 214.17万元［（20 000-10 000-476.19-57.14-600-10）×25%］。购买方需要缴纳契税571.43万元［20 000÷（1+5%）×3%］，需要缴纳印花税10万元。整个交易的综合税负为3 938.9万元（476.19+57.14+600+10+2 214.17+571.4+10）。

如果甲公司成立乙公司、丙公司、丁公司等若干家公司，每一家公司持有一处写字楼，未来通过转让乙公司、丙公司、丁公司等公司股权的方式来转让写字楼。假设将上述交易合并视为一次交易，则甲公司需要缴纳印花税10万元（20 000×0.05%），需要缴纳企业所得税2 497.5万元［（20 000-10 000-10）×25%］。购买方需要缴纳印花税10万元。整个交易的综合税负为2 517.5万元（2 497.5+10+10），减轻税收负担1 421.4万元（3 938.9-2 517.5）。

【法律法规依据】

（1）《中华人民共和国企业所得税法》（2007年3月16日第十届全国人民代表大会第五次会议通过，2017年2月24日第十二届全国人民代表大会常务委员会第二十六次会议修改，2018年12月29日第十三届全国人民代表大会常务委员会第七次会议第二次修正）。

（2）《财政部 国家税务总局关于全面推开营业税改征增值税试点的通知》（财税〔2016〕36号）。

（3）《中华人民共和国土地增值税暂行条例》（1993年12月13日中华人民共和国国务院令第138号发布，根据2011年1月8日国务院令第588号《国务院关于废止和修改部分行政法规的决定》修订）。

（4）《中华人民共和国契税法》（2020年8月11日第十三届全国人民

代表大会常务委员会第二十一次会议通过）。

（5）《中华人民共和国印花税法》（2021年6月10日第十三届全国人民代表大会常务委员会第二十九次会议通过）。

第八章
金税四期管控风险规避

　　企业在金税四期管控下进行风险规避需要全面加强税务合规意识、完善税务管理制度、确保纳税申报的准确性、加强发票管理、合理利用税收优惠政策、建立税务风险预警机制、提升员工税务意识与技能以及加强与税务机关的沟通与合作等多个方面的努力。通过这些措施的综合运用,企业可以有效地降低财税风险,保障自身的合法权益和稳健发展。

第一节　金税四期系统介绍与功能

金税四期是指国家税务总局推出的第四代税务征管系统，也被称为"国家税务总局全国一体化税收征管平台"。这一系统是在金税三期的基础上进一步升级和完善，旨在加强税收管理、提高税收征管效率和服务质量，实现信息化、数字化和智能化的税收征管。

一、金税四期系统的构成

金税四期是国家推行的金税工程计划中的第四期，是第三期的升级版。金税四期系统于2021年7月1日正式启用，并在同年8月1日上线。

金税四期系统是中国国家税务总局推出的税收征管系统，其构成主要包括一个网络和四个子系统。

（一）一个网络

国家税务总局与省、地、县国家税务局四级计算机网络：这是金税四期系统的基础网络架构，实现了从国家税务总局到地方各级国家税务局之间的网络连接和数据传输。这一网络架构确保了税务数据的实时性、准确性和安全性，为各级税务机关提供了高效的信息交流平台。

（二）四个子系统

四个子系统是指增值税防伪税控开票子系统、防伪税控认证子系统、增值税稽核子系统和发票协查子系统，如图8-1所示。

1　增值税防伪税控开票子系统

该子系统主要用于增值税专用发票的防伪税控开票功能，通过加密技术确保发票的真实性和唯一性，防止伪造和篡改。企业可以通过该系统开具增值税专用发票，并实时上传开票信息至税务机关，实现发票的在线监控和管理

第八章 金税四期管控风险规避

2 防伪税控认证子系统

该子系统负责对增值税专用发票进行防伪税控认证，验证发票的真实性和合法性。通过与开票子系统的数据交互，认证子系统可以快速比对发票信息，确保发票在流通环节中的真实有效

3 增值税稽核子系统

该子系统主要负责对增值税的纳税申报和缴纳情况进行稽核，确保企业按照税法规定进行纳税。通过与税务数据库的比对和分析，稽核子系统可以及时发现纳税异常情况，为税务机关提供稽查线索和依据

4 发票协查子系统

该子系统主要用于发票的协查工作，包括发票的真伪查询、流向追踪等。税务机关可以通过该子系统与其他地区税务机关进行信息共享和协作，共同打击发票违法犯罪行为

图8-1 金税四期的四个子系统

（三）其他重要组成部分

除了上述四个子系统外，金税四期系统还包括综合管理系统、数据采集与交换系统、核算系统以及科研系统等重要组成部分，如图8-2所示。这些系统共同构成了金税四期的完整体系，实现了对税务信息的全面采集、处理、分析和监控。

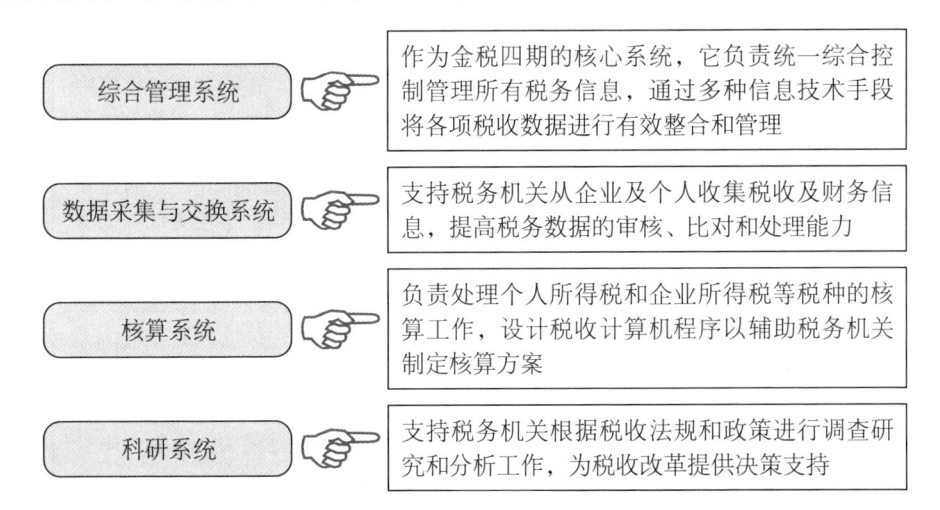

综合管理系统	作为金税四期的核心系统，它负责统一综合控制管理所有税务信息，通过多种信息技术手段将各项税收数据进行有效整合和管理
数据采集与交换系统	支持税务机关从企业及个人收集税收及财务信息，提高税务数据的审核、比对和处理能力
核算系统	负责处理个人所得税和企业所得税等税种的核算工作，设计税收计算机程序以辅助税务机关制定核算方案
科研系统	支持税务机关根据税收法规和政策进行调查研究和分析工作，为税收改革提供决策支持

图8-2 金税四期的其他重要组成部分

综上所述，金税四期系统通过其完善的网络架构和多个子系统的协同工作实现了对税务信息的全面监控和管理，为税务机关提供了高效、准确的税收征管工具。

二、金税四期的主要特点

金税四期作为国家税务总局推出的新一代税收征管系统，具有多个显著的特点，这些特点体现了其先进性、智能化和高效性。金税四期的主要特点如图8-3所示。

全面的数据共享与协同：金税四期实现了与各部委、人民银行以及银行等参与机构之间的信息共享和核查通道，构建了全面的税务数据网络。这种全面的数据共享和协同能力，使得税务部门能够更准确地掌握企业的税务信息，提高税收征管的效率和准确性

大数据与人工智能的应用：系统运用了大数据、人工智能等新一代信息技术，实现了对税务数据的智能化处理和分析。通过大数据分析，系统能够自动识别和分类税务信息，智能匹配税收政策和优惠，自动计算税款等，大大提高了税务处理的效率和准确性。同时，人工智能的应用也使得系统能够实时进行风险评估和预警，及时发现潜在的税务风险点

全流程、全业务的云化：金税四期致力于实现"税费"全数据、全业务、全流程的"云化"打通。这意味着税务数据将全面上云，税务业务将全面实现线上办理，纳税人可以随时随地通过电子税务局等渠道进行税务申报、税款缴纳、税务查询等操作。这种云化模式不仅提高了税务处理的便捷性，也提高了税务部门的服务质量和效率

智能化监管与风险防范：系统通过大数据分析和风险评估模型，能够实时对企业的税务风险进行评估和预警。一旦发现潜在的税务风险点，系统会立即向企业和税务部门发出警报，以便及时采取措施进行防范和纠正。这种智能化监管和风险防范能力，有助于降低企业的税务风险，提高税务合规性

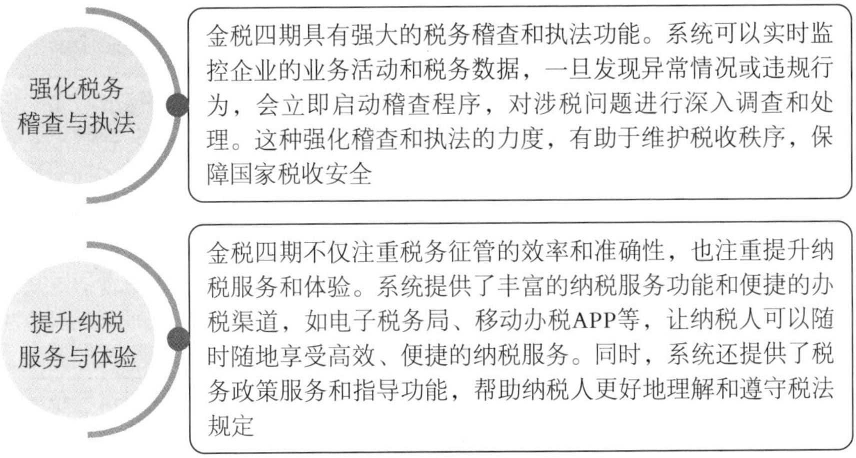

强化税务稽查与执法：金税四期具有强大的税务稽查和执法功能。系统可以实时监控企业的业务活动和税务数据，一旦发现异常情况或违规行为，会立即启动稽查程序，对涉税问题进行深入调查和处理。这种强化稽查和执法的力度，有助于维护税收秩序，保障国家税收安全

提升纳税服务与体验：金税四期不仅注重税务征管的效率和准确性，也注重提升纳税服务和体验。系统提供了丰富的纳税服务功能和便捷的办税渠道，如电子税务局、移动办税APP等，让纳税人可以随时随地享受高效、便捷的纳税服务。同时，系统还提供了税务政策服务和指导功能，帮助纳税人更好地理解和遵守税法规定

图8-3　金税四期的主要特点

三、金税四期的功能

金税四期集成了多种税务信息和业务功能，包括网上申报、网上查询、网上支付、电子税务局等多个子系统，实现了纳税人从网上申报、网上缴纳税款到查询税务信息、获得税务指导的全过程。表8-1是金税四期的主要功能及其说明。

表8-1　金税四期的主要功能

序号	功能	功能说明
1	全面税务数据采集与共享	金税四期实现了与多个部委、人民银行以及银行等机构的信息共享，能够全面、实时地采集企业的税务数据。这种全面的数据采集能力为后续的税务分析、风险评估和稽查提供了坚实的基础
2	智能化税务处理	系统运用了大数据、人工智能等先进技术，实现了对税务数据的智能化处理和分析。这包括自动识别和分类税务信息、智能匹配税收政策和优惠、自动计算税款等，大大提高了税务处理的效率和准确性
3	电子税务局与网上办税	金税四期提供了完善的电子税务局和网上办税功能，纳税人可以通过互联网进行税务申报、税款缴纳、税务查询、税务咨询等操作。这种便捷的办税方式不仅节省了纳税人的时间和精力，也提高了税务部门的服务质量和效率

续表

序号	功能	功能说明
4	税务风险评估与预警	系统通过大数据分析和风险评估模型，能够实时对企业的税务风险进行评估和预警。一旦发现潜在的税务风险点，系统会立即向企业和税务部门发出警报，以便及时采取措施进行防范和纠正
5	税务稽查与监管	金税四期还具备强大的税务稽查和监管功能。系统可以实时监控企业的业务活动和税务数据，一旦发现异常情况或违规行为，会立即启动稽查程序，对涉税问题进行深入调查和处理
6	税务政策服务与指导	系统不仅提供了税务处理的功能，还为企业提供了税务政策服务和指导。纳税人可以通过系统查询最新的税收政策、了解税收优惠措施、获取税务咨询和培训等服务，以便更好地理解和遵守税法规定
7	税务数据可视化与分析	金税四期还提供了税务数据可视化与分析的功能，通过图表、报表等形式直观地展示税务数据的变化趋势和分布情况。这有助于企业和税务部门更好地了解税务状况、发现潜在问题和制定针对性的管理措施

第二节 金税四期下的税务风险管理

税务风险管理首要任务是确保企业的涉税行为符合税收法律法规的规定，避免因违规操作而遭受法律制裁。这包括准确计算税金、按时申报、足额缴纳税款等，从而维护企业的合法经营地位。企业通过税务风险管理，企业可以及时发现并纠正潜在的税务违规行为，减少因税务问题引发的法律纠纷和诉讼风险，保护企业的法律权益。企业在金税四期下进行税务风险管理，基础工作是构建税务风险管理框架，并进行税务风险识别。以确保税务合规并降低税务风险。

一、构建税务风险管理框架

在金税四期下构建税务风险管理框架，企业需要综合考虑税务政策的变化、技术升级以及内部管理等多个方面。

（一）树立风险意识

企业应从高层到基层，树立全面的税务风险意识，将税务风险管理纳入企业整体风险管理体系。因此，企业应定期对员工进行税务政策、法规及风险管理知识的培训，提高员工的税务合规意识和能力。企业和个人应加强对税法法规的学习和了解，及时掌握最新的政策变化和实施细则。

（二）完善组织架构与职责

企业应设立专门的税务管理部门或岗位，负责税务筹划、申报、风险管理等工作。

1. 明确税务部门的职责

明确税务管理部门的职责是确保企业税务工作有序、高效、合规进行的关键。表8-2是一个较为全面的税务管理部门职责清单，供企业参考。

表8-2 税务管理部门职责清单

序号	职责	职责说明
1	税务筹划与规划	（1）研究税收政策：持续关注并深入研究国家及地方税收政策、法规及最新动态，为企业税务决策提供政策依据； （2）税务筹划：根据企业业务模式和经营目标，制订合法、合理的税务筹划方案，优化税务结构，降低税负成本； （3）税务合规性审查：对企业各项经济活动的税务合规性进行审查，确保企业税务行为符合法律法规要求
2	税务申报与缴纳	（1）日常税务申报：负责增值税、企业所得税、个人所得税等各类税种的日常申报工作，确保申报数据的准确性和及时性； （2）税款缴纳：按照税法规定，及时、足额地缴纳各项税款，避免滞纳金和罚款的产生； （3）税务报表编制：编制各类税务报表，如年度汇算清缴报告、税务自查报告等，为税务机关提供必要的税务信息
3	发票与凭证管理	（1）发票管理：建立健全发票管理制度，包括发票的领购、开具、保管、作废等环节，确保发票的合规性和真实性； （2）凭证审核：对各类经济业务的原始凭证进行审核，确保凭证的合法性和完整性，为税务申报提供可靠的依据
4	税务风险管理	（1）税务风险评估：定期对企业税务风险进行评估，识别潜在的税务风险点，并提出相应的防范措施； （2）税务风险应对：针对已识别的税务风险，制定具体的应对方案，包括内部整改、税务咨询、与税务机关沟通等，以降低税务风险对企业的影响；

续表

序号	职责	职责说明
4	税务风险管理	（3）税务争议处理：在发生税务争议时，代表企业与税务机关进行协商、沟通，争取最有利的解决方案
5	税务培训与沟通	（1）内部培训：组织税务知识培训，提升企业员工对税务法规的理解和认识，增强税务合规意识； （2）外部沟通：与税务机关保持密切联系，及时了解税收政策变化，反馈企业诉求，争取税务机关的支持和指导； （3）跨部门协作：与财务部门、业务部门等保持紧密协作，共同推进税务管理工作，确保企业整体税务合规
6	税务档案管理	（1）税务档案建立：建立完整的税务档案体系，包括税务政策文件、税务申报资料、税务检查报告等，便于查阅和管理； （2）档案保管：按照税法规定和企业内部要求，妥善保管税务档案，确保档案的安全性和完整性

2. 组织架构

企业税务部门通常作为公司的一个职能部门，直接对公司高层负责，其组织架构可能包括如图8-4所示的几个层级。

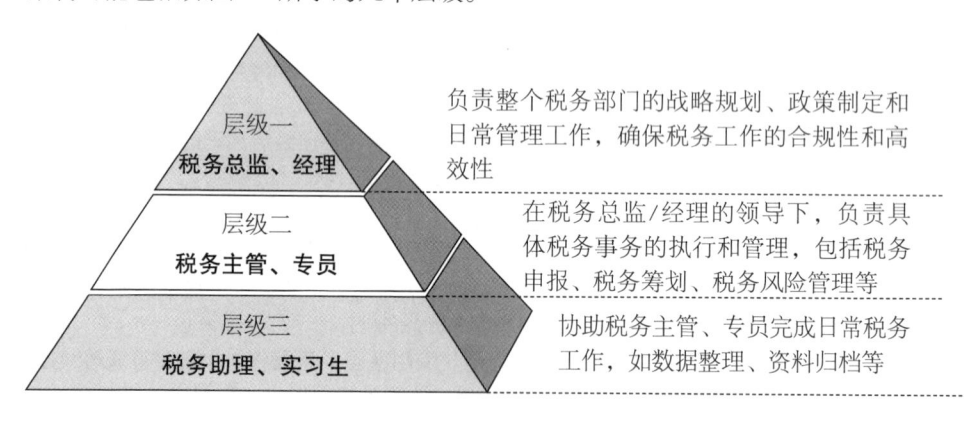

层级一 税务总监、经理：负责整个税务部门的战略规划、政策制定和日常管理工作，确保税务工作的合规性和高效性

层级二 税务主管、专员：在税务总监/经理的领导下，负责具体税务事务的执行和管理，包括税务申报、税务筹划、税务风险管理等

层级三 税务助理、实习生：协助税务主管、专员完成日常税务工作，如数据整理、资料归档等

图8-4 企业税务部门的三个层级

3. 岗位设置及职责

企业税务部门的具体岗位设置可能包括但不限于如表8-3所示的几个方面。

表8-3 企业税务部门的具体岗位说明

岗位	职责	要求
税务筹划岗	研究税收政策，制订税务筹划方案，优化企业税务结构，降低税负成本	熟悉税法法规，具备较强的税务筹划能力和创新思维
税务申报岗	负责各类税种的日常申报工作，包括增值税、企业所得税、个人所得税等，确保申报数据的准确性和及时性	细心、认真，熟悉税务申报流程和税务软件操作
发票管理岗	负责发票的领购、开具、保管、作废等工作，确保发票的合规性和真实性	熟悉发票管理制度，具备良好的责任心和细致的工作态度
税务风险管理岗	负责税务风险评估和应对工作，识别潜在的税务风险点，制定防范措施，处理税务争议	具备敏锐的税务风险意识，熟悉税务法规，具备较强的沟通协调能力和解决问题的能力
税务分析与报告岗	对税务数据进行整理和分析，编制税务分析报告，为管理层提供决策支持	具备扎实的财务和税务知识，熟悉数据分析方法和工具
税务培训与支持岗	组织税务知识培训，提升员工税务合规意识；为业务部门提供税务咨询和支持服务	具备良好的沟通能力和服务意识，熟悉税法法规和企业业务流程

企业应根据自身实际情况和需要灵活调整税务部门的组织架构和岗位设置。税务部门人员应具备较高的专业素养和职业道德，确保税务工作的合规性和准确性。税务部门应与其他部门保持紧密协作，共同推进企业的税务管理工作。

（三）加强内部控制与合规性审查

1. 建立健全内控制度

企业应建立健全税务内控制度，包括发票管理、纳税申报、税务筹划等方面的制度和流程。

2. 强化合规性审查

企业应严格按照规定申报纳税，遵循商业合理性原则，避免从事涉嫌偷逃漏税的行为。同时，加强对财务人员的培训和考核，提升其专业水平和素质，确保财务数据的真实性和准确性。对企业的各项经济活动进行合规性审查，确保符合税法规定和税务政策要求。

（四）利用信息技术提升税务管理水平

企业应利用税务管理软件实现税务数据的自动化处理和分析，提高税务管理的效率和准确性。同时，加强数据安全管理，确保税务数据的安全性和保密性，防止数据泄露和非法使用。

（五）建立风险预警与应对机制

1. 建立风险预警系统

企业应利用金税四期系统提供的便利条件加强对自身财务、税务数据的分析和比对。通过大数据分析和人工智能技术建立税务风险预警系统，及时发现和识别潜在风险点。定期进行自查自纠，及时发现和纠正存在的问题和差异。此外，还可以借助专业的税务风险检测系统实现快速、全面、智能的税务风险检测和报告。

2. 制订风险应对预案

企业应针对不同类型的税务风险制订具体的应对预案和措施，确保在风险发生时能够迅速、有效地进行应对。

（六）加强与税务机关的沟通与协作

企业应与税务机关建立常态化的沟通机制，及时了解税务政策变化和征管要求。在税务检查过程中，企业应积极配合税务机关的工作，提供真实、完整的税务资料和信息。

（七）引入第三方专业服务

企业也可以寻求专业的税务咨询机构或律师事务所的帮助，对自身税务筹划进行把关，并提供更加专业的意见和建议。借助第三方专业服务机构的专业知识和经验，对企业的税务风险进行全面评估，制定有效的风险应对策略。

二、金税四期下的税务风险评估

在金税四期系统下，企业的税务风险评估变得尤为重要和复杂。金税四期作为税务总局决策指挥端的综合平台，实现了对业务更全面的监控，并搭建了各部委、人民银行及银行等参与机构之间信息共享和核查的通道。

（一）税务风险类型

在金税四期下，企业和个人面临的税务风险主要包括但不限于如图8-5所示的几种类型。

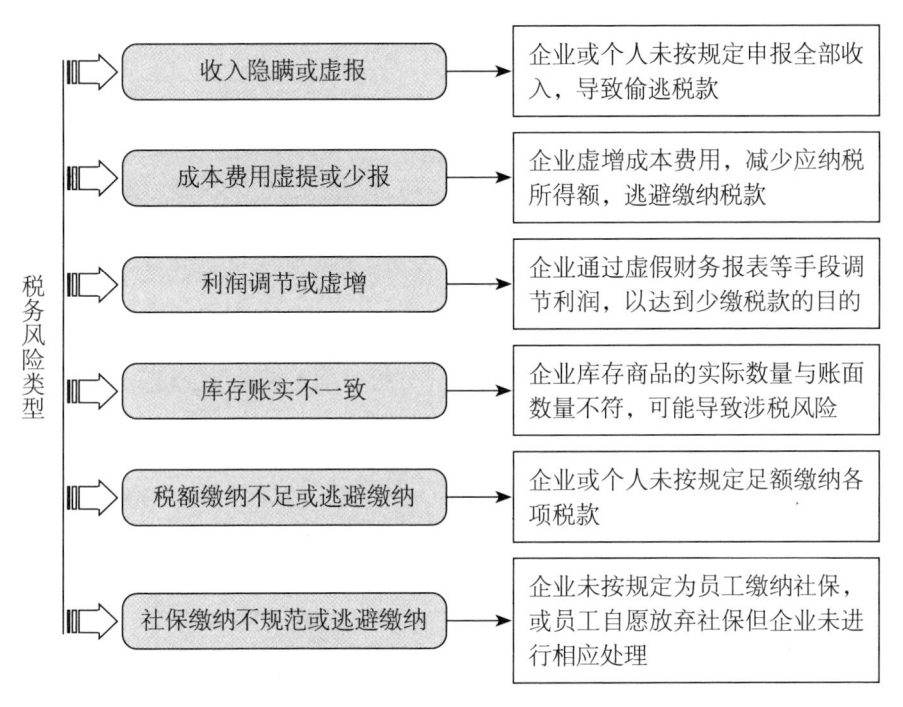

```
税务风险类型
├─ 收入隐瞒或虚报 → 企业或个人未按规定申报全部收入，导致偷逃税款
├─ 成本费用虚提或少报 → 企业虚增成本费用，减少应纳税所得额，逃避缴纳税款
├─ 利润调节或虚增 → 企业通过虚假财务报表等手段调节利润，以达到少缴税款的目的
├─ 库存账实不一致 → 企业库存商品的实际数量与账面数量不符，可能导致涉税风险
├─ 税额缴纳不足或逃避缴纳 → 企业或个人未按规定足额缴纳各项税款
└─ 社保缴纳不规范或逃避缴纳 → 企业未按规定为员工缴纳社保，或员工自愿放弃社保但企业未进行相应处理
```

图8-5 税务风险类型

（二）预警指标与风险点

金税四期系统通过设定一系列预警指标和风险点，对企业和个人的税务行为进行实时监控和评估。例如：

一般纳税人连续三个月零申报可能被视为异常申报行为，触发预警。

增值税进项大于销项，且零申报次数较多时，也可能触发预警。

申报建议计税、免税销售额但进项税未转出，可能导致少缴纳增值税的风险。

企业所得税成本与实际发票金额不对等，可能引发税务部门对成本真实性的质疑。

（三）税务风险评估方法

税务风险评估方法有资料分析法、内部控制法、风险评估表法。

1. 资料分析法

企业可以分析企业的财务会计资料、税务报表、内部控制制度等相关资料，发现可能存在的税务问题，如记账不规范、资料完备性不足等。应特别关注金税四期系统下新增的数据监控点，如企业银行账户、股东、法人、财务等相关人员的交易行为等。

2. 内部控制法

检查企业的内部控制制度是否完善，是否存在控制不严或漏洞，这些都可能导致税务风险。评估企业是否建立了有效的税务风险管理机制，如税务筹划策略、风险评估与识别机制等。

3. 风险评估表法

采用自行设计的风险评估表，对企业在税务管理中可能存在的风险进行评估。结合金税四期系统的数据，对风险进行量化分析，确定风险等级和应对措施。

（四）税务风险评估重点

税务风险评估重点如表8-4所示。

表8-4　税务风险评估重点

序号	项目	要求
1	收入与利润	（1）核查企业是否存在私卡交易、隐匿收入等行为； （2）分析企业的利润情况，如常年亏损却屹立不倒、同行业利润偏低等现象
2	成本费用	（1）检查企业是否存在虚开买卖发票、多结转成本等行为； （2）关注主营成本与主营收入的关系，以及差旅费、会议费、咨询费等费用的合理性
3	应纳税金	（1）分析增值税收入与企业所得税收入的匹配情况； （2）检查企业应纳税额的变动情况，是否存在税负率异常等问题
4	库存与账户	（1）核查企业的库存情况，确保账上存货与仓库实际存货一致； （2）检查企业的银行账户及相关人员的交易行为是否存在异常
5	股东个税与员工社保	（1）评估股东的个人所得税缴纳情况，如是否给自己发工资、利润分红等； （2）检查企业是否全员足额缴纳社保，避免潜在的税务风险

（五）税务风险评估流程

税务风险评估流程如图8-6所示。

```
收集资料 ----> 全面收集企业的财务会计资料、税务报表、内部控制制度等相关资料
   ↓
分析资料 ----> 对收集到的资料进行深入分析，发现可能存在的问题和风险
   ↓
评估风险 ----> 采用合适的方法对风险进行评估，确定风险等级和应对措施
   ↓
制定整改措施 ----> 根据评估结果，制定相应的整改措施，解决存在的问题和风险
   ↓
跟踪整改 ----> 对整改措施进行跟踪管理，确保问题得到解决，风险得到控制
```

图8-6　税务风险评估流程

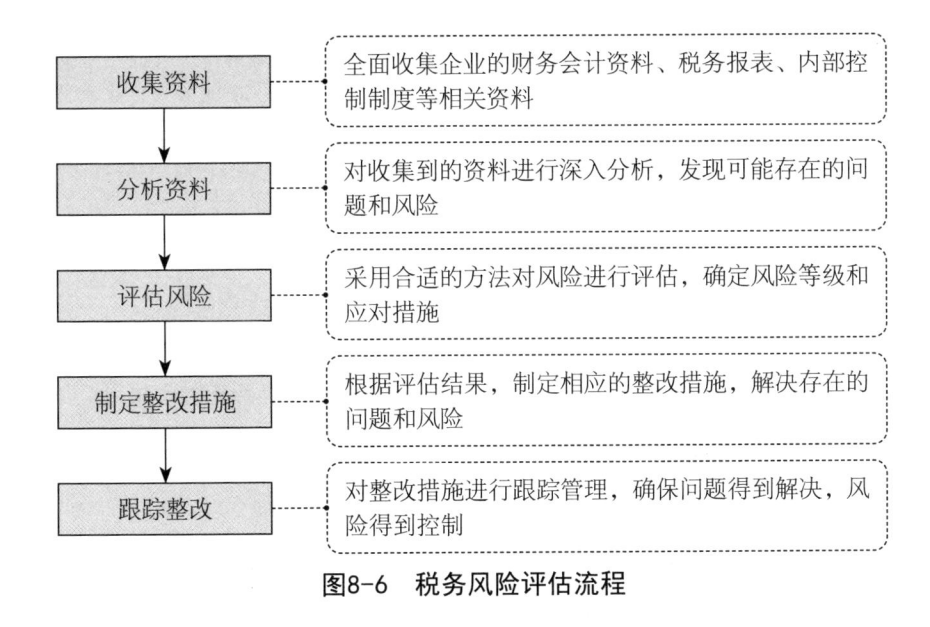

第三节　金税四期下的税务合规管理

税务合规管理是指企业或个人在税务活动中，根据税法规定和税务部门的要求履行纳税义务、报送纳税申报表、遵守税务规定、维护税务稳定等活动的一种管理方式。

一、税务合规管理的必要性

企业进行税务合规管理是非常必要的，因为可以达成如图8-7所示的益处。

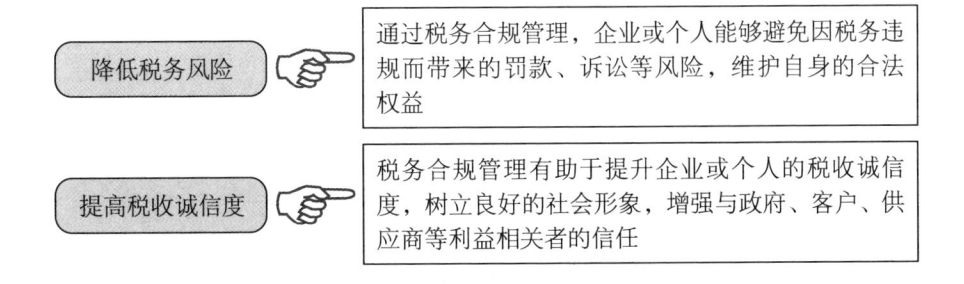

降低税务风险	通过税务合规管理，企业或个人能够避免因税务违规而带来的罚款、诉讼等风险，维护自身的合法权益
提高税收诚信度	税务合规管理有助于提升企业或个人的税收诚信度，树立良好的社会形象，增强与政府、客户、供应商等利益相关者的信任

促进可持续发展 → 税务合规管理是企业或个人实现可持续发展的重要保障，通过合法合规的税务处理，能够为企业或个人创造更加稳定和健康的发展环境

图8-7 税务合规管理的益处

二、税务合规管理的措施

在金税四期下，企业面临的税务合规挑战更为复杂和严格。为了有效应对这些挑战，企业需要采取一系列税务合规管理措施。以下是一些关键的措施。

（一）建立健全税务管理体系

1. 完善税务管理制度

企业应制定详细的税务管理规章制度，明确税务管理流程、职责分工和风险控制点，确保税务工作有章可循、有据可查。

2. 加强税务政策研究

密切关注国家税收政策的调整和变化，及时学习和掌握最新的税务法规和政策，以便企业能够及时调整税务策略，确保税务合规。

（二）加强发票管理

企业加强发票管理的措施有如图8-8所示的三个方面。

合规开具和取得发票 → 企业应严格按照税法规定开具和取得发票，确保发票的真实性、合法性和有效性。确保发票的合规性，不买卖发票，不虚开发票。同时，加强发票的保管和归档工作，防止发票丢失或损毁。金税四期对发票管理更加严格，企业应严格遵守相关规定

实现"四流合一" → 确保合同流、货劳流、票据流、资金流"四流"合一，即企业的业务活动、合同签订、发票开具和资金支付等环节应相互匹配，以证明业务的真实性和合规性

建立健全发票管理制度 → 建立健全发票管理制度，定期对发票的领用、开具、保管等进行核查，防止因发票管理不善而导致的财税风险

图8-8 加强发票管理的措施

（三）确保纳税申报的准确性和合规性

金税四期下，企业的纳税申报管理面临着更高的要求和挑战。为了确保纳税申报的准确性和合规性，企业需要采取如表8-5所示的有效管理措施。

表8-5 确保纳税申报的准确性和合规性的措施

序号	措施	要求
1	纳税申报前的准备工作	（1）资料收集与整理：企业需要收集并整理好所有与纳税申报相关的资料，包括但不限于财务报表、税务登记证、发票、银行对账单、合同等。确保这些资料的真实性和完整性，以便在填写纳税申报表时能够准确无误地反映企业的实际经营情况； （2）政策学习与解读：密切关注国家税收政策的调整和变化，及时学习和掌握最新的税务法规和政策。对政策进行深入的解读和分析，确保在纳税申报过程中能够正确理解和应用相关政策
2	纳税申报	（1）登录电子税务局：使用法人一证通证书或电子税务局账号密码登录电子税务局系统。确保登录信息的准确性和安全性，避免因信息泄露而导致的税务风险； （2）填写纳税申报表：按照电子税务局系统的要求，选择正确的税种和税目，填写纳税申报表。在填写过程中，务必确保数据的准确性和完整性，避免出现漏报、错报等情况，避免因错误信息导致的罚款或审计问题。严格按照税法规定的申报期限进行申报，逾期未报可能产生滞纳金。对于需要计算的税额，应严格按照税法规定进行计算，确保税额的正确性； （3）核对与提交：填写完纳税申报表后，仔细核对各项数据，确保无误后提交申报表。提交后，及时关注税务系统的审核结果，如有需要，根据审核意见进行修改和补充
3	税款缴纳	（1）税款计算：根据税务系统计算的应纳税额，及时准备税款缴纳。确保税款计算的准确性和及时性，避免因税款计算错误或逾期缴纳而导致的滞纳金或罚款； （2）税款缴纳：通过电子税务局进行在线支付税款，或者前往税务大厅进行现场缴纳。缴纳税款后，及时获取并保存缴款凭证，以备日后查证

（四）强化税额管理

1. 匹配进项税额和销项税额

企业应确保进项税额和销项税额的匹配，避免出现税额差异过大的情况。这要求企业加强财务管理和会计核算工作,确保税务数据的准确性和完整性。

2. 库存账实一致

金税四期对企业的库存管理提出了更高要求。企业应定期盘点库存,确保库存数据与账务数据一致,防止因库存账实不符而引发的税务风险。

(五)合理规划税负率

1. 合理匹配收入、成本和费用

企业应合理规划收入、成本和费用,确保税负率在合理范围内。这要求企业加强财务管理和成本控制工作,优化财务结构,降低税务成本。

2. 关注税负率变化

企业应定期分析税负率的变化情况,及时发现问题并采取措施进行调整。税负率过高或过低都可能引发税务风险,因此企业应保持税负率的稳定性和合理性。

(六)提高税务人员素质

1. 加强培训

企业应加强对税务人员的培训和教育工作,提高税务人员的业务水平和风险意识。培训内容可以包括最新的税务法规、政策解读、税务筹划和风险管理等方面。

2. 建立激励机制

通过建立激励机制,鼓励税务人员积极学习和掌握税务知识,提高工作积极性和责任心。

(七)加强内部控制

1. 建立健全的内部控制机制

企业应建立健全的内部控制机制,确保税务数据的真实性和准确性。内部控制机制可以包括内部审计、风险评估、合规性审查等方面。

2. 加强信息化建设

利用现代信息技术手段加强税务管理的信息化建设。通过引入税务管理软件、建立税务管理数据库等方式提高税务管理的效率和准确性。

(八)加强与税务部门的沟通

1. 建立沟通机制

积极与税务部门建立沟通机制,了解政策动态和最新要求。通过参加税务部门组织的培训、研讨会等活动，加强与税务部门的联系和交流。

2. 争取政策支持

在遵守税法的前提下，积极争取税务部门的政策支持和指导。通过合理的税务筹划和合规管理降低企业的税务成本和风险。

综上所述，金税四期下企业的税务合规管理措施需要从多个方面入手，包括建立健全税务管理体系、加强发票管理、强化税额管理、合理规划税负率、提高税务人员素质、加强内部控制以及加强与税务部门的沟通等。这些措施的实施将有助于企业提高税务合规水平，降低税务风险，实现可持续发展。

三、积极配合税务稽查

在金税四期全面推开的背景下，税务稽查的力度和范围都显著增加，企业需要采取一系列措施来积极应对，确保税务合规，降低涉税风险。

（一）及时准备资料

企业在面临税务机关检查时，应提前准备详尽的材料，并如实提供税务机关要求的相关资料和证明。如发现问题或存在异议，应及时提供相关说明和证据材料。

（二）主动沟通

在稽查过程中，企业应主动与税务机关沟通，了解稽查的重点和要求。对于税务机关指出的问题，应认真核实并积极整改。

（三）关注重点稽查领域

1. 八大重点行业

电商商业、建筑行业、外贸行业、劳务派遣、医疗医美、文娱直播、高新企业和高收入人群等行业需特别注意税务合规性。针对这些行业的特定涉税问题，企业应加强自查和整改。

2. 其他重点问题

如虚假开户、社保缴纳问题、公转私监管等也是税务稽查的重点领域。企业需确保所有资金流转符合税法规定，避免违规操作带来的风险。

第四节　税务数据的安全与保护

金税四期作为我国税务系统的一项重要改革,旨在推动税务管理的现代化和便利化,但同时也对企业的税务数据安全提出了新的挑战。以下是在金税四期下企业税务数据安全与保护的一些关键点和建议。

一、金税四期对税务数据安全的影响

(一)数据集中与数字化

金税四期使得企业纳税数据更加集中和数字化,这无疑增加了数据泄露的风险。一旦企业纳税信息落入不法分子手中,可能导致企业遭受重大经济损失甚至面临破产。

(二)信息共享与核查

金税四期建立了与各部委、人民银行以及银行等参与机构之间的信息共享和核查系统,这意味着企业的税务数据将在更广泛的范围内被使用和核查,进一步提高了数据的安全性和隐私保护要求。

(三)监管严格化

金税四期实现了从"以票控税"到"以数控税"的转变,对企业的税务数据进行了更全面、更严格的监控,使得企业的税务违规行为更容易被发现和查处。

二、企业税务数据安全与保护的建议

(一)加强内部安全管理

企业应建立健全的税务数据安全管理制度,明确数据管理的责任和权限。加强对税务数据操作人员的培训,提高他们的安全意识和操作技能。定期对税务数据进行备份和恢复测试,确保数据的完整性和可用性。

（二）采用先进的安全技术

企业可采用的税务数据安全与保护技术如图8-9所示。

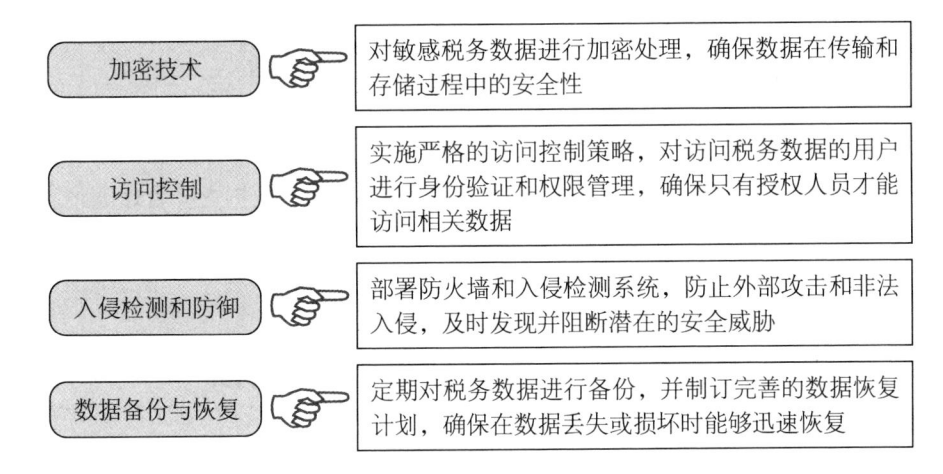

加密技术	对敏感税务数据进行加密处理，确保数据在传输和存储过程中的安全性
访问控制	实施严格的访问控制策略，对访问税务数据的用户进行身份验证和权限管理，确保只有授权人员才能访问相关数据
入侵检测和防御	部署防火墙和入侵检测系统，防止外部攻击和非法入侵，及时发现并阻断潜在的安全威胁
数据备份与恢复	定期对税务数据进行备份，并制订完善的数据恢复计划，确保在数据丢失或损坏时能够迅速恢复

图8-9　企业税务数据安全与保护技术

（三）遵守法律法规

企业应严格遵守国家关于税务数据保护的法律法规，如《中华人民共和国网络安全法》《中华人民共和国个人信息保护法》等。在数据共享和传输过程中，确保数据的合法性和合规性，避免违反相关法律法规。

（四）加强第三方数据安全管理

1. 严格审核第三方服务商

企业在选择与第三方服务商合作时，应对其数据安全管理能力进行严格审核，确保服务商具备完善的数据安全保障措施。

2. 签订保密协议

企业应与第三方服务商签订保密协议，明确双方在数据保密方面的权利和义务，防止数据泄露。

（五）建立应急响应机制

企业应制定税务数据安全应急预案，明确在数据泄露、丢失等突发事件发生时的应对措施和流程。定期组织应急演练活动，提高员工应对突发事件的能力和水平。

（六）关注政策动态

企业应密切关注国家税务部门发布的最新政策和规定，及时了解金税四期的最新动态和要求。根据政策变化及时调整企业的税务数据安全管理策略和措施。

（七）加强外部合作

企业应与税务部门、安全厂商等建立合作关系，共同推动税务数据安全技术的发展和应用。参与行业协会等组织的活动，交流税务数据安全管理的经验和做法。

第五节 税务争议解决与复议

在金税四期下，企业面对税务争议与复议时，需要采取一系列策略来确保自身权益得到合理维护。

一、了解金税四期及税务争议背景

在金税四期背景下，税务争议的原因可以归结为多个方面，这些原因主要涉及企业税务管理的合规性、税务政策的复杂性以及税务系统升级带来的新挑战等。表8-6是对这些原因的具体分析。

表8-6 引发税务争议的原因

序号	原因类别	说明
1	企业税务管理不合规	（1）收入记录不真实：企业在记录收入时，如果存在少记或隐匿销售收入的情况，金税四期系统能够通过比对成本和费用，发现利润异常，从而引发税务争议； （2）成本费用不匹配：当企业自身的收入与费用出现严重不匹配时，如主营成本长期大于主营收入将引发税务部门的关注，进而可能产生税务争议。这种不匹配可能源于企业长期暂估入库的原材料或商品、为低价格而不索取发票、计提费用却无发票支撑等行为； （3）利润数据异常：企业的利润表与企业所得税申报表中的利润总额应保持一致。若企业对外申报长期处于亏损状态、无盈利，或者相较于同行业企业利润率明显偏低，都可能构成税务风险，并可能引发税务争议

续表

序号	原因类别	说明
2	税务政策复杂多变	（1）政策理解偏差：税务政策往往复杂且多变，企业在理解和执行过程中可能存在偏差，导致税务处理不符合政策要求，从而引发税务争议； （2）政策适用争议：在某些情况下，企业可能面临多个税务政策的选择和适用问题，不同政策之间的选择和适用可能产生争议
3	金税四期系统升级带来的新挑战	（1）数据比对更加严格：金税四期系统通过大数据、云计算等先进技术，实现了对企业税务数据的全面监控和比对。这种严格的比对机制使得企业的任何税务违规行为都难以逃脱税务部门的监管，从而增加了税务争议的风险； （2）税务检查更加高效：金税四期系统建立了全国性税务指挥协作平台，实现了税务检查的异地化和协作化。这使得税务部门能够更加高效地开展税务检查工作，同时也增加了企业被检查并发现问题的可能性； （3）银行信息与税务机关联网：金税四期系统与银行联网，使得纳税人含股东及其近亲属的银行信息能够轻松被税务机关获取。这种信息透明度的提升使得企业的税务违规行为更容易被发现和查处，进而可能引发税务争议
4	其他因素	（1）税企沟通不畅：税企之间的沟通不畅也可能导致税务争议的产生。例如，企业对税务政策的理解和执行存在疑问时，如果未能及时与税务部门进行有效沟通，就可能因误解而产生税务争议； （2）税务筹划不当：一些企业可能试图通过税务筹划来降低税负，但如果筹划方案不合理或不合规，就可能引发税务争议

二、税务争议的类型

在金税四期背景下，税务争议可能涉及多个方面，这些争议主要源于税务管理的复杂性、政策理解的差异以及企业税务行为的合规性等问题。表8-7是一些可能的税务争议类型。

表8-7　税务争议类型

序号	争议类型	说明
1	税务合规性争议	（1）收入确认争议：企业可能因收入确认的时点、金额或方式与税务机关存在分歧，导致税务争议。例如，企业可能采用更为激进的收入确认政策，而税务机关则可能要求按照更为保守的原则进行确认；

续表

序号	争议类型	说明
1	税务合规性争议	（2）成本费用扣除争议：企业在成本费用扣除方面可能面临争议，特别是当成本费用与收入不匹配、缺乏有效凭证或存在其他违规行为时。税务机关可能对企业的成本费用扣除提出质疑，要求企业进行调整或补缴税款； （3）税收优惠政策适用争议：企业可能因对税收优惠政策的理解和执行存在偏差，导致无法享受应有的税收优惠或面临税务争议。例如，企业可能未能正确申请或享受税收优惠政策，或者因不符合政策要求而被税务机关取消优惠资格
2	税务政策理解差异争议	（1）政策解读争议：由于税务政策往往复杂且多变，企业和税务机关在政策解读上可能存在差异。这种差异可能导致企业在税务处理上采取与税务机关不同的方式，从而引发税务争议； （2）政策适用争议：在某些情况下，企业可能面临多个税务政策的选择和适用问题。不同政策之间的选择和适用可能产生争议，特别是在政策边界模糊或存在交叉的情况下
3	税务稽查与处罚争议	（1）稽查程序争议：在税务稽查过程中，企业可能对稽查程序、稽查范围或稽查结果提出异议。例如，企业可能认为稽查程序存在瑕疵、稽查范围过广或稽查结果不准确等； （2）处罚决定争议：当企业被税务机关认定为存在税务违规行为时，可能会面临罚款、滞纳金等处罚。企业可能对处罚决定的合法性、合理性或公正性提出质疑，从而引发税务争议
4	税务信息化建设争议	（1）数据共享争议：金税四期系统实现了税务部门与其他政府部门、金融机构等的数据共享。然而，在数据共享过程中可能涉及企业商业秘密和个人隐私的保护问题。企业可能担心其敏感信息被泄露或滥用，从而引发税务争议； （2）系统升级争议：金税四期系统的升级可能对企业原有的税务处理流程和系统产生影响。企业需要适应新的系统要求和操作流程，这可能导致一定的成本和困难。如果企业在升级过程中遇到困难或不满，可能引发税务争议
5	其他争议	（1）税企沟通争议：税企之间的沟通不畅或误解也可能导致税务争议。例如，企业可能对税务机关的通知、要求或指导存在疑问或误解，而税务机关可能因工作繁忙或沟通方式不当而未能及时解答或解决企业的问题； （2）跨境税务争议：随着企业国际化程度的提高，跨境税务争议也日益增多。企业在跨境经营过程中可能涉及多个国家和地区的税务政策和法规，需要处理复杂的税务问题。这些跨境税务问题可能引发税务争议和纠纷

综上所述，金税四期下的税务争议涉及多个方面和类型。企业和税务机关应

三、积极应对税务争议

企业如果面临税务争议，需按照如图8-10所示的步骤积极应对税务争议。

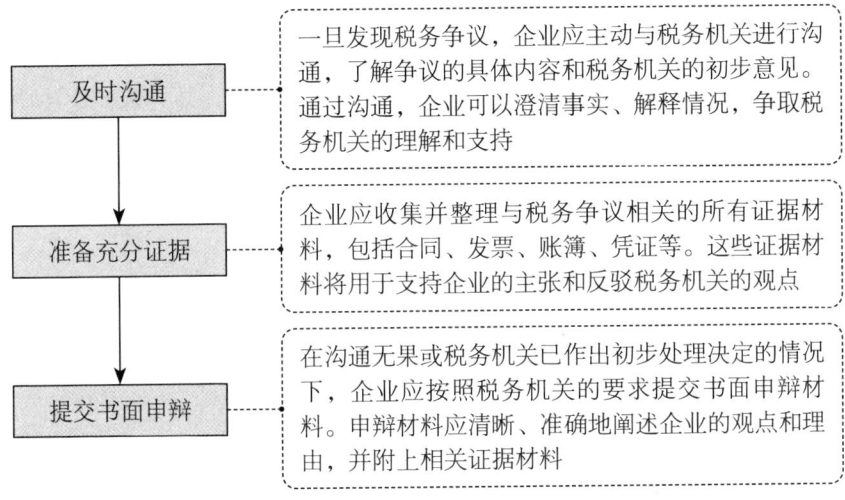

```
及时沟通 ----→ 一旦发现税务争议，企业应主动与税务机关进行沟通，了解争议的具体内容和税务机关的初步意见。通过沟通，企业可以澄清事实、解释情况，争取税务机关的理解和支持
    ↓
准备充分证据 ----→ 企业应收集并整理与税务争议相关的所有证据材料，包括合同、发票、账簿、凭证等。这些证据材料将用于支持企业的主张和反驳税务机关的观点
    ↓
提交书面申辩 ----→ 在沟通无果或税务机关已作出初步处理决定的情况下，企业应按照税务机关的要求提交书面申辩材料。申辩材料应清晰、准确地阐述企业的观点和理由，并附上相关证据材料
```

图8-10 积极应对税务争议的步骤

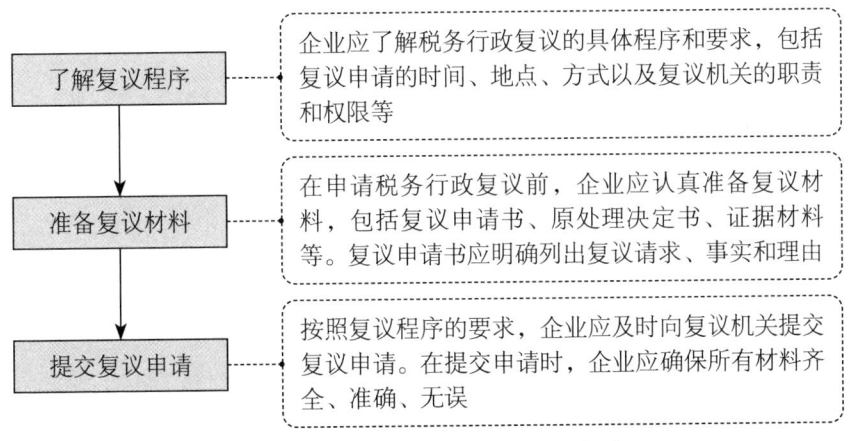

四、申请税务行政复议

企业申请税务行政复议的程序如图8-11所示。

```
了解复议程序 ----→ 企业应了解税务行政复议的具体程序和要求，包括复议申请的时间、地点、方式以及复议机关的职责和权限等
    ↓
准备复议材料 ----→ 在申请税务行政复议前，企业应认真准备复议材料，包括复议申请书、原处理决定书、证据材料等。复议申请书应明确列出复议请求、事实和理由
    ↓
提交复议申请 ----→ 按照复议程序的要求，企业应及时向复议机关提交复议申请。在提交申请时，企业应确保所有材料齐全、准确、无误
```

图8-11 申请税务行政复议的程序

五、寻求专业法律支持

（一）咨询税务专家

在应对税务争议和复议过程中，企业可以咨询专业的税务专家或律师。他们可以根据企业的具体情况提供具有针对性的建议和帮助。

（二）准备法律诉讼

如果税务行政复议未能解决争议，企业可能需要通过法律途径来维护自身权益。在这种情况下，企业应提前准备法律诉讼的相关材料，并寻求专业法律机构的支持。

第九章
数字化转型

企业数字化转型是指企业在面对数字化时代的挑战和机遇时，通过引入和应用新技术、新模式和新思维以提升企业的运营效率、创新能力和竞争力的过程。企业数字化转型是企业适应和引领数字化时代发展的必然选择。通过制定清晰的数字化战略、加强数字化能力建设、建立积极的数字化文化等措施，企业可以成功实现数字化转型，提升竞争力并实现可持续发展。

第一节 数字化转型概述

企业数字化转型是指企业利用数字技术，如云计算、大数据、人工智能、物联网等，全面改造和升级其业务流程、运营模式、组织架构、产品服务以及企业文化等各个方面，以适应数字时代的变化，提升企业的竞争力和创新能力。

数字化转型不仅仅是技术的更新和应用，更是一种战略思维和管理模式的变革。它要求企业从客户需求出发，重新设计产品和服务，优化内部流程，提高运营效率，并通过数据分析和智能决策来指导企业的战略规划和业务执行。

一、企业数字化转型的支持政策

政府在企业数字化转型方面给予了多方面的支持，这些支持旨在帮助企业克服转型过程中遇到的挑战，加速数字化转型进程，提升企业的竞争力和创新能力。图9-1是政府对企业进行数字化转型的主要支持措施。

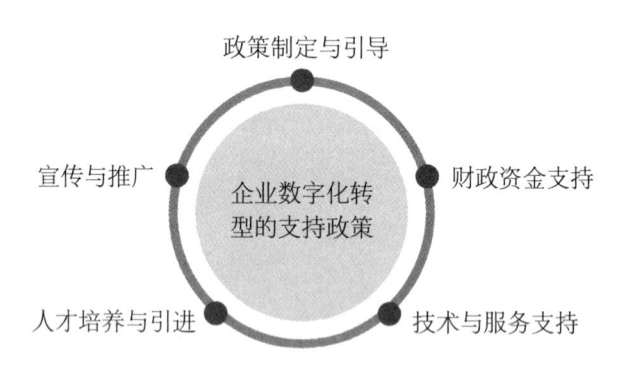

图9-1 企业数字化转型的支持政策

（一）政策制定与引导

1. 制定数字化转型政策

政府制定了一系列政策和指南，如《中小企业数字化转型指南》，为企业提供明确的转型路径和方向。这些政策从多个方面指导企业如何实施数字化转型，包括技术选型、流程优化、人才培养等。

2. 设立试点项目

政府通过设立数字化转型试点项目，支持地方政府探索形成中小企业数字化转型的方法路径、市场机制和典型模式。这些试点项目有助于梳理行业共性和企业个性需求，开发集成一批小型化、快速化、轻量化、精准化的数字化解决方案和产品。

（二）财政资金支持

1. 专项奖补资金

政府为试点城市提供定额奖励，用于支持企业数字化转型。例如，中央财政对试点城市给予定额奖励，省会城市、计划单列市、兵团奖补资金总额不超过1.5亿元，其他地级市、直辖市所辖区县奖补资金总额不超过1亿元。这些资金可用于被改造企业选择数字化服务商，以及与数字化改造相关的软件、云服务支出等。

2. 项目补助

对于符合条件的数字化转型项目，政府按照一定比例进行补助，单个项目最高补助金额可达数百万元。这有助于降低企业转型的初始投入成本，提高转型的积极性。

（三）技术与服务支持

1. 遴选优质服务商

政府支持试点城市采取市场化手段公开遴选数字化服务商，为企业提供高质量的数字化转型服务。这些服务商具备丰富的经验和先进的技术，能够帮助企业量身定制数字化转型方案。

2. 推动产业链协同

政府依托重点产业"链长制"工作推进机制，支持"链主"企业发挥龙头带动作用，构建工业互联网平台生态。通过构建协同采购、协同制造、协同配送的应用解决方案，赋能上下游、产供销、大中小企业协同发展，提升产业链协作效率和供应链一体化协同水平。

（四）人才培养与引进

1. 人才培养计划

政府支持开展数字化转型人才培训项目，提升企业员工的数字化转型意识和技能。同时，鼓励高校和培训机构开设相关课程，培养更多适应数字化转型需求的专业人才。

2. 人才引进政策

政府制定优惠政策吸引国内外数字化转型领域的优秀人才和团队来本地发展，通过提供优厚的待遇和良好的工作环境，帮助企业引进急需的数字化转型人才。

（五）宣传与推广

1. 举办交流活动

政府组织举办数字化转型经验交流会、研讨会等活动，为企业提供学习和交流的平台。通过分享成功案例和先进经验，激发企业数字化转型的热情和动力。

2. 宣传推广典型案例

政府积极宣传推广数字化转型的典型案例和示范项目，展示数字化转型的成效和价值。通过树立标杆和榜样，带动更多企业积极参与数字化转型。

综上所述，政府在企业数字化转型方面给予了全方位的支持和保障，这些支持措施将有力推动企业加快数字化转型步伐，提升企业的核心竞争力和可持续发展能力。

二、数字化转型涵盖的内容

企业数字化转型是一个全面而复杂的过程，它涵盖了组织、技术、文化、战略等多个方面。表9-1是企业数字化转型的主要内容。

表9-1 企业数字化转型的主要内容

序号	转型内容	说明
1	技术层面的转型	（1）数据驱动决策：企业通过收集、存储、分析和应用大数据，来更好地了解客户需求、市场趋势和业务表现，从而做出更明智的决策； （2）自动化和智能化：利用人工智能、机器学习和自动化技术，提高生产效率、降低成本，并优化各个业务环节，实现更高效的运营； （3）云计算和互联网技术：云计算为企业提供强大的计算和存储能力，使企业能够灵活扩展业务、提供更优质的服务，并实现更好的数据安全和备份；

续表

序号	转型内容	说明
1	技术层面的转型	（4）数字化工具和平台：引入和应用各种数字化工具和平台，如ERP（企业资源计划）、CRM（客户关系管理）、SCM（供应链管理）等，来重新设计和优化业务流程
2	组织层面的转型	（1）组织架构调整：根据数字化转型的需要，调整企业的组织架构，设立专门的数字化部门或团队，负责推动数字化转型的实施； （2）人才培养和组织变革：培养具备数字化技能的人才，并对组织进行相应的变革，以适应新的数字化工作环境。这包括培训现有员工、招聘新人才以及建立激励机制等； （3）企业协作和沟通：改进企业内部的协作和沟通方式，提高工作效率，促进信息共享和知识传递。例如，利用企业级社交网络和在线协作工具实现团队的远程协作和知识共享
3	文化和战略层面的转型	（1）数字化转型文化：为企业文化赋予新的数字化内涵，建立鼓励创新、拥抱变化的文化氛围。这有助于减少转型过程中的阻力和障碍； （2）数字化转型战略：制定明确的数字化转型战略，包括目标、路径、时间表等。这有助于确保数字化转型的有序推进和有效实施； （3）新业务模式和创新：通过数字化技术，开发和应用新的商业模式和服务，创造新的价值和收入来源。例如，利用云计算和人工智能技术提供基于订阅模式的软件服务
4	其他重要方面	（1）客户体验优化：通过数字化转型，企业能够更加精准地了解客户需求和偏好，以提供个性化的产品和服务，提高客户满意度和忠诚度； （2）供应链数字化：优化供应链管理，实现更加高效的采购、生产和物流，降低库存成本，并更好地应对市场需求的波动； （3）数据安全和隐私保护：在数字化转型过程中，企业需要采取有效的措施来确保数据的安全性和合规性，以应对数据共享和数据连接带来的挑战

三、企业数字化转型的意义

企业数字化转型的意义深远且广泛，主要体现在图9-2所示几个方面。

提升竞争力 ☞	数字化转型使企业能够更快速地响应市场变化，通过技术创新和流程优化，提高产品和服务的质量与效率，从而在竞争激烈的市场中脱颖而出
增强客户体验 ☞	数字化技术使企业能够更深入地了解客户需求，提供个性化的产品和服务。通过多渠道、实时互动的方式，企业能够增强客户黏性，提升客户满意度和忠诚度
优化运营效率 ☞	自动化和智能化技术的应用，可以极大地减少人工操作，降低错误率，提高生产效率和运营效能。同时，数字化管理工具的应用，如ERP、CRM等，有助于企业更好地管理资源，优化流程，降低成本
促进业务创新 ☞	数字化转型为企业提供了更多的创新机会。通过数据分析、人工智能等技术，企业可以发现新的市场机会，开发出新的产品或服务，开辟新的业务领域，实现业务模式的转型升级
提高决策效率与准确性 ☞	大数据和人工智能技术的应用，使企业能够收集、处理和分析海量数据，为决策提供有力支持。基于数据的决策更加科学、准确，能够帮助企业避免盲目投资，降低风险
加强风险管理与合规性 ☞	数字化转型有助于企业建立更加完善的风险管理和合规体系。通过数字化手段，企业可以实时监控业务运营情况，及时发现潜在风险，并采取有效措施进行应对。同时，数字化技术也有助于企业更好地遵守法律法规，降低合规风险
推动可持续发展 ☞	数字化转型有助于企业实现绿色、低碳、循环的可持续发展目标。通过优化生产流程、降低能耗、提高资源利用率等措施，企业可以减少对环境的负面影响，推动经济社会的可持续发展

图9-2　企业数字化转型的意义

第二节　企业数字化转型的实施

企业数字化转型的实施是一个复杂而系统的过程，涉及多个方面和环节。企业数字化转型实施的主要步骤和要点如图9-3所示。

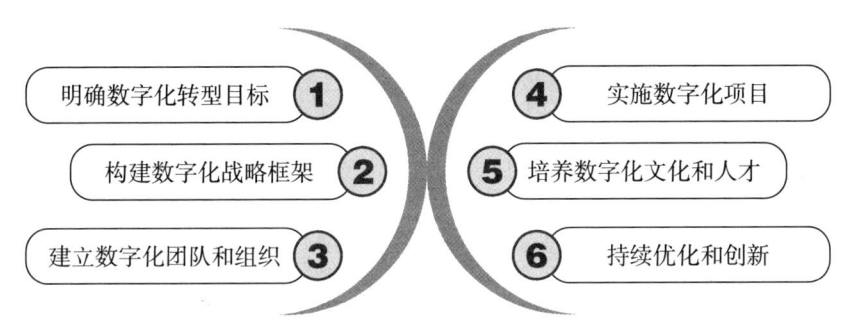

①　明确数字化转型目标
②　构建数字化战略框架
③　建立数字化团队和组织
④　实施数字化项目
⑤　培养数字化文化和人才
⑥　持续优化和创新

图9-3　企业数字化转型实施的主要步骤和要点

一、明确数字化转型目标

企业数字化转型目标是指企业在推进数字化转型过程中，希望实现的具体、可衡量、可达成且与企业整体战略相一致的长期或短期目标。这些目标旨在通过应用数字技术、优化业务流程、创新业务模式等方式，提升企业的运营效率、降低成本、增强市场竞争力、改善客户体验，并最终实现企业的可持续发展。

（一）企业数字化转型目标的类别

具体来说，企业数字化转型目标可能包括如表9-2所示的几个方面。

表9-2　企业数字化转型目标的类别

序号	目标类别	目标说明
1	提升运营效率	通过数字化手段优化生产、供应链、财务等业务流程，实现自动化、智能化管理，提高运营效率，缩短产品上市时间，降低运营成本
2	增强市场竞争力	利用大数据、人工智能等技术分析市场趋势和客户需求，精准定位市场，创新产品和服务，提升客户满意度和忠诚度，增强市场竞争力

续表

序号	目标类别	目标说明
3	创新业务模式	通过数字化转型探索新的业务模式,如平台化、生态化、服务化等,拓展业务边界,增加收入来源,实现企业的转型升级
4	优化客户体验	利用数字化技术提升客户服务的智能化、个性化水平,增强客户互动和参与度,提高客户满意度和忠诚度,进而提升品牌形象和市场口碑
5	提高决策效率	通过构建数据驱动的决策体系,实现数据的实时采集、分析和应用,提高决策的科学性和准确性,降低决策风险
6	培养数字化人才	加强员工对数字化技术的培训和学习,提升员工的数字化素养和技能水平,培养一支具备数字化思维和能力的团队,为企业数字化转型提供有力的人才保障
7	建立数字化文化	营造积极向上的数字化文化氛围,鼓励员工积极拥抱变化、勇于创新,形成与数字化转型相适应的企业价值观和行为规范

需要注意的是,不同企业的数字化转型目标可能因行业特点、企业规模、发展阶段等因素而有所不同。因此,在制订数字化转型目标时,企业应充分考虑自身实际情况和外部环境变化,确保目标的合理性和可行性。同时,数字化转型是一个持续的过程,企业需要不断评估和调整目标,以适应市场变化和自身发展的需要。

(二)企业数字化转型目标的制定

企业数字化转型目标的制订是一个系统性、战略性的过程,需要综合考虑企业内外部环境、技术发展趋势、业务需求以及未来愿景等多个方面。图9-4是企业数字化转型目标制订的详细步骤和要点。

> **提醒您**
>
> 数字化转型目标应与企业整体战略保持一致,确保转型工作能够为企业战略目标的实现提供有力支持。

第九章　数字化转型

明确数字化转型的愿景和使命

- **确立愿景**：首先，企业需要明确数字化转型的长期愿景，即希望通过数字化转型实现什么样的长远目标。这个愿景应该与企业的整体战略保持一致，能够激发员工的积极性和创造力

- **定义使命**：在愿景的基础上，企业需要定义数字化转型的使命，即明确数字化转型的核心目的和主要任务。这有助于指导企业在数字化转型过程中的具体行动和决策

评估现状和需求

- **内部评估**：企业需要评估自身的技术基础设施、组织结构、业务流程、人才储备等方面的现状，了解在数字化转型过程中可能面临的挑战和机遇

- **需求分析**：通过市场调研、客户访谈、内部讨论等方式，收集并分析数字化转型的需求，包括业务需求、技术需求、组织需求等。这些需求将作为制订数字化转型目标的重要依据

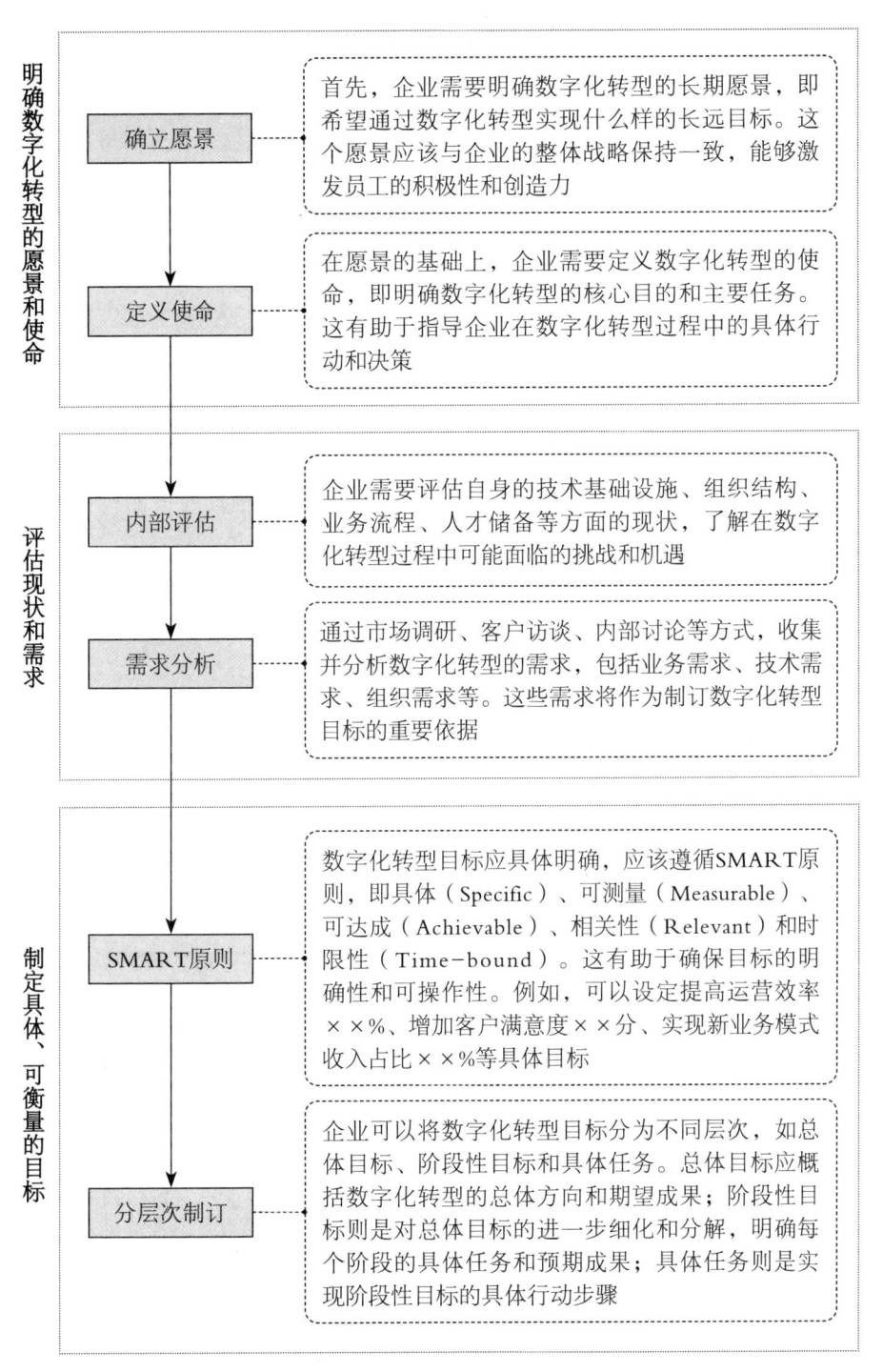

制定具体、可衡量的目标

- **SMART原则**：数字化转型目标应具体明确，应该遵循SMART原则，即具体（Specific）、可测量（Measurable）、可达成（Achievable）、相关性（Relevant）和时限性（Time-bound）。这有助于确保目标的明确性和可操作性。例如，可以设定提高运营效率××%、增加客户满意度××分、实现新业务模式收入占比××%等具体目标

- **分层次制订**：企业可以将数字化转型目标分为不同层次，如总体目标、阶段性目标和具体任务。总体目标应概括数字化转型的总体方向和期望成果；阶段性目标则是对总体目标的进一步细化和分解，明确每个阶段的具体任务和预期成果；具体任务则是实现阶段性目标的具体行动步骤

图9-4　企业数字化转型目标的制订步骤

（三）制订数字化转型目标的注意事项

1. 高层领导的参与

数字化转型目标的制订需要高层领导的深度参与和决策。高层领导应明确企业的长期发展战略，并将数字化转型作为实现这一战略的重要手段。

2. 考虑技术趋势

企业需要关注并研究当前及未来的技术发展趋势，如云计算、大数据、人工智能、物联网等，了解这些技术如何影响企业的业务模式和运营方式，以便在制定数字化转型目标时充分考虑技术因素。

3. 考虑业务发展

数字化转型应与企业的业务发展紧密结合。企业需要根据自身业务特点和市场需求，制订符合业务发展需求的数字化转型目标，以推动业务的持续增长和创新。

二、构建数字化战略框架

企业数字化战略框架是一个全面的计划，旨在指导企业将数字技术集成到所有业务领域，从而从根本上改变其运营方式以及为客户提供价值的方式。这个框架不仅关注技术的应用，还涉及组织、流程、文化和人员等多个方面的变革，以确保数字化转型的成功实施。表9-3是企业构建数字化战略框架的步骤。

表9-3 构建数字化战略框架的步骤

序号	步骤	实施说明
1	定义与愿景	定义：企业数字化战略框架是数字化转型的蓝图，它明确了企业通过数字技术实现业务目标的路径和方法。 愿景：确立一个清晰、具有吸引力的数字化转型愿景，作为整个战略框架的指引。这个愿景应与企业的整体战略保持一致，并能够激发员工的积极性和创造力
2	战略分析与规划	现状评估：评估企业当前的数字化水平，包括技术基础设施、数据管理、业务流程等方面的现状，分析企业在数字化转型过程中可能面临的机遇和挑战。 需求分析：通过市场调研、客户访谈等方式，收集并分析数字化转型的需求，确定数字化转型的优先级和重点领域。 目标设定：基于现状评估和需求分析，设定具体、可衡量、可达成、相关性强且有时间限制的数字化转型目标

续表

序号	步骤	实施说明
3	战略实施路径	技术路径：确定数字化转型所需的关键技术，如云计算、大数据、人工智能等。制定技术实施计划，包括技术选型、系统集成、数据迁移等 组织路径：调整组织结构，以适应数字化转型的需求。例如，建立跨部门的数字化转型团队或设立专门的数字化部门；培养或引进具备数字化技能的人才，提升组织的数字化能力 流程路径：优化和再造业务流程，以适应数字化技术的应用。例如，实现业务流程的自动化、智能化和在线化。加强跨部门协作和沟通，确保数字化转型的顺利推进 文化路径：培育鼓励创新、拥抱变化的数字化文化。加强员工对数字化转型的认识和理解，提高员工的数字化素养和参与度
4	保障措施与评估	保障措施：制订详细的数字化转型实施计划，明确时间表、责任人和预算等资源保障措施。加强风险管理和控制，确保数字化转型过程中的安全和稳定 评估与调整：定期评估数字化转型的进展和成果，确保目标的实现。根据评估结果及时调整数字化转型战略和实施路径，以适应外部环境的变化和内部需求的调整

三、建立数字化团队和组织

数字化团队和组织是指在企业数字化转型过程中，为了推动和实现数字化目标而构建的特殊团队和组织结构。这些团队和组织不仅具备数字化技能和知识，还深刻理解企业业务和市场需求，能够运用数字技术来优化业务流程、创新产品和服务、提升客户体验，并推动企业整体向数字化、智能化方向发展。

（一）数字化团队

数字化团队是由一群具备数字化技能和业务理解能力的专业人员组成的。这些人员可能包括软件开发人员、数据分析师、用户体验设计师、数字营销专家等。他们共同协作，负责数字化转型项目的规划、设计、开发、测试、部署和运维等各个环节。数字化团队的核心特点是跨学科合作、快速迭代和持续创新，他们能够迅速适应市场变化和技术发展，不断推动数字化转型的深入进行。

1. 团队组成

数字化团队由图9-4各小组组成。

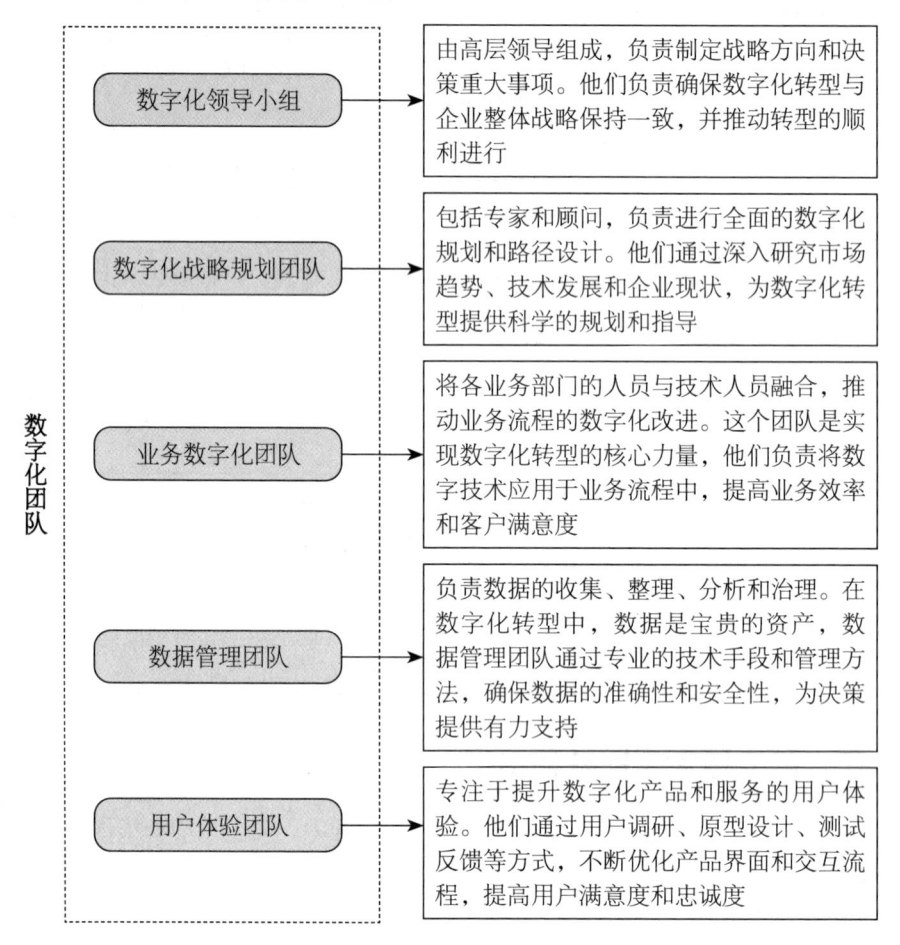

```
                    ┌─────────────────┐   由高层领导组成，负责制定战略方向和决
                    │  数字化领导小组  │ → 策重大事项。他们负责确保数字化转型与
                    └─────────────────┘   企业整体战略保持一致，并推动转型的顺
                                          利进行

                    ┌─────────────────┐   包括专家和顾问，负责进行全面的数字化
     数              │ 数字化战略规划团队│ → 规划和路径设计。他们通过深入研究市场
     字              └─────────────────┘   趋势、技术发展和企业现状，为数字化转
     化                                    型提供科学的规划和指导
     团
     队              ┌─────────────────┐   将各业务部门的人员与技术人员融合，推
                    │  业务数字化团队  │ → 动业务流程的数字化改进。这个团队是实
                    └─────────────────┘   现数字化转型的核心力量，他们负责将数
                                          字技术应用于业务流程中，提高业务效率
                                          和客户满意度

                    ┌─────────────────┐   负责数据的收集、整理、分析和治理。在
                    │   数据管理团队   │ → 数字化转型中，数据是宝贵的资产，数
                    └─────────────────┘   据管理团队通过专业的技术手段和管理方
                                          法，确保数据的准确性和安全性，为决策
                                          提供有力支持

                    ┌─────────────────┐   专注于提升数字化产品和服务的用户体
                    │   用户体验团队   │ → 验。他们通过用户调研、原型设计、测试
                    └─────────────────┘   反馈等方式，不断优化产品界面和交互流
                                          程，提高用户满意度和忠诚度
```

图9-4 数字化团队的组成

2. 关键角色

数字化团队的关键角色有几个，如表9-4所示。

表9-4 数字化团队的关键角色

序号	关键角色	角色说明
1	数字化负责人	通常是具有预算、影响力和尊敬的C级高管，如首席数字官或首席战略官等。他们负责整体推动数字化转型的规划和实施
2	技术人员	包括软件开发人员、数据分析师等，他们负责实现数字化转型的技术解决方案，确保技术平台的稳定性和高效性

续表

序号	关键角色	角色说明
3	业务人员	来自各个业务部门,他们了解业务需求和市场变化,与技术人员紧密合作,共同推动业务流程的数字化改进
4	变革管理专家	负责帮助员工适应数字化带来的变革,通过培训、沟通和激励等方式,提高员工的数字化素养和参与度

3. 团队特点

(1)跨部门协作:数字化团队需要打破部门壁垒,实现跨部门协作和资源共享。

(2)技术与业务融合:技术人员和业务人员需要紧密合作,共同推动数字化转型的落地实施。

(3)持续学习与创新:数字化转型是一个不断进化的过程,团队需要保持持续学习和创新的精神,以适应技术和市场的变化。

(二)数字化组织

数字化组织则是指企业在数字化转型过程中,通过调整和优化组织架构、流程和文化等方面,以适应数字化时代的需求和挑战。

1. 数字化组织的特点

数字化组织具备图9-5所示几个特点。

以客户为中心	灵活性与适应性	数据驱动决策
数字化组织将客户置于中心地位,通过深入了解客户需求和行为,优化产品和服务,提升客户体验和满意度	数字化组织具备高度的灵活性和适应性,能够快速响应市场变化和技术发展,调整战略和业务模式,保持竞争优势	数字化组织注重数据的收集、分析和应用,通过数据洞察市场趋势和客户需求,为决策提供有力支持
创新文化	跨部门协作	技术与业务融合
数字化组织倡导创新文化,鼓励员工提出新想法、尝试新技术和新方法,不断推动业务创新和产品创新	数字化组织打破部门壁垒,促进跨部门之间的协作和资源共享,形成合力推动数字化转型的深入进行	数字化组织强调技术与业务的深度融合,通过技术手段优化业务流程、提高运营效率、创新产品和服务等

图9-5 数字化组织的特点

2. 组织架构变革

企业应根据数字化转型的需要调整企业的组织架构和业务流程。通过优化组织结构、明确职责分工、加强跨部门协作等方式，确保数字化转型的顺利进行。

（1）以客户为中心：数字化转型需要企业从传统的分工、职能、等级制度转变为以客户为中心的灵活组织架构。这种组织架构能够更好地响应客户需求和市场变化。

（2）扁平化管理：企业应减少管理层级，提高决策效率。扁平化管理有助于打破信息孤岛和部门壁垒，促进资源的共享和协同。

（3）灵活性与适应性：企业应建立灵活的组织架构和流程，以适应数字化时代的变化和挑战。企业需要具备快速调整和优化组织架构的能力，以应对市场和技术的快速变化。

3. 数字化组织的文化与氛围

（1）创新文化：企业应鼓励员工创新和尝试新的技术和流程，为数字化转型提供源源不断的动力。

（2）开放与协作：企业应建立开放、协作的工作氛围，促进员工之间的沟通和合作。这种氛围有助于打破部门壁垒和信息孤岛，促进资源的共享和协同。

（3）持续学习：企业应建立学习型组织，鼓励员工持续学习和提升自己的技能和知识。数字化转型需要员工具备数字化素养和创新能力，而持续学习是实现这一目标的重要途径。

4. 数字化组织的激励机制

（1）绩效考核：企业应将数字化转型的成果纳入绩效考核体系，激励员工积极参与数字化转型工作。

（2）奖励与激励：企业应对在数字化转型中表现突出的员工给予奖励和激励，提高员工的积极性和创造力。

（3）职业发展：企业应为参与数字化转型的员工提供职业发展的机会和平台，帮助他们实现个人价值和企业目标的双赢。

综上所述，数字化团队和组织是企业数字化转型的重要支撑和推动力量。它们通过跨学科合作、快速迭代、持续创新等方式，不断推动企业向数字化、智能化方向发展，实现业务增长和竞争优势的提升。

四、实施数字化项目

（一）项目实施规划

制订详细的数字化转型项目计划，包括项目范围、时间节点、资源需求、风险评估等。项目计划应具有可操作性和灵活性，能够根据实际情况进行调整和优化。

1. 识别关键领域和优先级

企业应通过全面的自我评估识别在技术、组织、文化等方面的现状和问题，这有助于企业了解自身在数字化转型过程中可能遇到的障碍和痛点。根据评估结果，确定数字化转型的关键领域。这些领域通常是企业运营中的瓶颈环节或具有较大潜力的创新点。例如，供应链管理、客户关系管理、产品研发等。根据关键领域的重要性和紧迫性设定数字化转型的优先级。优先解决对企业影响最大、最紧迫的问题，逐步推进其他领域的转型工作。

2. 制订详细的转型路线图

企业应将数字化转型目标分解为若干阶段目标，每个阶段目标都应有明确的时间节点和预期成果。同时，企业需要为每个阶段目标制订详细的实施计划，包括资源投入、时间表、路线图、责任分配等。实施计划应明确每个阶段的具体任务、时间节点和责任人，确保数字化转型每个阶段的工作能够按计划有序推进。为了保障数字化转型目标的顺利实现，企业需要制定相应的保障措施，如加强组织建设、完善管理制度、提升人才素质等。这些保障措施将为数字化转型提供有力的支持和保障。

（二）数字化项目实施

企业应按照项目计划逐步推进数字化转型的实施工作。在实施过程中，应注重数据的采集、整合和分析工作，确保数字化转型的准确性和有效性。具体实施要领如图9-6所示。

技术选型与平台建设：企业应选择合适的技术架构、软件、硬件和网络设备是数字化项目成功的关键。企业需要根据自身的业务需求、资源条件和发展战略进行充分的市场调研和技术评估，选择最适合自己的技术方案。建设稳定、高效、可扩展的数字化平台是数字化转型的基础。企业需要投入必要的资源，构建符合业务需求和技术标准的平台体系，为数字化转型提供坚实的技术支撑。

数据治理与分析：企业应建立完善的数据治理体系是确保数据质量和安全性的关键。企业需要制定数据管理制度，明确数据的采集、存储、处理、分析和应用等各个环节的规范和标准，确保数据的准确性和合规性。企业应利用大数据分析、人工智能等技术手段，深入挖掘数据的价值，为企业的决策提供有力支持。通过数据分析，企业可以洞察市场趋势、客户需求和业务运营情况，为业务优化和创新提供数据支撑。

业务流程优化与创新：企业应对现有的业务流程进行全面梳理和优化，去除冗余环节和瓶颈，提高业务效率和客户满意度。通过数字化手段实现业务流程的自动化和智能化，降低运营成本和提高响应速度。同时，在数字化转型的过程中，企业需要积极探索新的业务模式和服务模式。通过跨界合作、生态构建等方式，拓展业务领域和市场空间，实现企业的可持续发展。

图9-6 数字化项目实施要领

（三）项目监控

1. 监控机制

建立数字化转型项目的监控机制，对项目进度、质量、成本等方面进行实时监控和评估。通过定期的项目评审和反馈会议等方式，及时发现和解决项目实施中的问题。

2. 风险评估与应对

对数字化项目可能面临的风险进行全面评估，包括技术风险、市场风险、法律风险等。通过风险评估，企业可以及时发现潜在的问题和挑战，并制定相应的应对策略和措施。建立健全的风险管理机制和应急预案，确保在风险发生时能够迅速响应和有效应对。同时，加强与其他企业和机构的合作与交流，共同应对数字化转型中的挑战和风险。

（四）项目的持续改进与优化

数字化转型是一个持续的过程，企业需要不断关注市场变化和技术发展趋势，及时调整战略规划和实施路径。通过持续改进和优化，不断提升数字化项目的成效和企业的竞争力。企业应建立有效的反馈机制，收集用户、员工和其他利益相关者的意见和建议。通过反馈机制，企业可以及时了解数字化项目的实施效果和用户满意度，为持续改进和优化提供有力支持。

五、培养数字化文化和人才

企业培养数字化文化和人才是数字化转型的重要组成部分，涉及多个方面和层次的努力。以下是企业如何培养数字化文化和人才的具体策略。

（一）培养数字化文化

企业应营造积极向上的数字化文化氛围，鼓励员工学习和掌握数字化技能。通过举办培训、讲座、竞赛等活动方式，提升员工的数字化素养和创新能力。具体的措施如表9-5所示。

表9-5 培养数字化文化的措施

序号	措施	实施说明
1	领导层示范与推动	（1）领导层重视：企业领导层应高度重视数字化文化的培养，将其视为企业发展的战略重点。领导层应积极参与数字化项目的推进，为员工树立榜样； （2）倡导数字化思维：领导层应倡导数字化思维，鼓励员工在日常工作中运用数字化工具和方法，提高工作效率和创新能力
2	全员参与与培训	（1）全员动员：企业应通过内部会议、宣传栏、邮件等方式，向全体员工传达数字化文化的重要性和紧迫性，激发员工的参与热情； （2）提供培训：企业应为员工提供数字化技能培训，包括基础数字技能、数据分析、人工智能等方面的知识。培训形式可以包括线上课程、线下研讨会、工作坊等； （3）建立学习平台：企业可以建立内部学习平台或利用外部在线学习平台，为员工提供丰富的数字化学习资源，鼓励员工持续学习和自我提升

续表

序号	措施	实施说明
3	建立数字化文化体系	（1）制定数字化文化规范：企业应制定数字化文化规范，明确数字化文化的内涵、原则和行为准则，引导员工树立正确的数字化观念和行为习惯； （2）推广数字化文化：企业可以通过内部活动、案例分享、表彰奖励等方式，推广数字化文化，让员工感受到数字化文化的魅力和价值； （3）建立反馈机制：企业应建立数字化文化的反馈机制，鼓励员工提出对数字化文化的意见和建议，及时发现问题并加以改进
4	营造数字化文化氛围	（1）鼓励创新：企业应鼓励员工在数字化领域进行创新尝试，容忍失败，并为创新提供必要的支持和资源； （2）强化协作：数字化文化强调团队协作和资源共享。企业应建立跨部门、跨地域的协作机制，促进信息共享和资源整合； （3）注重客户体验：企业应注重客户体验，通过数字化手段提升客户服务的质量和效率，增强客户黏性和满意度

（二）培养数字化人才

企业培训数字化人才是一个系统工程，需要从多个方面入手，以确保培养出既具备数字化技能又懂业务的复合型人才。表9-6是企业培训数字化人才的具体策略。

表9-6 培养数字化人才的策略

序号	策略	实施说明
1	明确培训目标和需求	（1）需求分析：首先，企业需要对当前的人才结构进行深入分析，了解哪些岗位需要数字化技能，以及现有员工的数字化技能水平如何。这可以通过员工技能评估、岗位需求分析等手段进行； （2）制定目标：基于需求分析的结果，企业可以制订明确的培训目标，如提升员工的数字化技能、增强团队的协作能力等。这些目标应与企业的战略规划和业务需求紧密相连
2	设计培训内容和体系	（1）识别关键技能：确定数字化转型所需的核心技能，如数据分析、人工智能应用、数字营销、云计算、大数据处理等； （2）设计培训模块：根据关键技能设计培训模块，每个模块针对特定的技能和能力进行深入讲解和实操训练； （3）整合培训资源：将线上课程、线下培训和混合学习相结合，提供灵活多样的学习方式。利用企业内部资源、外部培训机构、在线学习平台等多种渠道获取高质量的培训资源

续表

序号	策略	实施说明
3	选择合适的培训方式	(1) 内部培训：通过企业内部讲师或专家进行面对面授课，针对企业自身的业务需求和场景进行定制化培训； (2) 外部培训：参加由专业培训机构或高校举办的数字化培训课程，获取前沿的技术知识和行业动态； (3) 在线学习：利用在线学习平台或企业内部的学习管理系统（LMS），让员工可以随时随地进行自主学习和进阶学习
4	实施培训计划和时间表	(1) 制订详细计划：包括培训时间表、培训方式、课程安排等，确保培训有条不紊地进行； (2) 灵活调整：根据员工的学习进度和反馈，灵活调整培训计划和时间表，确保培训效果最大化
5	提供实践机会和反馈	(1) 实践项目：组织员工参与实际的数字化项目或业务活动，将所学知识应用到实际工作中，从中获得经验和技能的提升； (2) 反馈机制：建立有效的反馈机制，及时了解员工的学习情况和问题，并提供针对性的指导和帮助
6	建立激励机制和持续跟踪	(1) 激励机制：设立奖励制度，如晋升机会、奖金或其他福利待遇，以激发员工参与培训的积极性； (2) 持续跟踪：定期对员工的数字化技能进行评估和跟踪，了解培训效果并及时调整培训策略
7	营造良好的学习环境和文化氛围	(1) 支持创新：鼓励员工在数字化领域进行创新尝试，容忍失败并为创新提供必要的支持和资源； (2) 知识共享：组织跨部门的项目组、定期举行分享会议或知识分享平台，鼓励员工之间的交流和合作，促进知识的传播和共享
8	与外部机构合作	(1) 合作培训：与高校、研究机构或专业培训机构建立合作关系，共同开展数字化人才培养项目； (2) 人才引进：通过合作机构吸引优秀的数字化人才加入企业，为企业带来新鲜血液和前沿技术

六、数字化转型的持续优化和创新

企业数字化转型的持续优化和创新是一个持续不断的过程，需要企业在多个方面保持敏锐的洞察力和积极的行动力。表9-7是企业进行数字化转型持续优化和创新的具体策略。

表9-7 数字化转型持续优化和创新的策略

序号	策略	实施说明
1	明确持续优化和创新的目标	（1）与企业战略对齐：确保数字化转型的持续优化和创新与企业的整体战略保持一致，明确优化和创新的方向和重点； （2）设定具体目标：制订清晰、可量化的目标，如提升客户体验、优化业务流程、提高运营效率等，以便衡量优化和创新的效果
2	技术层面的持续优化和创新	（1）技术评估与更新：定期评估现有技术的性能和适用性，及时更新和升级技术架构，确保企业能够利用最新的数字技术； （2）技术创新应用：积极探索和引入新兴技术，如人工智能、大数据、云计算、物联网等，通过技术创新推动业务流程和产品的优化； （3）技术融合与集成：促进不同技术之间的融合与集成，打造综合性的数字化解决方案，提升企业的整体竞争力
3	业务流程层面的持续优化和创新	（1）流程梳理与优化：对现有业务流程进行全面梳理，识别并去除冗余环节，提高流程效率。同时，引入自动化和智能化技术，实现业务流程的数字化和智能化； （2）敏捷开发与迭代：采用敏捷开发方法快速响应市场变化和客户需求，通过不断迭代和优化产品与服务提升客户满意度和市场竞争力； （3）跨部门协作：加强跨部门之间的沟通与协作，打破信息孤岛，促进资源的共享与整合，提高整体运营效率
4	组织文化层面的持续优化和创新	（1）培养数字化思维：通过培训和教育提升员工的数字化素养和技能水平，培养员工的数字化思维和创新意识。鼓励员工积极参与数字化转型的实践和探索； （2）建立学习型组织：建立持续学习的机制和文化氛围，鼓励员工不断学习和掌握新技术、新知识。通过组织内部的学习交流、知识分享等活动，促进知识的传播与积累； （3）推动文化变革：打破传统的组织文化和结构，建立更加开放、灵活和适应性强的组织文化。鼓励员工提出新的想法和解决方案，建立创新实验室和孵化器，与外部创新团队和科技公司合作等，推动企业的持续创新和发展
5	建立持续改进和创新的机制	（1）数据驱动决策：建立完善的数据采集、存储、处理和分析体系，确保数据的准确性和时效性。利用大数据分析工具和技术，深入挖掘数据背后的价值，为企业的决策提供有力支持。通过数据驱动的方式优化业务流程、提升产品质量和服务水平；

续表

序号	策略	实施说明
5	建立持续改进和创新的机制	（2）风险管理与安全保障：对数字化转型过程中可能出现的风险进行识别和评估，制订相应的风险管理策略和应急预案。加强网络安全和数据保护，建立强大的信息安全架构来保护客户和企业数据的安全； （3）建立反馈机制：建立数字化转型的反馈机制，及时了解转型过程中的问题和不足。通过收集员工、客户和合作伙伴的反馈意见，不断优化和改进数字化转型的实施方案。同时，建立绩效考核和激励机制，鼓励员工积极参与数字化转型的优化和创新工作

第十章
《民法典》与企业经营

  《民法典》对企业经营具有深远的影响。它通过保障企业权利平等、规范企业经营行为、促进企业融资活动、优化营商环境、提供纠纷解决机制以及推动企业合规经营等方面来促进企业的健康发展和社会经济的繁荣稳定。

第一节 《民法典》与企业经营的关系

《民法典》与企业经营之间存在着密切的联系，它对企业经营具有深远的影响。以下从几个方面详细阐述《民法典》与企业经营的关系。

一、保障企业权利平等

《民法典》明确规定了民事主体在民事活动中的法律地位一律平等，无论是国有企业、民营企业还是外资企业，其各项合法权利都受到同等的保护。这一原则有助于保障不同所有制形式以及不同投资主体的企业在社会主义市场经济下的平等地位，形成积极且稳定的市场预期，从而为社会经济发展和市场交易稳定、繁荣提供有效制度保障。

二、规范企业经营行为

《民法典》对企业的经营行为进行了全面规范，涵盖了物权、合同、人格权、婚姻家庭等多个方面。在物权方面，《民法典》明确了物权的种类和内容，保护了企业的财产权益；在合同方面，《民法典》规定了合同的订立、履行、变更和解除等规则，确保了企业间交易的公平性和稳定性；在人格权方面，《民法典》强化了对个人隐私和企业商誉的保护，有助于维护企业的良好形象和声誉。

三、促进企业融资活动

《民法典》对企业的资金融通行为也产生了重要影响。例如，《民法典》扩大了动产抵押的范围，不再局限于传统的生产设备、原材料等，而是扩展至正在建造的建筑物、船舶、航空器以及交通运输工具等。这一规定为企业提供了更多的融资途径和担保方式，有助于缓解企业融资难的问题。同时，《民法典》还禁止高利放贷行为，维护了市场正常的金融秩序和企业的合法权益。

四、优化营商环境

《民法典》的实施进一步优化了营商环境。它通过明确界定公权力和私权利的边界，限制了公权力的不当干预和侵犯，保障了企业依法自主经营的权利。同时，《民法典》还规定了政府部门的行政登记及收费职责、信息公开要求等，为政府和市场关系的正确处理提供了法律依据。这些规定有助于构建公平、透明、可预期的营商环境，促进企业的健康发展。

五、提供纠纷解决机制

《民法典》为企业间的纠纷解决提供了有效的法律途径。当企业之间发生争议时，可以依据《民法典》的相关规定进行协商、调解、仲裁或诉讼等程序来解决。这些纠纷解决机制有助于降低企业的诉讼成本和时间成本，提高纠纷解决的效率和公正性。

六、推动企业合规经营

随着《民法典》的实施和普及，越来越多的企业开始重视合规经营的重要性。它们通过加强内部管理、完善合同制度、规范经营行为等方式来确保自身的合法合规性。这不仅有助于企业降低法律风险和维护自身权益，还有助于提升企业的市场竞争力和社会形象。

第二节 《民法典》下企业的权益保护

一、《民法典》下的企业权益保护

《民法典》下的企业权益保护是一个广泛而复杂的话题，它涵盖了企业作为法人所享有的各项民事权利以及这些权利在受到侵害时的保护机制。表10-1是从几个方面对《民法典》下企业权益保护的规定。

表10-1 《民法典》关于企业权益保护的规定

序号	权益保护规定	说明
1	法人的定义与成立	（1）法人的定义：《民法典》明确规定，法人是具有民事权利能力和民事行为能力，依法独立享有民事权利和承担民事义务的组织。这包括了各类合法企业，如有限责任公司、股份有限公司等； （2）成立条件：法人应当依法成立，并具备自己的名称、组织机构、住所、财产或者经费。这些要素是法人成立的基本条件，也是其享有权利和承担义务的基础
2	法人的民事权利	（1）财产权：企业作为法人，享有与其组织目的相适应的财产权，包括所有权、使用权、收益权和处分权等。这些权利是企业进行生产经营活动的基础； （2）知识产权：企业对其创造的智力成果，如专利、商标、著作权等享有知识产权，并有权依法进行保护； （3）债权：企业在经济活动中与其他主体发生的债权债务关系，受《民法典》保护。企业有权要求债务人履行债务，并在债务人不履行时寻求法律救济； （4）股权：对于股份制企业而言，股东享有股权，包括参与重大决策、选择管理者、分红等权利。这些权利同样受《民法典》保护
3	合同保护	（1）合同订立与履行：《民法典》第四百六十九条规定了合同订立的形式，包括书面形式、口头形式等。企业在订立合同时，应明确双方的权利义务，确保合同的合法性和有效性。在合同履行过程中，企业应遵守合同约定，履行自己的义务，并有权要求对方履行相应的义务； （2）违约责任：如一方违反合同约定，给企业造成损失的，企业有权依据《民法典》的相关规定追究其违约责任，包括要求赔偿损失、支付违约金等
4	侵权责任保护	（1）侵权行为的认定：企业的合法权益受到侵害时，如被侵犯财产权、知识产权等，可以依据《民法典》的相关规定追究侵权人的侵权责任； （2）赔偿损失：侵权人应当承担赔偿损失的责任，包括直接损失和间接损失。企业可以根据实际情况要求侵权人赔偿相应的经济损失
5	特殊保护机制	（1）禁止高利放贷：《民法典》第六百八十条规定禁止高利放贷，借款的利率不得违反国家有关规定。这有助于保护企业免受高利贷的侵害，维护企业的财务稳定； （2）反性骚扰机制：《民法典》第一千零一十条明确了反性骚扰机制的建立，并规定了单位预防、调查处置性骚扰的义务。这有助于保护企业员工免受性骚扰的侵害，维护企业的良好工作环境

续表

序号	权益保护规定	说明
6	司法救济	（1）诉讼权利：当企业的合法权益受到侵害时，企业有权向人民法院提起诉讼，请求依法保护其合法权益。人民法院将依据《民法典》等法律法规进行审理并作出判决； （2）执行程序：判决生效后，如侵权人不履行判决义务，企业可以申请人民法院强制执行。人民法院将依法采取查封、扣押、冻结等措施，确保判决的执行

综上所述，《民法典》为企业提供了全面的权益保护机制，涵盖了法人的定义与成立、民事权利、合同保护、侵权责任保护、特殊保护机制以及司法救济等多个方面。企业在生产经营活动中应遵守相关法律法规，依法行使权利和履行义务，以维护自身的合法权益。

二、《民法典》下企业权益保护的措施

企业遵行《民法典》以获得企业权益保护，可以从如图10-1所示的几个方面入手。

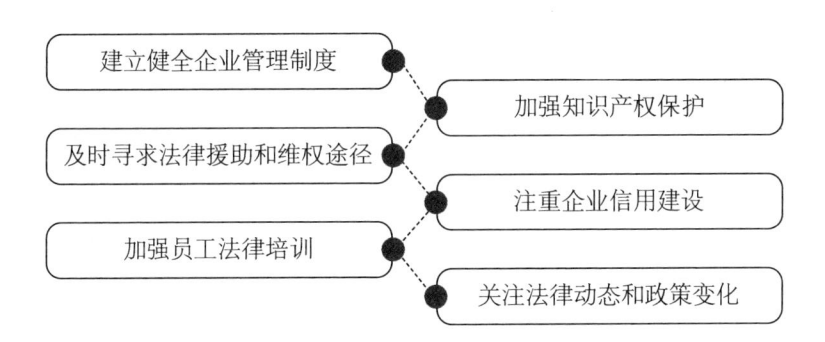

图10-1　《民法典》下企业权益保护的措施

- 建立健全企业管理制度
- 加强知识产权保护
- 及时寻求法律援助和维权途径
- 注重企业信用建设
- 加强员工法律培训
- 关注法律动态和政策变化

（一）建立健全企业管理制度

1. 依法制定和完善内部管理制度

企业应依据《民法典》及其他相关法律法规，制定和完善内部管理制度，包括但不限于人事管理、财务管理、业务操作等方面。这些制度应确保企业在运营过程中的合法性和规范性，从而有效防范法律风险，保护企业的合法权益。

2. 加强合同管理

企业在与他人进行经济合作时，应签订详细的书面合同，并明确双方的权利和义务。合同内容应合法、合规，并充分考虑可能出现的风险因素。通过加强合同管理，企业可以有效避免因合同履行问题而引发的纠纷，进而维护自身的合法权益。

（二）加强知识产权保护

1. 建立完善的知识产权管理制度

企业应重视知识产权的申请、保护和维权工作，建立完善的知识产权管理制度。这有助于保护企业的创新成果，防止他人侵权，从而维护企业的合法权益。

2. 积极防范和打击侵权行为

企业应加强知识产权的监测和维权工作，及时发现并打击侵犯企业知识产权的行为。通过法律手段维护企业的知识产权权益，确保企业的创新成果得到应有的回报。

（三）及时寻求法律援助和维权途径

1. 建立法律顾问制度

企业可以聘请专业律师作为法律顾问，为企业提供法律咨询和维权服务。法律顾问可以帮助企业识别法律风险，提供有效的法律建议，并在企业权益受到侵害时协助企业维权。

2. 选择合适的维权途径

当企业的合法权益受到侵害时，企业应根据实际情况选择合适的维权途径。可以通过协商、调解、仲裁或诉讼等方式解决纠纷，确保自身权益得到充分保障。

（四）注重企业信用建设

1. 遵守市场规则和商业道德

企业应注重信用建设，遵守市场规则和商业道德，树立良好的企业形象。通过诚信经营和优质服务赢得客户的信任和支持，从而增强企业的市场竞争力。

2. 建立企业信用体系

企业可以建立自己的信用体系，记录企业的信用状况和履约情况。这有助于企业在与其他企业合作时展示自身的信用实力，提高合作成功率。

(五)加强员工法律培训

1. 提高员工法律意识

企业应加强对员工的法律培训,提高员工的法律意识。使员工了解《民法典》及其他相关法律法规的内容和要求,明确自身的权利和义务,避免在工作中触犯法律。

2. 规范员工行为

通过法律培训,企业可以引导员工规范自身行为,遵守企业规章制度和法律法规。这有助于减少因员工行为不当而引发的法律风险和纠纷。

(六)关注法律动态和政策变化

1. 及时获取法律信息

企业应密切关注国家法律法规的动态和政策变化,及时了解并适应新的法律环境。

2. 调整经营策略

根据法律环境的变化,企业应及时调整经营策略和管理模式,确保企业的合法合规经营。

第三节 《民法典》下企业的合同管理与风险防范

一、《民法典》下的合同管理要求

《民法典》下的合同管理是一个系统而全面的过程,旨在确保合同的合法性、有效性和执行力。表10-2是对《民法典》下合同管理的详细阐述。

表10-2 《民法典》关于合同管理的规定

序号	项目	规定说明
1	合同的定义与调整范围	(1)定义:根据《民法典》第四百六十四条,合同是民事主体之间设立、变更、终止民事法律关系的协议。这一定义明确了合同的基本性质和目的;

续表

序号	项目	规定说明
1	合同的定义与调整范围	（2）调整范围：根据《民法典》第四百六十三条，合同编的调整范围是因合同产生的民事关系。这意味着所有涉及合同的民事关系都受到《民法典》合同编的规范
2	合同的订立	（1）形式：根据《民法典》第四百六十九条，当事人订立合同可以采用书面形式、口头形式或其他形式。其中，书面形式包括合同书、信件、电报、电传、传真等可以有形地表现所载内容的形式。以电子数据交换、电子邮件等方式能够有形地表现所载内容，并可以随时调取查用的数据电文，也视为书面形式； （2）要约与承诺：合同的订立通常通过要约和承诺的方式完成。要约是希望与他人订立合同的意思表示，承诺是受要约人同意要约的意思表示。当承诺生效时，合同即告成立
3	合同的效力	（1）依法成立的合同：根据《民法典》第四百六十五条，依法成立的合同受法律保护，仅对当事人具有法律约束力。这意味着合同一旦成立并生效，就具有法律上的强制执行力； （2）合同条款的解释：当合同条款存在争议时，应根据《民法典》第一百四十二条第一款和第四百六十六条的规定进行解释。解释时应以词句的通常含义为基础，结合相关条款、合同的性质和目的、习惯以及诚信原则等因素确定争议条款的含义
4	合同的履行	（1）履行原则：合同当事人应按照合同约定全面履行自己的义务。在履行过程中，应遵循诚实信用原则，根据合同的性质、目的和交易习惯履行通知、协助、保密等义务； （2）履行抗辩权：在合同履行过程中，当事人享有同时履行抗辩权、先履行抗辩权和不安抗辩权等权利。这些权利允许当事人在对方未履行或未适当履行合同义务时，暂时中止或拒绝履行自己的义务
5	合同的变更和转让	（1）变更：合同成立后，经当事人协商一致可以变更合同内容。但变更的内容不得违反法律、行政法规的强制性规定或违背公序良俗； （2）转让：债权人可以将合同的权利全部或部分转让给第三人；债务人也可以将合同的义务全部或部分转移给第三人。但转让行为需符合法定条件并通知对方当事人
6	合同的终止	（1）终止原因：合同可因履行完毕、解除、抵销、提存、免除债务或混同等原因而终止。其中，解除是最常见的终止原因之一； （2）解除权：当事人可以依据合同约定或法律规定行使解除权以解除合同。但解除合同应符合法定条件并遵循法定程序
7	违约责任	（1）违约责任形式：当事人一方不履行合同义务或履行合同义务不符合约定的，应承担违约责任。违约责任形式包括继续履行、采取补救措施、赔偿损失等；

续表

序号	项目	规定说明
7	违约责任	（2）赔偿损失：赔偿损失是违约责任的主要形式之一。损失赔偿额应相当于因违约所造成的损失包括合同履行后可以获得的利益但不得超过违约一方订立合同时预见到或应当预见到的因违约可能造成的损失

综上所述，《民法典》下的合同管理涉及合同的定义与调整范围、订立、效力、履行、变更和转让、终止以及违约责任等多个方面。在合同管理过程中应严格遵守法律规定和合同约定以确保合同的合法性和有效性并维护当事人的合法权益。

二、《民法典》下的合同管理与风险防范

在《民法典》背景下，合同管理与风险防范是企业运营中至关重要的一环。以下从合同管理的全流程出发，结合《民法典》的相关规定，阐述合同管理与风险防范的要点。

（一）合同准备阶段的措施

1. 资信调查

在合同签订前，企业应对合同相对方进行深入的资信调查，了解其信用状况、履约能力和风险情况。这可以通过政府管理部门网站、行业协会、信用服务机构等多种渠道进行。特别注意核实对方的主体资格，如营业执照、经营范围等，确保其具备签订合同的合法资格。

2. 合同条款设计

企业应遵循《民法典》中关于合同条款的规定，确保合同内容合法、合规、明确。重点关注标的物、数量、质量、价款、履行期限、履行地点和方式、违约责任等关键条款。

对于可能引发争议的地方，应尽可能作出详细、明确的约定，避免使用模糊或歧义的词汇。

3. 风险识别与评估

在合同准备阶段，企业应结合行业特点和过往经验对可能存在的法律风险进行识别和评估。这有助于企业在签订合同前做好充分的准备工作，降低履约风险。

（二）合同签订阶段的措施

1. 合同审批

企业应建立严格的合同审批制度，确保合同在签订前经过充分的内部审核和评估。这有助于及时发现并纠正合同中的问题和漏洞。

2. 合同签署

企业应遵循《民法典》关于合同成立和生效的规定，确保合同在双方自愿、平等的基础上签订。注意合同的签署程序和方式应符合法律规定。

3. 证据固定

在合同签订过程中，企业应注意保存相关证据材料，如合同文本、签署过程的录音录像等。这些证据在后续合同履行或纠纷解决中可能发挥重要作用。

（三）合同履行阶段的措施

1. 合同履行监控

企业应加强对合同履行过程的监控和管理，确保合同各方按照约定履行各自的义务。及时发现并纠正合同履行中的偏差和问题。

2. 风险应对

对于合同履行过程中可能出现的风险，企业应提前制订应对预案和措施。一旦风险发生，能够迅速作出反应并妥善处理。

3. 证据收集与保全

在合同履行过程中，企业应注意收集并保全相关证据材料。这有助于在后续纠纷解决中证明合同各方的履约情况和责任归属。

（四）合同变更与解除时的措施

1. 合同变更

如需对合同进行变更，企业应遵循《民法典》关于合同变更的规定，确保变更内容合法、合规且经双方协商一致。同时，注意明确变更前后的权利义务关系。

2. 合同解除

如需解除合同，企业应严格按照《民法典》关于合同解除的规定进行操作。注意区分约定解除和法定解除的情形，并确保解除合同的程序和方式符合法律规定。

（五）合同纠纷解决的措施

1. 协商与调解

在发生合同纠纷时，企业首选通过协商或调解的方式解决。这有助于双方保持友好关系并降低解决成本。

2. 仲裁与诉讼

如协商或调解不成，企业可依据合同中约定的仲裁条款或诉讼条款申请仲裁或提起诉讼。注意确保仲裁或诉讼程序符合法律规定并充分维护自身权益。

（六）持续改进与培训的措施

1. 制度完善

企业应定期对合同管理制度进行审查和评估，根据业务发展和法律法规的变化及时进行修订和完善。

2. 培训提升

企业应加强对员工关于《民法典》及合同管理的培训和教育，提升员工的法律意识和风险管理能力。

综上所述，企业在《民法典》背景下进行合同管理与风险防范时，应全面考虑各个环节的风险点并采取相应的防控措施。通过建立健全的合同管理制度、加强合同履行过程的监控和管理以及不断提升员工的法律意识和风险管理能力等措施，可以有效降低企业的法律风险和履约风险，保护企业的合法权益。

第四节 《民法典》下物权保护与资产管理

物权法是《民法典》的组成部分，其规定被纳入《民法典》中。《民法典》通过物权编对物权进行了全面的规定，包括物权的种类、设立、变更、转让和消灭等，为物权保护提供了坚实的法律基础。

一、《民法典》下的物权保护

《民法典》下的物权保护是法律体系中的重要组成部分，旨在确保物权人的合法权益不受侵犯，并在物权受到侵害时提供有效的法律救济。

（一）《民法典》下物权保护的规定

1. 物权保护的基本原则

物权保护遵循图10-2所示两项基本原则。

物权法定原则：物权的种类和内容由法律规定，权利人依法对特定的物享有直接支配和排他的权利。这包括所有权、用益物权和担保物权等

平等保护原则：国家、集体、私人的物权和其他权利人的物权受法律平等保护，任何组织或者个人不得侵犯。这一原则体现了法律对各类物权主体的平等对待

图10-2　物权保护的基本原则

2. 物权保护的方式

《民法典》为物权人提供了多种保护方式，包括和解、调解、仲裁、诉讼等，以及具体的物权保护请求权。具体内容如表10-3所示。

表10-3　物权保护的方式

序号	保护方式	说明
1	和解与调解	物权受到侵害时，权利人可以与侵害人协商和解，或者请求第三方进行调解，以达成双方都能接受的解决方案
2	仲裁	双方当事人可以约定将争议提交仲裁机构进行仲裁。仲裁裁决具有法律效力，且通常比诉讼程序更为迅速和灵活
3	诉讼	权利人可以向人民法院提起诉讼，请求法院依法保护其物权。诉讼是解决物权纠纷的最终途径，具有强制执行力
4	具体的物权保护请求权	（1）物权确认请求权：因物权的归属、内容发生争议的，利害关系人可以请求确认权利； （2）返还原物请求权：无权占有不动产或者动产的，权利人可以请求返还原物； （3）排除妨害请求权：妨害物权或者可能妨害物权的，权利人可以请求排除妨害或者消除危险

续表

序号	保护方式	说明
4	具体的物权保护请求权	（4）物权复原请求权：造成不动产或者动产毁损的，权利人可以依法请求修理、重做、更换或者恢复原状； （5）物权损害赔偿请求权：侵害物权，造成权利人损害的，权利人可以依法请求损害赔偿，也可以依法请求承担其他民事责任

3. 物权保护方式的适用

（1）单独适用与合并适用。

《民法典》规定的物权保护方式可以单独适用，也可以根据权利被侵害的情形合并适用。例如，在返还原物的同时，还可以请求损害赔偿。

（2）物权请求权不受诉讼时效限制。

物权请求权作为一种特殊的请求权，不受诉讼时效的限制。这意味着权利人可以随时行使物权请求权，不受时间限制。

4. 物权保护的其他规定

（1）登记制度。

不动产物权的设立、变更、转让和消灭经依法登记发生效力。登记机构应当履行查验、询问、登记等职责，并确保登记信息的准确性和及时性。

（2）预告登记。

当事人签订买卖房屋的协议或者签订其他不动产物权的协议时，为保障将来实现物权，可以按照约定向登记机构申请预告登记。预告登记后，未经预告登记的权利人同意，处分该不动产的，不发生物权效力。

（3）不动产登记资料的查询与复制。

权利人、利害关系人可以申请查询、复制不动产登记资料。登记机构应当提供必要的协助和便利。

（二）企业在《民法典》下的物权保护措施

企业在《民法典》下可以采取的物权保护措施如图10-3所示。

明确物权归属	企业应确保所有财产（包括不动产和动产）的物权归属清晰明确。通过登记、合同等方式确认企业对财产的所有权或使用权，为后续的物权保护奠定坚实基础
完善物权登记制度	对于不动产，企业应按照《民法典》及相关法律法规的要求及时办理不动产登记手续，确保不动产物权的法律效力。对于动产，虽然不强制要求登记，但企业可以通过合同、发票等方式证明动产的权属
加强物权监控	企业应建立健全物权监控机制，定期对企业的财产进行清查和盘点，确保财产的安全和完整。同时，对于可能存在的物权侵害行为，企业应及时发现并采取措施进行防范和应对
依法行使物权请求权	当企业的物权受到侵害时，企业应依法行使物权请求权，包括请求返还原物、排除妨碍、消除危险、损害赔偿等。通过法律手段维护企业的合法权益
加强知识产权保护	知识产权是企业的重要无形资产，也是物权保护的重要内容之一。企业应加强对知识产权的管理和保护，包括申请专利、商标、著作权等，确保知识产权的合法性和有效性

图10-3 企业在《民法典》下的物权保护措施

二、《民法典》下的资产管理

（一）《民法典》下的资产管理规定

《民法典》下的资产管理主要涉及对各类资产权益的法律保护、管理规范以及权益人的权利与义务等方面。以下是从几个关键方面对《民法典》下资产管理的详细阐述。

1. 资产管理的法律依据

《民法典》作为民事领域的基本法，为资产管理提供了广泛的法律基础。其中，涉及物权编、合同编等相关章节，对资产的所有权、使用权、处分权等进行了明确规定。

其他相关法律法规，如《公司法》《中华人民共和国企业国有资产法》等，也对特定类型的资产管理提供了具体指导。

2. 资产管理的范围

资产管理涵盖了各类有形资产（如房产、设备、库存等）和无形资产（如专利、商标、著作权等）的管理。在《民法典》下，这些资产均受到法律的保护和规范。

3. 资产管理流程

在《民法典》下，资产管理流程如图10-4所示。

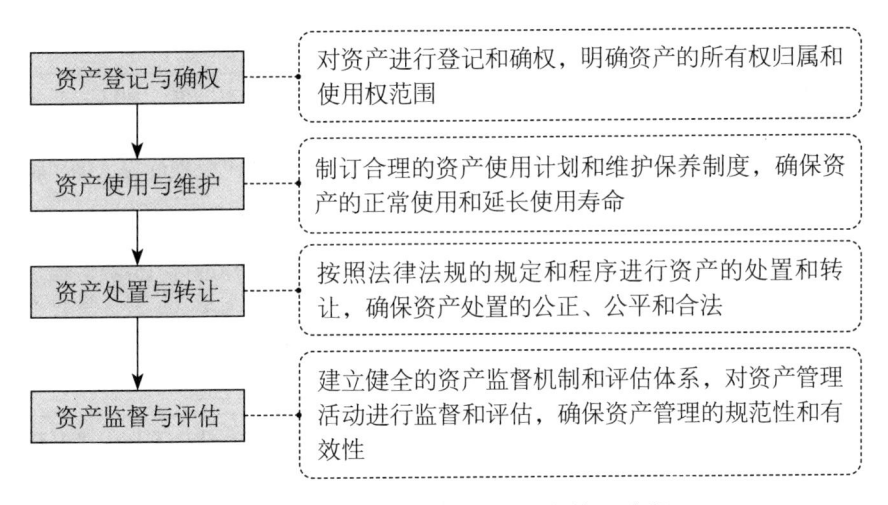

```
资产登记与确权 —— 对资产进行登记和确权，明确资产的所有权归属和使用权范围
      ↓
资产使用与维护 —— 制订合理的资产使用计划和维护保养制度，确保资产的正常使用和延长使用寿命
      ↓
资产处置与转让 —— 按照法律法规的规定和程序进行资产的处置和转让，确保资产处置的公正、公平和合法
      ↓
资产监督与评估 —— 建立健全的资产监督机制和评估体系，对资产管理活动进行监督和评估，确保资产管理的规范性和有效性
```

图10-4　在《民法典》下资产管理流程

4. 资产管理中的法律责任

（1）侵权责任

资产管理过程中，若因管理不当或侵权行为导致资产损失或权益受损的，相关责任人需依法承担侵权责任。《民法典》明确规定了侵权责任的构成要件、归责原则以及赔偿范围等。

（2）刑事责任

对于严重违反资产管理法律法规、构成犯罪的行为（如贪污、挪用公款、职务侵占等），相关责任人还需依法承担刑事责任。

5. 资产管理中的权益保护

（1）所有权保护

《民法典》明确规定了所有权人的权利内容和行使方式，对所有权人的合法

权益给予充分保护。所有权人有权依法对自己的资产进行占有、使用、收益和处分。

（2）他物权保护

除了所有权外，《民法典》还规定了用益物权和担保物权等他物权。他物权人在法律规定的范围内享有对资产的使用、收益或担保等权利，这些权利同样受到法律的保护

（二）企业资产管理措施

企业在《民法典》下可采取如图10-5所示的措施对资产进行管理。

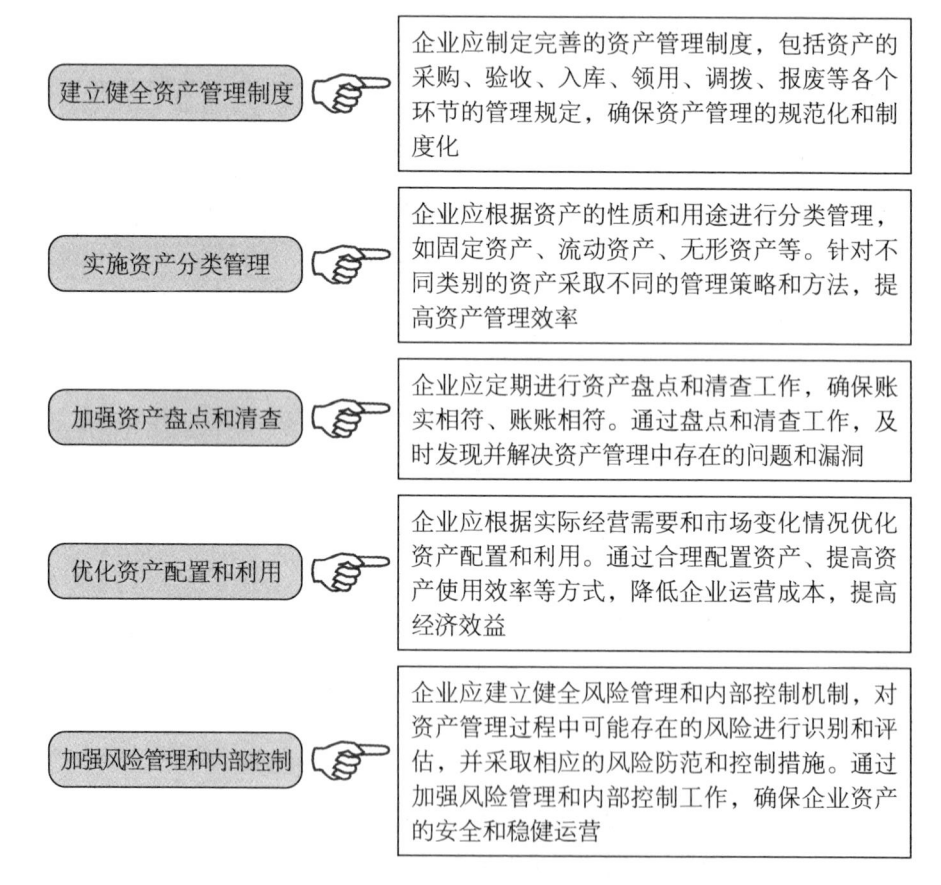

建立健全资产管理制度	企业应制定完善的资产管理制度，包括资产的采购、验收、入库、领用、调拨、报废等各个环节的管理规定，确保资产管理的规范化和制度化
实施资产分类管理	企业应根据资产的性质和用途进行分类管理，如固定资产、流动资产、无形资产等。针对不同类别的资产采取不同的管理策略和方法，提高资产管理效率
加强资产盘点和清查	企业应定期进行资产盘点和清查工作，确保账实相符、账账相符。通过盘点和清查工作，及时发现并解决资产管理中存在的问题和漏洞
优化资产配置和利用	企业应根据实际经营需要和市场变化情况优化资产配置和利用。通过合理配置资产、提高资产使用效率等方式，降低企业运营成本，提高经济效益
加强风险管理和内部控制	企业应建立健全风险管理和内部控制机制，对资产管理过程中可能存在的风险进行识别和评估，并采取相应的风险防范和控制措施。通过加强风险管理和内部控制工作，确保企业资产的安全和稳健运营

图10-5　企业资产管理措施

第五节 《民法典》下的侵权责任与损害赔偿

在《民法典》的框架下,侵权责任与损害赔偿是民事法律体系中的重要组成部分,旨在保护民事主体的合法权益,并对侵权行为进行法律规制。

一、侵权责任与损害赔偿的规定

《民法典》下的侵权责任与损害赔偿制度为民事主体提供了全面的法律保护。通过明确侵权责任的归责原则、损害赔偿范围以及特殊情况下的责任承担方式,该制度确保了受害人的合法权益能够得到及时有效的救济。

(一)侵权责任

侵权责任是指民事主体因实施侵权行为而应承担的民事法律后果。这种责任要求行为人不得因自己的过错行为侵害他人的合法权益,否则需对受害方承担责任。

1. 侵权责任的基本原则

(1)过错责任原则:行为人因过错侵害他人民事权益造成损害的,应当承担侵权责任。这是侵权责任的一般归责原则,即要求行为人主观上存在过错。

(2)无过错责任原则:在某些特定情况下,即使行为人没有过错,但法律规定其应当承担侵权责任的,也需依法承担。这主要适用于一些高度危险作业、环境污染等领域。

2. 侵权责任的构成要件

侵权责任的构成要件有四个,如图10-6所示。

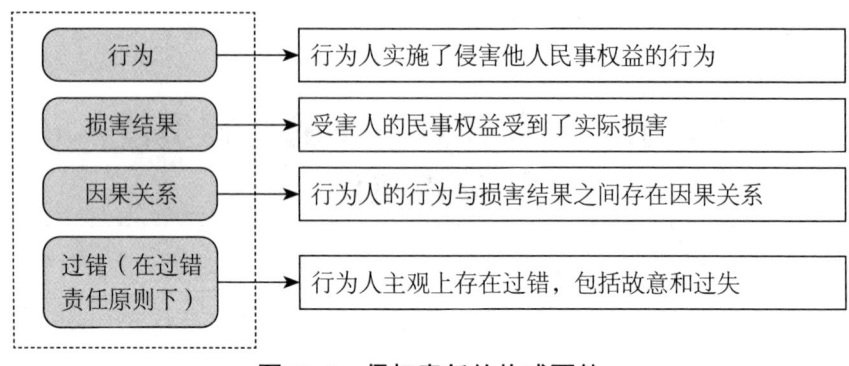

```
┌─────────────────────────────────────────────────────────┐
│  ( 行为 ) ──→ 行为人实施了侵害他人民事权益的行为          │
│                                                         │
│  (损害结果) ──→ 受害人的民事权益受到了实际损害           │
│                                                         │
│  (因果关系) ──→ 行为人的行为与损害结果之间存在因果关系   │
│                                                         │
│  (过错(在过错                                           │
│   责任原则下)) ──→ 行为人主观上存在过错,包括故意和过失  │
└─────────────────────────────────────────────────────────┘
```

图10-6 侵权责任的构成要件

3. 侵权行为的种类

侵权行为包括但不限于故意侵权、过失侵权、共同侵权、教唆侵权等。不同类型的侵权行为在责任承担上可能有所不同。

4. 侵权责任的承担方式

《民法典》规定侵权责任的承担方式有四种，如图10-7所示。

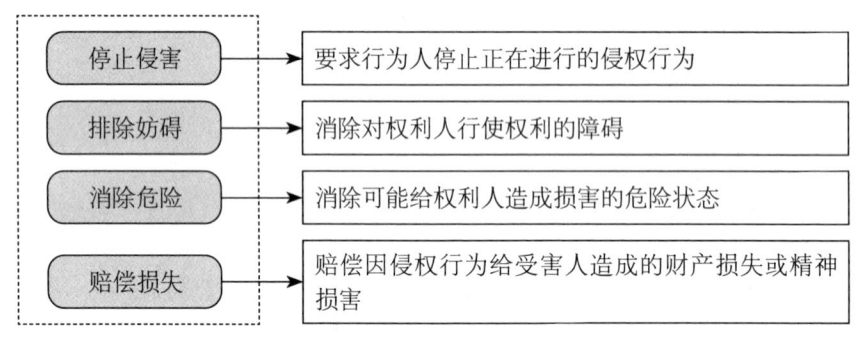

```
┌─────────────────────────────────────────────────────────┐
│  (停止侵害) ──→ 要求行为人停止正在进行的侵权行为        │
│                                                         │
│  (排除妨碍) ──→ 消除对权利人行使权利的障碍              │
│                                                         │
│  (消除危险) ──→ 消除可能给权利人造成损害的危险状态      │
│                                                         │
│  (赔偿损失) ──→ 赔偿因侵权行为给受害人造成的财产损失或精神│
│                 损害                                    │
└─────────────────────────────────────────────────────────┘
```

图10-7 侵权责任的承担方式

（三）损害赔偿范围

1. 人身损害赔偿

根据《民法典》第一千一百七十九条的规定，侵害他人造成人身损害的，应当赔偿医疗费、护理费、交通费、营养费、住院伙食补助费等为治疗和康复支出的合理费用，以及因误工减少的收入。造成残疾的，还应当赔偿辅助器具费和残疾赔偿金；造成死亡的，还应当赔偿丧葬费和死亡赔偿金。

此外，对于因侵权行为造成精神损害的，受害人还有权请求精神损害赔偿。这主要适用于侵害自然人人身权益造成严重精神损害的情况。

2. 财产损害赔偿

侵害他人财产的，财产损失按照损失发生时的市场价格或者其他合理方式计算。这确保了受害人的财产损失能够得到合理的补偿。

3. 惩罚性赔偿

对于故意侵害他人知识产权且情节严重的行为，被侵权人有权请求相应的惩罚性赔偿。这体现了法律对恶意侵权行为的严厉打击。

（四）损害赔偿的协商与诉讼

1. 协商赔偿

损害发生后，当事人可以协商赔偿费用的支付方式。协商一致的，可以按照协议内容履行赔偿义务。这有助于减少诉讼成本，提高纠纷解决效率。

2. 诉讼赔偿

如果当事人无法就赔偿问题达成一致意见，受害人可以向人民法院提起诉讼。法院将根据案件事实和相关法律规定，判决侵权人承担相应的赔偿责任。

（五）特殊情况下的责任承担

1. 共同侵权与连带责任

二人以上共同实施侵权行为造成他人损害的，应当承担连带责任。这意味着受害人可以向任何一个共同侵权人请求赔偿全部损失。

2. 无民事行为能力人和限制民事行为能力人的责任

无民事行为能力人、限制民事行为能力人造成他人损害的，由监护人承担侵权责任。监护人尽到监护职责的，可以减轻其侵权责任。有财产的无民事行为能力人、限制民事行为能力人造成他人损害的，从本人财产中支付赔偿费用；不足部分，由监护人赔偿。

3. 用人单位责任

用人单位的工作人员因执行工作任务造成他人损害的，由用人单位承担侵权责任。用人单位承担侵权责任后，可以向有故意或者重大过失的工作人员追偿。

二、侵权责任预防与应对措施

在《民法典》的框架下，企业在面对侵权责任和损害赔偿时，需要采取一系列有效的措施来确保合法权益的保护和受损利益的恢复。

（一）侵权责任预防与应对

企业在侵权责任预防与应对措施如表10-4所示。

表10-4　侵权责任预防与应对措施

序号	预防与应对措施	说明
1	建立健全内部管理制度	企业应制定和完善内部管理制度，明确各部门和员工的职责，规范企业行为，预防侵权行为的发生
2	增强法律意识	加强对员工的法律培训，提高员工的法律意识和风险防范能力
3	加强合同管理	（1）在合同签订前，企业应仔细审查合同条款，确保合同内容合法、公平、明确； （2）在合同履行过程中，企业应严格遵守合同约定，避免违约行为导致的侵权责任
4	产品与服务质量控制	（1）企业应确保产品和服务的质量符合相关标准和法律法规要求，避免因产品质量问题引发的侵权责任； （2）建立完善的产品召回和售后服务机制，及时处理消费者投诉和纠纷
5	知识产权保护	（1）加强企业知识产权的保护和管理，及时申请专利、商标等知识产权，防止侵权行为的发生； （2）对于侵犯企业知识产权的行为，企业应积极采取法律手段进行维权

（二）损害赔偿措施

企业在发生侵权责任出现损害赔偿的事件时应按图10-8所示程序来应对。

及时评估损失 → 一旦发生侵权事件，企业应迅速组织力量对受损情况进行评估，包括直接经济损失和间接经济损失等。评估结果应作为后续赔偿谈判和诉讼的重要依据

协商与谈判 → 在评估损失后，企业可以尝试与侵权方进行协商和谈判，寻求双方都能接受的解决方案。协商过程中，企业应坚持原则，维护自身合法权益

法律诉讼 → 如果协商无果，企业可以依法向人民法院提起诉讼，要求侵权方承担相应的侵权责任和赔偿损失。在诉讼过程中，企业应积极提供证据支持自己的主张，并配合法院的调查和审理工作

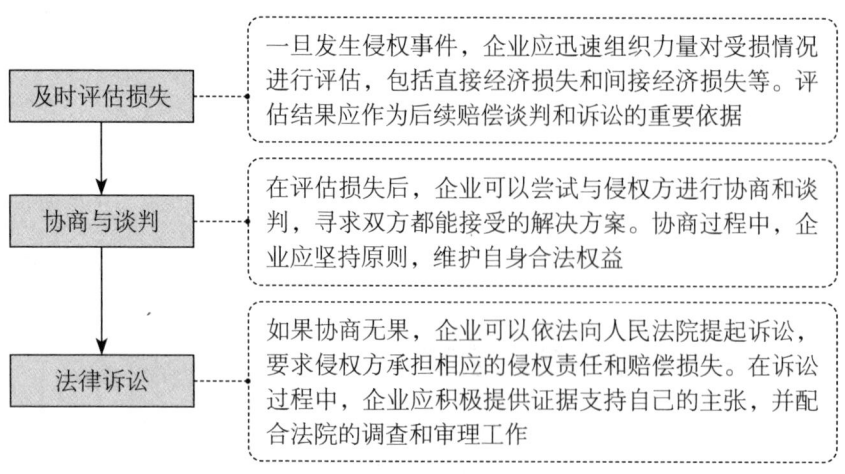

图10-8　出现损害赔偿的事件时的应对程序

> **提醒您**
>
> 根据《民法典》的规定，赔偿方式可以有金钱赔偿、恢复原状、赔礼道歉等多种方式。企业应根据实际情况选择合适的赔偿方式，确保受损利益得到有效恢复。

（三）其他措施

1. 完善保险机制

企业可以考虑购买相关保险来分散风险和降低损失。例如，购买产品责任险、知识产权保险等。在发生侵权事件时，保险公司可以为企业提供一定的经济赔偿和法律援助。

2. 加强外部合作与沟通

（1）企业应积极与政府部门、行业协会等外部机构建立合作关系，共同打击侵权行为。

（2）加强与消费者的沟通和互动，及时了解消费者需求和反馈，提高产品和服务质量。

3. 建立应急响应机制

企业应建立完善的应急响应机制，一旦发生侵权事件能够迅速启动应急预案，采取有效措施控制事态发展。

4. 持续关注和跟进

企业应持续关注和跟进侵权事件的进展和结果，确保自身合法权益得到最终维护。

第六节 《民法典》下婚姻家庭与继承对企业的影响

在《民法典》的框架下，婚姻家庭与继承对企业的影响是多方面的，这些影响不仅关乎企业的股权结构、经营管理，还可能对企业的财务状况、市场形象以及长远发展产生深远影响。

一、婚姻家庭对企业的影响

在《民法典》的框架下，婚姻家庭对企业的影响是多方面的，这些影响直接关系企业的股权结构、经营管理、财务状况以及市场形象。表10-5是对这一问题的详细分析。

表10-5　婚姻家庭对企业的影响

序号	影响方面	具体说明
1	股权结构变动	当企业家的婚姻关系破裂时，离婚诉讼中往往涉及股权的分割。如果企业家或其配偶持有企业股权，这些股权的重新分配将直接影响企业的股权结构。股权结构的变动可能导致企业控制权的转移，进而影响企业的决策效率和战略方向
2	经营管理影响	（1）企业家分心：婚姻关系的紧张或破裂可能使企业家在经营管理上分心，无法全身心投入到企业的运营中。这种分心可能导致企业决策失误、运营效率下降等问题； （2）内部纷争：在婚姻家庭问题引发的股权变动过程中，企业内部可能出现纷争。这些纷争可能涉及股东之间的利益冲突、管理层的变动等，进而影响企业的正常运营
3	财务状况影响	（1）财产分割：离婚诉讼中涉及的财产分割可能包括企业的财产。如果企业财产被纳入分割范围，将直接影响企业的财务状况。此外，离婚过程中可能出现的财务纠纷和法律诉讼也可能增加企业的财务成本； （2）税务问题：股权变动往往涉及税务问题。例如，股权转让可能产生所得税等税务负担。如果企业未能妥善处理这些税务问题，可能面临税务风险
4	市场形象与声誉	（1）负面新闻：婚姻关系的负面新闻往往会引起公众和媒体的关注。这些负面新闻可能损害企业的市场形象和声誉，进而影响企业的品牌价值和市场竞争力； （2）投资者信心：婚姻家庭问题可能引发投资者对企业稳定性的担忧。如果投资者认为企业存在较大的法律风险或管理问题，可能选择撤资或降低投资意愿，进而影响企业的融资能力和市场价值

二、继承对企业的影响

《民法典》作为一部具有鲜明中国特色的法律，自2021年1月1日起实施后，对继承制度进行了全面的规定和调整，这些调整对企业及其继承事宜产生了深远的影响。

（一）继承主体的扩大与灵活性

1. 继承主体范围的明确

根据《民法典》的规定，遗产的继承顺序和主体更加明确。第一顺序继承人包括配偶、子女、父母，而子女不仅限于婚生子女，还包括非婚生子女、养子女和有扶养关系的继子女。这一规定确保了更广泛的继承主体能够参与企业财产的继承，减少了因继承主体不明确而产生的纠纷。

2. 遗嘱形式的多样化

《民法典》在遗嘱类型上增加了打印遗嘱和录像遗嘱两种形式，并删除了公证遗嘱效力优先的规定。这使得立遗嘱人可以根据实际情况选择更为便捷和灵活的遗嘱形式，同时也为企业的财富传承提供了更多的选择和保障。

（二）股权继承的规范与明确

1. 股东资格的继承

根据《公司法》和《民法典》的相关规定，自然人股东死亡后，其合法继承人可以继承股东资格，但公司章程另有规定的除外。这一规定明确了股权继承的合法性，使得企业的股权结构在股东去世后能够保持相对稳定。

2. 股权继承的程序

在股权继承过程中，继承人需要按照法定程序办理相关手续，包括到被继承人户籍所在地的派出所注销户籍、办理死亡证明，然后携带相关证明材料到公司办理股权继承。公司在审查资料完毕后，应当将继承人姓名、住所及继承的出资额记载于股东名册，并办理工商登记。这一系列程序的规范确保了股权继承的合法性和有效性。

（三）企业治理结构的稳定与调整

1. 治理结构的稳定

在股权继承过程中，如果继承人是公司原有的股东或能够顺利成为新股东，那么企业的治理结构可能不会发生太大的变化。然而，如果继承人不是公司原有的股东或者多个继承人之间存在争议,那么企业的治理结构可能会面临一定的挑战和调整。

2. 管理层的调整

在某些情况下,股权的继承可能伴随着公司管理层的调整。例如,如果继承人是公司的高级管理人员或者有丰富的管理经验,那么他们可能会在公司中扮演更为重要的角色。反之,如果继承人缺乏管理经验或者对公司业务不熟悉,公司则可能需要寻找新的管理人员来填补空缺。

(四)对营商环境的影响

1. 优化营商环境

《民法典》的实施有助于优化营商环境,通过明确产权归属、保护投资者权益等方式提高市场主体的信心和稳定性。对于企业而言,这意味着在继承过程中能够更加顺利地完成股权转移和治理结构调整,从而确保企业的持续经营和发展。

2. 促进公平竞争

《民法典》对各类市场主体的权利进行平等保护,有助于营造一个公平竞争的市场环境。在股权继承方面,无论是国有企业还是民营企业、内资企业还是外资企业,都应当遵循相同的法律程序和规定进行股权转移和继承。这有助于促进市场的公平竞争和资源的优化配置。

三、婚姻家庭与继承于企业的风险防范

(一)风险防范策略

在《民法典》的框架下,企业应对婚姻家庭与继承对企业的影响,可以采取表10-6所示策略。

表10-6 《民法典》婚姻家庭与继承于企业的风险防范策略

序号	策略	实施要点
1	加强法律意识和风险防范	(1)定期培训与教育:企业应定期组织法律培训,提高员工特别是高层管理人员的法律意识和风险防范能力。培训内容包括但不限于婚姻法、继承法、公司法等相关法律法规; (2)法律咨询与顾问:聘请专业律师或法律顾问,为企业提供法律咨询和顾问服务。在婚姻家庭与继承问题出现前,提前制定预防和应对策略,降低法律风险

续表

序号	策略	实施要点
2	明确婚前财产与婚后财产	（1）婚前财产公证：鼓励企业家在结婚前进行财产公证，明确婚前财产的范围和归属。这有助于避免婚后因财产分割问题引发企业股权变动风险； （2）签订婚前协议：通过签订婚前协议，夫妻双方可以就财产分配、债务承担等事项进行明确约定。这有助于减少离婚时的财产纠纷，保护企业的稳定
3	制定遗嘱与继承计划	（1）提前规划：企业家应提前制订遗嘱和继承计划，明确遗产的分配方式和继承人的权利义务。这有助于减少继承过程中的纠纷和不确定性，维护企业的稳定和发展； （2）合法合规：在制订遗嘱和继承计划时，应确保符合法律法规的要求，避免因违法行为导致遗嘱无效或继承权纠纷
4	建立健全公司治理结构	（1）完善内部管理制度：企业应建立健全的内部管理制度，明确各部门和员工的职责和权限。通过规范企业行为，降低因个人因素对企业的影响； （2）加强股东会、董事会和监事会的建设：充分发挥股东会、董事会和监事会的职能作用，提高决策效率和透明度。通过集体决策和相互监督，降低个人行为对企业的不利影响

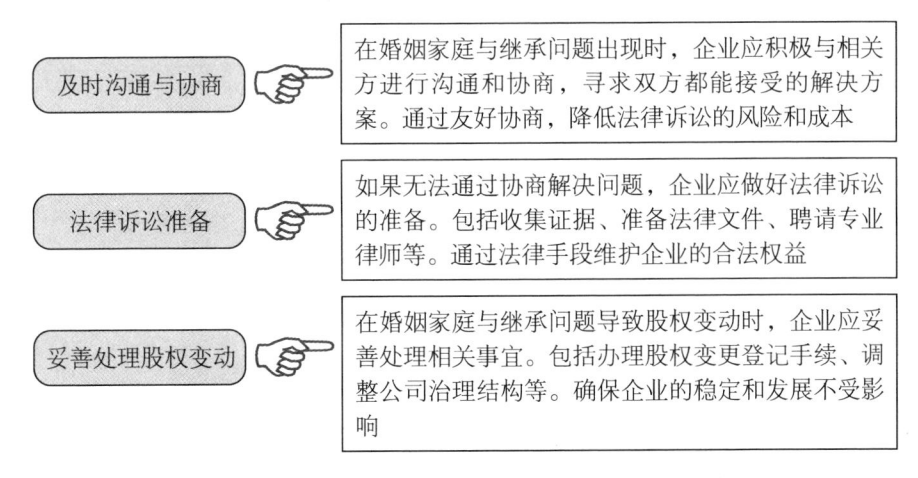

（二）应对婚姻家庭与继承问题的具体措施

企业在面对高管婚姻家庭与继承问题发生时，可以采取如图10-9所示的具体措施。

及时沟通与协商 ☞	在婚姻家庭与继承问题出现时，企业应积极与相关方进行沟通和协商，寻求双方都能接受的解决方案。通过友好协商，降低法律诉讼的风险和成本
法律诉讼准备 ☞	如果无法通过协商解决问题，企业应做好法律诉讼的准备。包括收集证据、准备法律文件、聘请专业律师等。通过法律手段维护企业的合法权益
妥善处理股权变动 ☞	在婚姻家庭与继承问题导致股权变动时，企业应妥善处理相关事宜。包括办理股权变更登记手续、调整公司治理结构等。确保企业的稳定和发展不受影响

图10-9 应对婚姻家庭与继承问题的具体措施